——— 解密元宇宙 ———

METAVERSE
元宇宙

虚实共生新世界

赵永新　陈苑锋　黄志坚 ◎ 著

清华大学出版社

— 解密元宇宙 —

元宇宙
虚实共生新世界

赵永新　陈苑锋　黄志坚 ◎ 著

清华大学出版社
北京

内 容 简 介

近年来，数字经济在快速发展的同时，与物理世界的连接也越来越紧密，二者共存共生且相互影响的社会新形态——元宇宙时代——正在形成。本书是"解密元宇宙"丛书的第一本，重点介绍元宇宙的内涵、构成要素、核心技术及早期应用。全书共 10 章，大致分为 3 部分：第 1 部分（第 1～5 章）介绍元宇宙的发展背景，元宇宙的内涵与发展阶段，国外、国内科技巨头加速布局元宇宙，地方政府抢抓元宇宙新机遇；第 2 部分（第 6～8 章）介绍元宇宙的构成要素、基础设施、核心技术；第 3 部分（第 9、10 章）介绍元宇宙的内容创造及早期应用。全书既全面阐述元宇宙技术理论体系，也描述元宇宙综合技术应用对现实世界的深刻影响，进而将形成怎样的虚实共生的新社会形态，还介绍国际国内典型的案例，希望能更好地激发读者的学习积极性。

本书可作为高等院校数字经济专业、数字传媒专业、大数据专业、软件技术专业、信息管理专业、计算机网络专业、人工智能专业等本科生或研究生教材，也可作为元宇宙各行各业爱好者的参考书。

本书封面贴有清华大学出版社防伪标签，无标签者不得销售。

版权所有，侵权必究。举报：010-62782989，beiqinquan@tup.tsinghua.edu.cn。

图书在版编目（CIP）数据

元宇宙：虚实共生新世界 / 赵永新，陈苑锋，黄志坚著 . —北京：清华大学出版社，2023.1（2024.10 重印）

（解密元宇宙）

ISBN 978-7-302-62190-4

Ⅰ．①元⋯ Ⅱ．①赵⋯ ②陈⋯ ③黄⋯ Ⅲ．①信息经济 Ⅳ．① F49

中国版本图书馆 CIP 数据核字 (2022) 第 229102 号

责任编辑：王中英
封面设计：杨玉兰
版式设计：方加青
责任校对：胡伟民
责任印制：刘海龙

出版发行：清华大学出版社
    网 址：https://www.tup.com.cn，https://www.wqxuetang.com
    地 址：北京清华大学学研大厦 A 座 **邮 编**：100084
    社 总 机：010-83470000 **邮 购**：010-62786544
    投稿与读者服务：010-62776969，c-service@tup.tsinghua.edu.cn
    质 量 反 馈：010-62772015，zhiliang@tup.tsinghua.edu.cn
印 装 者：涿州市般润文化传播有限公司
经 销：全国新华书店
开 本：170mm×240mm **印 张**：17 **字 数**：315 千字
版 次：2023 年 1 月第 1 版 **印 次**：2024 年 10 月第 3 次印刷
定 价：69.00 元

产品编号：097917-01

"解密元宇宙"丛书编委会

名誉主任
杨兆廷

主　　任
赵永新

执行主任
黄志坚

副　主　任
钟梓炎　刘　权　陈苑锋　尹巧蕊　胡继晔　秦响应　邹睿桐

总　编　委
赵永新　刘　权　胡继晔　黄志坚　陈苑锋

委　员
曹保刚　陈柏珲　何　超　吴高斌　秦响应　尹巧蕊　朱启明
罗　骁　曹　懿　李敏雁　陈意斌　蒋亚洪　刘志毅　黄　锐
刘宗嫒　万家乐　赵　勇　黄郴雅　陈晓华　李　璇　张小川
任　豪　张喜会　卢大伟

编委会成员

赵永新	亚洲数字经济科学院中国区主任，河北金融学院教授
刘　权	工信部赛迪区块链研究院院长，博士
胡继晔	中国政法大学教授、博导
钟梓炎	深圳市互联网学会秘书长
陈苑峰	美的集团首席硬件架构师，博士
黄志坚	深圳市互联网学会副会长
杨兆廷	中国技术经济学会金融科技专业委员会常务理事长，河北金融学院党委书记
曹保刚	河北省社会科学界联合会原常务副主席，河北省社会科学院原副院长，河北省社会文物学会会长
陈柏珲	亚洲区块链产业研究院院长
朱启明	全国高校人工智能与大数据创新联盟秘书长
吴高斌	中国民营科技实业家协会元宇宙工作委员会秘书长
何　超	中国移动通信联合会元宇宙产业委员会秘书长
李敏雁	清华大学继续教育学院项目主任
秦响应	河北金融学院金融科技学院院长、教授
尹巧蕊	中央司法警官学院副教授，博士
万家乐	中国科协国促会数字科技发展委员会执行主任
罗　骁	杭州宇链科技有限公司总经理
曹　懿	皇家墨尔本理工大学博士
陈意斌	福建省区块链协会会长
蒋亚洪	杭州优链时代有限公司总经理
刘志毅	商汤科技智能产业研究院研究室主任
黄　锐	西华大学副教授
刘宗媛	工信部赛迪研究院副总经理
邹睿桐	杭州中谦科技有限公司董事长
赵　勇	中数碳本（杭州）科技有限公司 CTO
黄郴雅	深圳市金融人才协会联席秘书长，中研创新（深圳）科技有限公司董事长
陈晓华	北京邮电大学科技园元宇宙产业协同创新中心执行主任
李　璇	清华大学继续教育学院数字化主管，元宇宙青蓝计划发起人
张小川	重庆理工大学人工智能系统研究所所长、教授
任　豪	广州市数字经济协会秘书长
张喜会	深圳市众信电子商务交易保障促进中心主任
卢大伟	美亚投资(美亚硅谷投资孵化器)董事长，博士

丛书序

近年来，互联网、大数据、云计算、人工智能、区块链等技术加速创新，数字经济发展速度之快、辐射范围之广、影响程度之深前所未有，正在成为重组全球要素资源、重塑全球经济结构的关键力量。2020年，全球数字经济规模达到32.6万亿美元，占GDP比重为43.7%。中国的数字经济规模紧跟美国之后，居世界第二，达到5.4万亿美元。《中共中央关于制定国民经济和社会发展第十四个五年规划和二〇三五年远景目标的建议》明确提出要加快数字化发展。发展数字经济，推进数字产业化和产业数字化，推动数字经济和实体经济深度融合，打造具有国际竞争力的数字产业集群。加强数字社会、数字政府建设，提升公共服务、社会治理等的数字化、智能化水平。数字经济社会的发展在呈现出快速发展态势的同时，与物理世界的联结也越来越紧密，物理世界与数字世界共存共生且相互影响的新社会形态正在形成。

2021年元宇宙（Metaverse）应运而生，意为超越现实宇宙的另外一个平行宇宙。元宇宙是基于数字技术集成应用实现的物理世界与镜像数字世界虚实共生的新型经济形态。其本质是在数字世界对物理世界进行孪生映射，实现物理世界和数字世界的交互融合，通过VR/AR、大数据、人工智能、区块链、数字孪生等新一代信息技术集群应用，在数字世界对物理世界进行仿真分析和预测，以最优的结果驱动物理世界的运行。

当前，国内外科技巨头加速布局元宇宙，我国上海、浙江、北京、广东、河南、四川等地方政府跑步入场，多地两会重点规划，抢抓元宇宙新机遇，积极探索元宇宙虚拟数字经济体，开辟数字经济新领域；农业、工业、服务业等各行各业都在快速拥抱元宇宙，提升实体经济运行效率，创新商业模式，构建新商业生态。元宇宙必将与各个领域深度整合，并形成强大力量，以数字

世界促进物理世界的融合发展……元宇宙正在从概念迅速向产业落地，经济社会运行的底层逻辑正在发生重大变化。

目前元宇宙相关文章不少，但著作不多，系统性、科学性介绍元宇宙及应用的更少，能够让广大读者真正读懂元宇宙，特别是能够与政府、经济、社会、金融、实体经济等工作实践紧密结合的少之又少，还有少数涉币书籍可能误导读者。基于此，深圳市互联网学会、亚洲数字经济科学院、中国技术经济学会金融科技专业委员会、全国高校人工智能与大数据创新联盟、中国民营科技实业家协会元宇宙工作委员会、中国通信工业协会两化融合委员会、中国移动通信联合会元宇宙产业委员会、北京邮电大学科技园元宇宙产业协同创新中心联合发起并成立"解密元宇宙"丛书编委会，汇集来自清华大学、中国政法大学、中央司法警官学院、河北金融学院、工信部赛迪区块链研究院、华为公司、美的公司、中国移动通信联合会区块链专业委员会、福建省区块链协会、商汤科技智能产业研究院、上海持云企业管理有限公司、成都雨链科技有限公司、杭州宇链科技有限公司等在元宇宙领域开拓创新的学界与业界的十多位精英，基于对元宇宙集群技术的系统化解读，聚焦元宇宙应用于实体经济创新、数字社会治理与人类文明传承、政府及区域元宇宙产业布局等多维层面的深度阐释，希望在元宇宙应用理论及产业发展体系建设方面做出有益探索，为元宇宙促进社会全面健康发展提供智力支持。

此套丛书不仅可供广大读者分享，亦可作为元宇宙相关行业人才培训教材。

由于元宇宙目前整体发展还处在初级阶段，加之编者水平有限，书中难免有诸多不足之处，欢迎广大读者批评指正。

"解密元宇宙"丛书编委会
主任 赵永新
2023 年 11 月

前　言

　　互联网、VR/AR、大数据分析、人工智能、区块链等新一代信息技术加速应用，加之新冠肺炎疫情对经济社会的持续影响，元宇宙新时代即将到来。

　　什么是元宇宙？是虚无的数字世界还是与现实世界紧密相关的数字世界？是第三代互联网还是虚实共生的空间互联网？对此政界、学界和业界各有不同的表述。元宇宙需要哪些关键技术？有什么新的特征？在元宇宙新社会形态下，如何创造内容？如何更好地影响甚至造福人类社会发展，创新社会文明？"解密元宇宙"丛书的第一本《元宇宙：虚实共生新世界》将重点介绍元宇宙的发展背景、基本内涵、特征、核心技术与元宇宙的内容创造、元宇宙的早期应用等内容。

　　元宇宙不一定是人类社会发展的终点，但或将成为互联网世界发展的最终形态（或称作全真互联网/Web 3.0），而当前互联网世界是元宇宙的雏形和根基。

　　本书以理论与实践操作相结合的方式深入地讲解了元宇宙的发展背景和元宇宙发展的三个阶段：数字原生的元宇宙1.0、数字孪生的元宇宙2.0和虚实共生的元宇宙3.0。新的时代，国外科技巨头Meta、Epic games、Microsoft、Google、Roblox、Nvidia、Amazon积极抢占元宇宙先机；国内科技巨头腾讯、阿里、字节跳动、百度、网易积极布局元宇宙；我国上海、浙江、北京、广东、河南、四川等地在政府层面积极推进元宇宙产业发展，韩国首尔推出元宇宙五年计划。元宇宙时代需要每个人具有不同的数字身份，系统的开放性、沉浸感、低延迟、多元化，以及随时随地、完整的经济系统和新时代的智能数字文明都将给我们带来无限想象。

　　全书既全面阐述元宇宙技术理论体系，也描述元宇宙综合技术应用对现实世界的深刻影响,进而将形成怎样的虚实共生的新社会形态,还介绍国际、国内典型的案例,希望能更好地激发读者的学习积极性与主动创造性。

本书共10章,主要包括元宇宙发展背景、元宇宙的1.0到3.0阶段、国际科技巨头布局元宇宙、国内科技巨头布局元宇宙、各地政府布局元宇宙、元宇宙的构成要素、元宇宙的基础设施、元宇宙的核心技术、元宇宙的内容创造以及元宇宙的早期应用。

本书有如下特点。

- 超前性:介绍各行业最新发展和全球元宇宙的发展变化趋势。
- 系统性:结合国际国内主流学术观点,利用元宇宙综合技术集群应用,全面系统阐述未来元宇宙时代虚实共生的新世界。
- 应用性:作为"解密元宇宙"丛书的第一本,重点介绍元宇宙的基本内涵、核心技术、主要特征、内容创造和早期的落地应用,案例丰富,可参考性强。

本书可作为高等院校数字经济专业、数字传媒专业、大数据专业、软件技术专业、信息管理专业、计算机网络专业等的教材,也可作为元宇宙爱好者的参考书。

本书由赵永新、陈苑锋、黄志坚撰写。其中,赵永新撰写了第1章、第2章、第4章、第5章、第8~10章,黄志坚撰写了第3章;陈苑锋撰写了第6章、第7章。赵永新对书中内容进行了审阅。本书参考文献请扫码获取:

在撰写过程中,作者参阅了大量的相关资料,在此对其作者一并表示感谢!

由于作者水平有限,加之时间紧迫,更重要的是元宇宙还是新生事物,发展尚不成熟,书中难免出现疏漏之处,恳请广大读者批评指正。

赵永新

2023年11月

目　录

第 1 章　元宇宙发展背景　/　1

1.1　互联网——人与机器的连接与交互　/　2
- 1.1.1　连接　/　3
- 1.1.2　平等　/　4
- 1.1.3　交互　/　5
- 1.1.4　分享　/　6

1.2　移动互联网——人与人的实时互联　/　8
- 1.2.1　实时　/　9
- 1.2.2　赋能　/　10
- 1.2.3　人性　/　11
- 1.2.4　迭代　/　12

1.3　物联网——人与物理世界的融合　/　13
- 1.3.1　感知　/　14
- 1.3.2　重塑　/　15
- 1.3.3　生态　/　16
- 1.3.4　数据　/　18

1.4　新冠肺炎疫情——催生沉浸式虚拟世界　/　20

第 2 章　元宇宙的 1.0 到 3.0　/　22

2.1　数字原生的元宇宙 1.0　/　24
- 2.1.1　超凡想象力：《雪崩》　/　24

2.1.2 虚实结合：《黑客帝国》系列 / 25
2.1.3 有意识的数字人：《银翼杀手》系列 / 26
2.1.4 沉浸式虚拟社交：《头号玩家》 / 26
2.1.5 人类成为永恒：《超体》 / 27
2.1.6 去中心化虚拟游戏：《沙盒（The Sandbox）》 / 28

2.2 数字孪生的元宇宙 2.0 / 30
2.2.1 元宇宙与星辰大海 / 30
2.2.2 元宇宙不是黄粱美梦 / 31
2.2.3 元宇宙不仅是游戏 / 32
2.2.4 数字孪生的平行世界 / 33
2.2.5 区块链推动元宇宙升级为 2.0 / 34

2.3 虚实共生的元宇宙 3.0 / 36
2.3.1 元宇宙不仅是"虚拟世界" / 37
2.3.2 元宇宙是多种技术的集成应用 / 37
2.3.3 元宇宙的"互操作性" / 38
2.3.4 元宇宙 3.0：虚实共生 / 39
2.3.5 元宇宙是数字经济发展的高级阶段 / 40
2.3.6 不是一个元宇宙在战斗 / 41

第 3 章　国外科技巨头元宇宙布局 / 43

3.1 Roblox 元宇宙布局 / 44
3.1.1 创作平台 / 45
3.1.2 体验平台 / 45
3.1.3 云 / 46

3.2 Facebook 全面布局元宇宙 / 48

3.3 Microsoft 元宇宙布局 / 50

3.4 NVIDIA 元宇宙布局 / 54

3.5 Apple 元宇宙布局 / 59
3.5.1 硬件及操作系统：追求极致及生态自建 / 59
3.5.2 底层架构：布局 AR 核心环节与关键技术 / 60
3.5.3 发布 XR 将引燃市场 / 61

3.5.4 Apple 元宇宙发展方向 / 61

3.6 Google 元宇宙布局 / 62

3.7 Amazon 元宇宙布局 / 64

第 4 章 国内科技巨头布局元宇宙 / 67

4.1 阿里巴巴元宇宙布局 / 68

4.2 腾讯发力"全真互联网" / 71

4.3 字节跳动元宇宙布局 / 75

    4.3.1 交互硬件：VR 领域布局 / 75

    4.3.2 底层架构：投资布局 3D 和 VR 内容创作引擎 / 76

    4.3.3 内容与场景：产品矩阵构筑全球化流量优势，持续加码游戏及文娱内容 / 77

    4.3.4 字节跳动调高 PicoVR 2022 年销售目标 / 78

4.4 百度元宇宙布局 / 78

    4.4.1 人工智能："AI+ 云"相辅相成，助力百度成为元宇宙底层架构重要参与方 / 79

    4.4.2 重点布局教育等 B 端场景，上线"希壤"共建虚拟空间 / 81

4.5 网易：MMORPG 与虚拟人技术突出 / 82

4.6 华为元宇宙布局 / 86

4.7 爱奇艺元宇宙布局 / 88

第 5 章 各地政府布局元宇宙 / 89

5.1 上海元宇宙布局 / 90

    5.1.1 元宇宙列入上海发展规划 / 90

    5.1.2 元宇宙相关产业基础雄厚 / 91

    5.1.3 元宇宙相关人才优势 / 91

    5.1.4 未来元宇宙发展重点 / 92

    5.1.5 上海市元宇宙产业发展规划 / 92

5.2 北京元宇宙布局 / 92

- 5.2.1 北京打造全球数字经济高地 / 93
- 5.2.2 北京城市副中心加快推动元宇宙应用 / 94
- 5.2.3 北京元宇宙产业基础得天独厚 / 95

5.3 广东元宇宙布局 / 96
- 5.3.1 广东数字经济增速全国第一 / 96
- 5.3.2 广州元宇宙相关产业雄厚 / 97
- 5.3.3 打造政府主导的"元宇宙广州" / 98

5.4 深圳打造"元深圳" / 99
- 5.4.1 深圳抢跑全球数字经济 / 99
- 5.4.2 深圳市福田区拓展元宇宙场景 / 100
- 5.4.3 深圳元宇宙相关产业竞争力居前列 / 100
- 5.4.4 深圳大力推进元宇宙相关技术发展 / 100

5.5 杭州抢占元宇宙高地 / 102
- 5.5.1 浙江省数字经济"一号工程" / 102
- 5.5.2 深化数字孪生试点应用 / 102
- 5.5.3 浙江省元宇宙产业发展规划 / 103

5.6 元宇宙首尔五年计划 / 105
- 5.6.1 首尔打造元宇宙城市 / 105
- 5.6.2 组建元宇宙联盟 / 107
- 5.6.3 韩国巨头布局元宇宙产业 / 108

第6章 元宇宙的构成要素 / 110

6.1 数字身份 / 111
- 6.1.1 数字身份的重要性 / 112
- 6.1.2 数字身份的定义 / 112
- 6.1.3 数字身份的应用场景 / 113
- 6.1.4 虚拟数字人 / 115

6.2 开放性 / 116
- 6.2.1 社交属性的发展方向 / 116
- 6.2.2 元宇宙与虚拟社交 / 117
- 6.2.3 元宇宙社交的发展方向 / 118

6.3 沉浸感 / 119

  6.3.1 沉浸感的重要性 / 119

  6.3.2 沉浸感的案例 / 120

6.4 低延迟 / 122

  6.4.1 低延迟的定义 / 122

  6.4.2 元宇宙低延迟需求 / 123

  6.4.3 如何实现低延迟 / 124

6.5 多元化 / 125

  6.5.1 元宇宙多元化定义 / 125

  6.5.2 元宇宙多元化特性 / 126

  6.5.3 元宇宙多元化未来 / 128

6.6 随时随地 / 128

6.7 经济系统 / 131

  6.7.1 经济系统分类 / 132

  6.7.2 经济系统展望 / 134

6.8 数字文明 / 134

  6.8.1 元宇宙文明 / 134

  6.8.2 元宇宙文明等级 / 135

  6.8.3 元宇宙文明的未来 / 136

第 7 章　元宇宙的基础设施 / 137

7.1 5G/6G 通信 / 138

  7.1.1 5G 技术 / 138

  7.1.2 6G 技术 / 140

  7.1.3 5G/6G 助力元宇宙 / 141

7.2 IPv6 全面实现 / 142

  7.2.1 IPv6 背景 / 142

  7.2.2 IPv6 的优势 / 142

  7.2.3 IPv6 对元宇宙的帮助 / 143

  7.2.4 IPv6 的当前进展 / 144

7.3 AIoT 芯片 / 147
7.3.1 AIoT 芯片分类 / 147
7.3.2 元宇宙与 AIoT 芯片 / 150

7.4 VR/AR/MR 设备 / 151
7.4.1 智能眼镜的类型和用途 / 152
7.4.2 智能眼镜的困境 / 153
7.4.3 智能眼镜的前景 / 154

7.5 空间地理制图 / 155
7.5.1 空间地理制图的定义 / 155
7.5.2 空间地理制图对元宇宙的意义 / 156
7.5.3 空间地理的学科融合 / 156
7.5.4 空间地理的挑战 / 159

7.6 全息投影技术 / 159
7.6.1 全息技术的实现 / 159
7.6.2 全息技术的解决方案 / 161
7.6.3 全息技术的供应商 / 161
7.6.4 全息技术的应用场景 / 162
7.6.5 全息技术的发展瓶颈 / 163

第 8 章 元宇宙的核心技术 / 165

8.1 物联网技术 / 166
8.1.1 物联网的发展阶段 / 166
8.1.2 传感技术 / 167
8.1.3 射频识别技术 / 168
8.1.4 二维码技术 / 169
8.1.5 网络与通信技术 / 171
8.1.6 数据的挖掘与融合技术 / 172

8.2 数字孪生技术 / 172
8.2.1 数字孪生的内涵 / 173
8.2.2 数字孪生的运作机理 / 174
8.2.3 数字孪生技术价值 / 175
8.2.4 数字孪生的应用 / 176

8.3 大数据技术 / 178
  8.3.1 大数据的内涵 / 178
  8.3.2 大数据的四大特征 / 179
  8.3.3 数据分析与大数据分析 / 181
  8.3.4 大数据分析流程 / 181

8.4 云计算技术 / 184
  8.4.1 云计算概述 / 184
  8.4.2 云计算的主要特点 / 186
  8.4.3 云计算的类型 / 186
  8.4.4 云服务的层次 / 187
  8.4.5 元宇宙离不开云计算 / 190

8.5 人工智能技术 / 190
  8.5.1 机器学习 / 191
  8.5.2 知识图谱 / 192
  8.5.3 自然语言处理 / 194
  8.5.4 人机交互 / 195
  8.5.5 计算机视觉 / 196
  8.5.6 AI大模型 / 197

8.6 区块链技术 / 197
  8.6.1 区块链的核心技术 / 197
  8.6.2 区块链基础架构 / 201

第9章 元宇宙内容创造与数字市场 / 204

9.1 内容创造 / 205
  9.1.1 微博的内容创造 / 205
  9.1.2 微信的内容创造 / 206
  9.1.3 抖音的内容创造 / 207
  9.1.4 元宇宙的内容创造 / 208

9.2 内容分发 / 210
  9.2.1 内容分发概述 / 210
  9.2.2 从千篇一律到千人千面 / 211

9.3 内容运营 / 212
 9.3.1 虚拟数字人 / 212
 9.3.2 社区运营 / 214
 9.3.3 平台运营 / 215

9.4 数字市场 / 215
 9.4.1 从数据技术到数字资产 / 215
 9.4.2 从数字资产到数字市场 / 216
 9.4.3 从数字市场到数字经济 / 218

9.5 数字金融 / 219
 9.5.1 金融数字化进程 / 219
 9.5.2 数字货币跌宕十年 / 223
 9.5.3 数字人民币是元宇宙的基石 / 226
 9.5.4 数字货币机遇与监管 / 228

第10章 元宇宙早期应用场景 / 230

10.1 游戏元宇宙 / 231
 10.1.1 游戏市场发展潜力巨大 / 231
 10.1.2 VR/AR 沉浸式的网络游戏 / 232
 10.1.3 算力跃迁,游戏即平台 / 232
 10.1.4 元宇宙中,游戏一马当先 / 234
 10.1.5 区块链与 NFT 助力元宇宙游戏经济系统 / 237

10.2 社交元宇宙 / 238
 10.2.1 社交 4.0 时代来临 / 239
 10.2.2 社交元宇宙的新特征 / 241
 10.2.3 社交元宇宙重构社会关系 / 244

10.3 泛娱乐元宇宙 / 247
 10.3.1 泛娱乐市场的主要特征 / 248
 10.3.2 中国 K 歌市场 / 248
 10.3.3 中国电影市场 / 250
 10.3.4 中国剧本杀市场 / 253

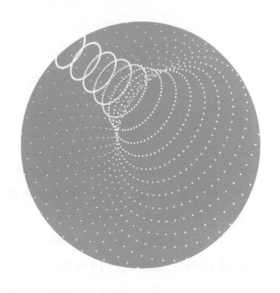

第 1 章
元宇宙发展背景

人类自诞生以来，一直在探索社会发展的规律。从科学技术对经济社会的影响来看，经济社会的发展大致可以划分为四个阶段。18世纪60年代以前基本属于第一个阶段，称为农耕时代，这个阶段主要以手工劳动为主。第二个阶段是18世纪60年代至19世纪中叶，以英国人瓦特改良的蒸汽机为代表的第一次工业革命使社会由手工劳动向动力机械生产转变，称为工业时代。第三个阶段是19世纪后期至20世纪初期，以电力的大规模应用为代表的第二次工业革命发生，最著名的代表性事件是爱迪生发明了电灯，属于工业时代后期。第四个阶段是20世纪中后期之后，二战以后因为计算机和互联网的普及和推广，第三次工业革命即互联网等信息技术革命的到来彻底改变了整个人类社会的运作模式，称为信息时代。以后来诞生的苹果、微软为代表掀起的互联网时代的大幕，至今仍在影响着我们经济社会生活的方方面面，堪称是对人类社会影响最为深远的技术革命。信息时代的发展又可以细分为三个阶段：PC互联网时代、移动互联网时代和万物相联时代。

1.1 互联网——人与机器的连接与交互

从农耕时代到工业时代再到信息时代，技术力量不断推动人类创造新的世界。互联网（Internet）始于1969年美国的阿帕网。这种将计算机网络互相连接在一起的方法称作"网络互联"，在此基础上发展出的覆盖全世界的全球性互联网络称为互联网，即互相连接在一起的网络结构。互联的网络让信息传递的成本更低，可以不受空间、区域限制进行传递。互联网，正以改变一切的力量，在全球范围掀起一场影响人类所有层面的深刻变革，人类正站在一个新的时代到来的前沿。

1.1.1 连接

理解"互联网",一定要把握它和"连接"之间的关系。互联互通超越时空差距,使组织与用户之间、组织与组织之间、人与人之间的距离零成本变小,无障碍沟通与交流价值倍增。连接是有层次的,可连接性是有差异的,连接的价值是相差很大的,但是连接一切是"互联网+"的目标。

互联网已经深入到社会的方方面面,成为每个人离不开的工具,深刻影响着人们的工作、学习、生活、社交、娱乐、教育、交通、健康等几乎所有的一切。互联网的巨大能量到底来自哪里?有的说互联网提升我们的效率,有的说互联网扩大我们的边界,有的说互联网增加我们的智慧,有的说互联网赋予个体能力,有的说互联网提升人类知识,等等。互联网真正的本质是连接,从最开始的把两个机器相连,逐步发展到将无数的机器连接,接下来是机器与人开始连接,再是人与人之间连接,再到人与物之间的连接,物与物之间的连接,这样就形成了万物互联的世界。这种连接本质上就是信息在相互交换,进而形成信息流,随着信息不断地交互,逐步形成机器——物的人工智能。人类在此基础上也极大提高了自身的能力,能够做以前想做而不能做的事情。而且,连接的人数量越多,网络产生的价值越大。自互联网诞生以来,世界各国不断利用互联网促进经济社会发展。截至2021年10月,世界人口达到78.9亿,与2020年同期相比增加了约8000万人。全球共有48.8亿的互联网用户,约占全世界总人口的61.8%。

1994年4月20日,中科院用一条64KB的连接线让中国与世界联通。互联网进入中国以来,对中国社会产生了重要影响。截至2023年6月,我国网民人数达10.79亿人,较2022年12月增长1109万人,互联网普及率达76.4%,较2022年12月提升0.8个百分点。2018—2023年上半年网民规模情况见图1-1。

互联网的特质决定着它既可以超越时间界限也可以超越空间地域界限。通过互联网的硬件与软件,让人与人之间无时无刻不停地进行信息传播与交流;通过人与人的连接改变着人们的生活方式、企业的商业模式甚至国家的治理方式。

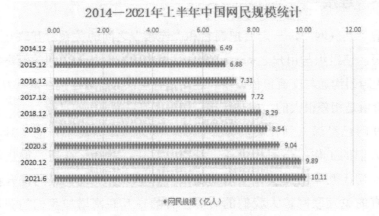

图1-1　2014—2021年上半年中国网民规模统计

与农耕时代和工业时代相比，互联网大幅提升了人与人之间沟通的效率。互联网逐渐改变了人们的通信和生活方式，同时也助力着各行各业的发展，为现代化生活节奏提供着快捷和便利。企业通过Web建立了与用户沟通的桥梁，通过Web能够完成更为直接的信息交流活动，甚至可以让网站24小时不间断帮企业进行宣传，24小时不间断帮公司与客户完成交流与交易。互联网引发电商"爆炸性"的增长，而电商的增长又带来了物流等其他行业的发展，这些行业的发展带来了整个社会的变革，不断对各行各业产生冲击，同时也优化了各种行业之间的协作机制，各行业的生产销售模式、经营模式，以至改变人们的生活方式和思维模式。当然也成就了百度、腾讯、阿里巴巴等令国人骄傲的互联网品牌，创造了一个又一个网络新贵的财富传奇。互联网具有打破信息不对称、降低交易成本、促进专业化分工和提升劳动生产率的特点，为各个国家经济转型升级提供了重要机遇。

1.1.2　平等

最初的互联网是冷战时期美国为了防止苏联的核攻击而设计的分布式信息通信系统，可以避免一处受到攻击而导致整个指挥中心瘫痪，后期转为民用。因而，互联网系统中没有最高权限中心，从而使网络具有分权的特征，也就具有了民主的特点。在互联网世界中，每个人都是平等的，平等接触网络和使用网络。互联网用不同方式阻止了等级制度的流行。互联网的平等是"网络面前人人平等"，相互之间即便互不相识、远隔万里，在互联网的世界里都是朋友，不管你有什么需要,不管你遇到什么困难,在这里都可以找到属于你自己的一片空间。互联网的水平存在方式决定了网络空间是一个平等的世界,在网上人们的交流、交往和交易,剥去了权力、财富、身份、地位、容貌标签,在网络组织中成员之间只能彼此平等相待,同时网络使我们的世界更加透明和精彩。

普通人可以在互联网上学习顶尖学府如哈佛、清华的公开课,也可以在专业平台如得到和喜马拉雅买到一定的知识和内容,而在整个互联网,包括各类聚合资讯平台和社交媒体,有足够多的免费的泛资讯内容。获取资讯变成了轻而易举的事情。"慕课"是"MOOC"的音译,意思是大规模在线开放课程。与传统课程只有几十个或几百个学生不同,一门慕课的学习者能达到成千上万。只要感兴趣,谁都可以在线学习,是一座"没有围墙的学校"。对于边远山区的孩子来说,慕课这种跨过了崇山峻岭阻隔的"大规模在线开放课程",为他们看见更大的世界提供了可能。

互联网还可以促进和加速跨国界交流,打破国家疆界和权限的限制,拓展加深国家之间的交叠。

1.1.3 交互

交互,即交流互动,有三个不同的层面。

1. 人机交互

是建立在人与电子类产品之间的沟通联系手段,是人与电子类产品之间传递、交换信息的过程。由于电子类产品存在人机交互界面,所以人机交互基本就是人通过其进行输入和输出的过程。这是一种间接的交互,媒介就是人机交互界面,人的意识和指令通过人机交互界面输入,产品接收后由人机交互界面输出反馈,比如计算器、仪表、手机等电子产品上的开关、按键、触摸屏等。开关的交互单一有效,目的性强,但是不够丰富;触摸屏的出现极大地提高了用户交互的体验,不但表现内容会随着触摸屏而改变,而且无论是手指还是触控笔,定位起来都比较方便,容易上手。因此现在很多设备都采用触摸屏幕作为首选交互方式。除此之外还有键盘、鼠标,键盘是主要的输入工具,特别在文字信息输入方面有着其他交互模式无法比拟的优势;而鼠标则是图形控制界面最方便快捷的交互工具,通过简单的学习后,任何没有电脑使用经验的人都可以很好地掌握鼠标的基本操作与交互方式。人机互动模式在未来会逐步被更为自然、更具直觉性的触摸式、视觉型以及声控界面代替。

2. 人人交互

交互的意义在于通过双方数据的互相反馈找到彼此的精准需求。好比两个人从相遇、相识到相知的过程。一开始的时候，需要言语加肢体的沟通才能了解对方需求，到后来双方磨合得越来越好时，一方只需要一个眼神另一方往往就能猜出其精准的需求。持续有效的交互，意味着我们不仅要有丰富的连接渠道，还要实现内部和与部分合作伙伴之间数据的互通互动，这背后则意味着我们需要对网络、流程和系统进行高效有机的整合。这让用户在互联网平台上不仅可以获得相关资讯、信息或服务，还能实现人和设备的交互，人和世界的交互，人和人的交互，从而碰撞出更多的创意、思想和需求等，思想火花的碰撞将极大地拓展人们思维的边界，丰富人们的知识，加快推进人类文明的进程。

3. 商业交互

互联网，同时也是以用户为中心的价值交互网和以人为中心的价值创造网。随着互联网用户的不断增加，其商业价值越来越大。企业的用户都在网上交互时，企业的价值就会不断体现出来，当越来越多的企业加入到互联网中时，互联网就形成了一个由无数个用户、微型组织、自主经营体编织而成的价值创造交互网。在互联网中，企业可以更好地与用户互动和交流，掌握用户的需求信息甚至直接形成交易。而服务用户的过程也和线下有了重要区别，不断增加的用户交易数据，让企业更容易掌握用户的精准信息，甚至利用大数据实现智能化、个性化的精准服务。要实现这点，就要和用户一对一持续互动，构建持续的反馈闭环，而且最好可以得到实时的反馈。实时情境下的数据才是鲜活和高度有效的，因为需求本身就是变化的，比如一个女孩子今天喜欢的手包款式不代表明天她还会喜欢。

1.1.4 分享

互联网为信息的传递提供了便利，分享成为了互联网时代的普世精神。互联网中的资源在互联网上可以实现即时接收、转换和传播，网民可以共同享用同一资源，每一个使用者都可以在网络上分享自己的资源或者获得别人提供的资源以及网络中免费或者付费的资源。空间和时间的向量和矢量在新技术中被重构，通过互联网可以实现全球人与人之间的信息分享，我们在短时

间内就可以掌握全球各地发生了哪些事,甚至一小时、半小时、10分钟之内,就可以知道万里、千万里之外发生的事。

在中国,分享精神两千多年前就已经提倡了。孔子说:三人行,必有我师。他做的,是把他总结和认同的道理分享给他的学生、开明的君主和世人。在孔子的时代,分享是困难的。他要周游列国,历尽千辛万苦,才能得到新知识和把他的智慧传递出去。

从农耕时代到工业经济时代,随着生产力的不断发展,物质文明和精神文明不断丰富,分享变得越来越多,但即便如此要想做到高效分享也是不容易的。比如一篇好文章在让读者看到它前,要经过采集、编写、编审、印刷、发行,而这个过程可能使大部分人无法得到他们本应该得到的东西。互联网技术从根本上改变了这一点。互联网是最富有共享精神的地方,互联网让分享变得非常简单,简单到只要敲一下键盘和提供一个链接。

许多创作者将自己的软件作品放到互联网上,它们的性质是"分享软件"或者干脆是"免费软件"。前者的功能或者使用期限可能受限,但是仍不失为一种知识的共享,让众多的网民获利。而开放源代码就更是互联网分享精神的精髓,它推动了无数人走向创新和思考,已经被广泛使用的Linux系统就是其中最好的例子。同时,在类似于维基百科之类的网站上,有的人将自己的知识、经验通过书籍、文章,或者口传身授的方式传递给其他人,使之成为人类共同知识的一部分。

在互联网发展的早期,内容分享是不需要理由的,不求利益,不求回报,只要读者在论坛上的几句"谢谢大家"就足够满足发布者。有的作者可以为了写一个攻略,反复玩一个游戏,把所有隐藏元素和可能性都计算出来,然后无私地发到论坛上,只是因为他喜欢这个游戏。通过互联网,我们看到了各类新闻、信息、图片、文章和书籍,让我们可以在短时间内对这个世界有更多的了解。而且在互联网中的任何网站之间能够相互链接,信息可以自由流通。受众对信息进行反馈,彼此之间进行交流或者对信息进行再次传播。

互联网精神是互联网生命力之所在,也是新经济发展的命脉,是其发展的关键。互联网的发展,取决于我们对互联网精神的容忍程度。没有它,新创新、新经济、新创意产业无从谈起。

1.2 移动互联网——人与人的实时互联

移动互联网是移动通信和互联网融合的产物，继承了移动通信随时、随地、随身和互联网开放、分享、互动的优势，是一个全国性的、以宽带IP为技术核心的，可同时提供语音、传真、数据、图像、多媒体等高品质电信服务的新一代开放的电信基础网络，由运营商提供无线接入，互联网企业提供各种成熟的应用。移动互联网是PC互联网发展的必然产物。根据每季度发布的互联网状况统计报告，截至2023年6月，全球有近50亿人（48.8亿）活跃在社交网络上，占世界总人口的60.6%。

随着移动通信网络的全面覆盖，我国移动互联网伴随着移动网络通信基础设施的升级换代快速发展。2009年国家开始大规模部署3G移动通信网络，2014年开始大规模部署4G移动通信网络，2021年开始大规模部署5G移动通信网络，三次移动通信基础设施的升级换代，有力地促进了中国移动互联网快速发展，服务模式和商业模式也随之大规模创新与发展。尤其是4G移动电话用户扩张带来用户结构不断优化，支付、视频广播等各种移动互联网应用的普及，带动数据流量爆炸式增长。截至2023年6月末，三家基础电信企业的移动电话用户总数达17.1亿户，比上年末净增2653万户。其中，5G移动电话用户数达6.76亿户，比上年末净增1.15亿户，占移动电话用户数的39.5%，占比较上年末提高6.2个百分点。实现覆盖全国所有地级市城区、超过98%的县城城区和80%的乡镇镇区，并逐步向有条件、有需求的农村地区推进。2022年下半年—2023上半年中国5G移动电话用户情况见图1-2。

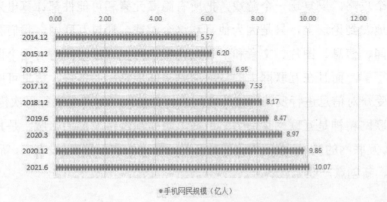

图1-2 2022年下半年—2023上半年中国5G移动电话用户情况

移动互联网流量、终端网络规模持续增长，IPv6 的规模部署为 DNS 规模化提供了更多动能。据报告，2023 年上半年我国移动互联网接入流量达 1423 亿 GB，相比 2020 年上半年的 745 亿 GB 增加了 91%。除了终端手机、PC，蜂窝物联网终端的规模也呈现增长趋势，截至 2023 年 6 月，三家基础电信企业发展蜂窝物联网终端用户 21.23 亿户，较 2021 年 6 月净增 8.29 亿户，增幅达到 64%。全球国家 1Pv6 发展监测平台数据显示，我国 IPv6 用户数已达 7.617 亿，IPv6 活跃终端连接数达到 16.781 亿，移动网络 IPv6 流量占比超过 55%。

移动互联网是在传统互联网基础上发展起来的，因此二者具有很多共性，但由于移动通信技术和移动终端发展方向的不同，它又具备许多传统互联网没有的新特性。

1.2.1 实时

相对于 PC，移动终端具有小巧轻便、可随身携带两个特点，人们可以将其装入随身携带的书包或手袋中，并可以在任意场合接入网络。移动互联网上的每一个人既是信息传播者，又是信息接收者，信息能够在网上实现实时互动。这样互动和即时的电子传播环境使全球产生了联系、交流。除了睡眠时间，移动设备一般都以远高于 PC 的使用时间伴随在其主人身边。这个特点决定了使用移动终端设备上网，可以带来 PC 上网无法比拟的优越性，即沟通与资讯的获取远比 PC 设备方便。用户能够随时随地获取娱乐、生活、商务相关的信息，进行支付、查找周边位置等操作，使得移动应用可以进入人们的日常生活，满足衣食住行、吃喝玩乐等需求。

一般而言，人们使用移动互联网应用的时间往往是在上下班途中，在空闲间隙任何一个有网络覆盖的场所。现在，从智能手机到平板电脑，我们随处可见这些终端发挥着强大功能。当人们需要沟通交流的时候，随时随地可以用语音、图文或者视频解决，大大提高了用户与移动互联网的交互性。互联网的实时互动和异步传输技术结构彻底改变了信息的传播者和接收者的关系。任何网络用户既是信息的接收者，同时也可以成为信息的传播者，并可以实现在线信息交流的实时互动和协作。通过移动互联网，人们可以使用手机、平板电脑等移动终端设备浏览新闻，还可以使用各种移动互联网应用，例如在线搜索、在线聊天、移动网游、手机电视、在线阅读、网络社区、收听及下载音乐等。其中移动环境下的网页浏览、文件下载、位置服务、在线游戏、视频浏览和下载等是其主流应用。

1.2.2 赋能

随着移动互联网的蓬勃发展，大量新的应用逐渐渗透到人们生活、工作的各个领域，移动音乐、手机游戏、视频应用、手机支付、位置服务等丰富多彩的移动互联网应用发展迅猛，正在深刻改变信息时代的社会生活，移动互联网正在迎来新的发展浪潮。

1. 移动互联网赋能新经济业态

移动互联网的发展使得网上零售从传统电商 1.0 升级到移动电商 2.0，再到短视频和直播带货 3.0，2020 年突如其来的新冠肺炎疫情加速改变了人们的消费方式，进一步推动了网上零售、直播带货等新模式全面爆发。2021 年，全国网上零售额达 13.1 万亿元，同比增长 14.1%。其中，实物商品网上零售额 10.8 万亿元，首次突破 10 万亿元，同比增长 12.0%，占社会消费品零售总额的比重为 24.5%。在线办公、远程医疗、在线教育、外卖闪送等移动生活服务呈爆发式增长，成为拉动经济增长的一个重要引擎。"云旅游"、网络视频创新消费新业态、新模式迅速发展。全国有超过 100 个城市的 500 多个景点"上云"，可利用手机参观游览，"云游故宫"等活动给游客带来了全新的体验。

2. 移动互联网赋能民生与社会治理

移动互联网在支撑新冠肺炎疫情精准防控方面效果显著。截至 2020 年 12 月 18 日，健康码累计亮码超 200 亿人次，覆盖 10 亿人口，累计访问量已经超过 500 亿，并且这个数据仍在不断攀升。"密切接触者测量仪""新冠肺炎病例曾活动场所地图"等应用小程序，方便广大民众及时知晓新冠肺炎疫情传播态势与防控信息。移动互联网进一步推动内容和公共服务的"下沉"，丰富了乡村地区文化，进一步推进在线教育等公共服务均等化，赋能乡村地区社会治理与数字乡村建设。

3. 移动互联网赋能传统产业转型升级

移动互联网在交通设施薄弱、人口密度较低的偏远地区的使用，获得了较高的信息红利并拓宽了城镇化的边界。随着 5G 时代的到来，移动互联网在促进农业发展方面的作用将会越发凸显。互联网的普及率提高是有限的，但是基于移动互联网的应用却有着无限的可能性。加强农户对移动互联网 App 在农业农村现代化中的使用，可以不断拓展移动互联网使用的边际效应。政府利用自身的资源和能力，在不同区域建立移动服务网点（如基层农业信息服务站），将有关农业生产的新品种、新技术、市场动向等信息，提供给农民，以便提高农业生产能力。同时，借助这些移动网点形成的覆盖网络，政府也可以了解不同地区农业生产的差异性状况，从而在宏观上掌控农业生产的各种信息（农业生产效能、新品种及新技术的推广情况等），以便更合理地对农业发展进行规划。

与此同时，工业互联网进入快速发展期，赋能千行百业数字化转型。截至 2020 年 11 月，我国已建成具有影响力的工业互联网平台超 70 个，连接工业设备数量达 4000 万台（套），工业 App 突破 25 万个，工业互联网标识注册量超过 80 亿。工业互联网已覆盖全国 300 个城市、30 多个行业，连接 18 万家企业。2020 年，我国工业互联网产值规模约为 3.1 万亿元，同比增长 47.9%，对 GDP 贡献率超 11%。

1.2.3 人性

人性的光辉是推动人类进步的首要力量，人性的光辉是推动科技进步、经济增长、社会进步、文化繁荣的最根本的力量。互联网的力量之强大最根本地也来源于对人性的最大限度的尊重、对人体验的敬畏、对人的创造性发挥的重视。移动互联网技术和智能手机的发展，让采集用户信息的能力变得空前强大，无时无刻，无所不在，而一旦拥有这些信息之后，就可以对每个用户形成用户画像（"交互设计之父" Alan Cooer 最早提出了 Persona 的概念："Personas are a concrete representation of target users." Persona 是真实用户的虚拟代表，通过一系列的真实数据分析，得出的目标用户模型。通过调研，根据用户的目标、行为和观点的差异，将他们区分为不同的类型，从每种类型中抽取典型特质，赋予名字、照片、场景描述，构成一个用户的人物原型）。基于精准的用户画像的个性化推荐技术更加容易实现。推荐技术也随着用户个人数据的不断丰富，在逐渐升级，从最基础的千人一面，慢慢演化到千人千面。

苹果公司自 2015 年推出 Apple Music 以来，其中的"为你推荐"板块就曾带来了更多新的布局与歌曲推荐，在个人喜好的基础上新增了主题歌单，同时更新频率也从每天更新变为全天刷新。2020 年，Apple Music 新增了"现在收听"(Listen Now)页面,并替换了此前的"为你推荐"。在原有的基础上增加了更多的精选播放列表和其他部分场景的内容,但每个推荐歌单的更新时间并不一致,例如每周一刷新的"起床!"、每周二刷新的"猜你喜爱",以及每周日刷新的"休闲音乐"等。

字节跳动创始人张一鸣在2016年就曾提出,今日头条不会也不需要设立传统意义上的总编辑,他表示自己最忌讳价值观先行,并认为不干涉可能是对于内容最好的管理方式。事实上,从创始人的理念到技术层面,今日头条都可以说是将算法推荐做到了极致。今日头条常用的用户标签包括用户感兴趣的类别和主题、关键词、来源、基于兴趣的用户聚类以及各种垂直兴趣特征(车型、体育球队、股票等),以及性别、年龄、地点等信息。性别信息通过用户第三方社交账号登录得到。年龄信息通常由模型预测,通过机型、阅读时间分布等预估。常驻地点来自用户授权访问的位置信息,在位置信息的基础上通过传统聚类的方法拿到常驻点。常驻点结合其他信息,可以推测用户的工作地点、出差地点、旅游地点。这些用户标签非常有助于推荐。当然最简单的用户标签是浏览过的内容标签。基于以上数据建立模型进行分析就可以得出每个人的兴趣与爱好并据此进行对应的内容推荐。

美国迪肯大学新媒体与传播学教授、网络身份研究的学者 P. David Marshall 表示,消费者越来越明白,他们使用应用程序的方式会影响其看到的内容类型,从而产生数字双重意识,即"我们意识到我们是数字身份的创造者"。这就意味着,将有越来越多的用户意识到算法推荐这一过程,而非陷入同质化的"回声室"里。

1.2.4 迭代

迭代是计算机中的一个概念,是通过重复执行的代码处理相似的数据集的过程,并且本次迭代的数据处理要在上一次的结果上进行,上一次产生的结果为下一次代码处理的初始状态。

苹果公司自推出可以上网的手机以来,以年为单位不断迭代自身产品,重新定义智能手机,至今仍然领跑智能手机行业。2007年1月9日,乔布斯第一次向世人展示 iPhone 一代。它的最大亮点在于手机正面只有一个按键,这在当时是绝无仅有的。放弃了键盘设计,转用触屏模式来操作手机,这可谓是开创先河,《时代》周刊将其评价为年度创新产品,甚至惊呼"苹果重新

发明了手机"。此后,还推出了Apple Watch等穿戴式智能设备。在苹果手机近十五年的进化史中,性能在优化,外观在优化。苹果公司开创了智能手机的时代,移动互联网时代也才真正开始,同时也真真切切地改变了我们的生活。在乔布斯的光环下,库克领导下的苹果,依然有很多微创新,包括变成运动独立设备的Apple Watch,具备通话、音乐、健康检测的核心功能,用户在户外运动的时候,可以甩开手机、臂包、耳机线,酣畅淋漓地锻炼;增强现实技术在游戏中的应用;手机第一次具备了自我意识的眼睛,可以认清楚主人。

把创新和用户体验相结合,开发出极致的产品,是苹果公司也是腾讯公司的专长。"互动式的体验,精确化的导航,差异化的定位"和"小步快跑,试错迭代"的产品策略,以及腾讯顺应公司业务以及未来规划的四次组织架构调整是腾讯成功的重要原因。采用FDD(Frequency Division Duplexing,即产品特性开发驱动的一种模式),腾讯的产品会有一个明确的产品经理负责整个产品,包括产品的验证、产品的方向、市场调研、用户调研等。FDD模式下产品经理可以对产品做一些滚动的要求,腾讯在产品设计上引入了类似FDD的模式,开发团队都是基于产品经理所概括出来的产品特性去驱动整个产品的研发。FDD的核心是面向产品的功能点,但这个功能点是从客户角度出发,并非从系统角度得出来。功能点是用一个短句描述出一个业务需求,这个业务需求按开发时间来衡量(通常不超过两个星期)。这样保证了产品的快速迭代。

在各个移动互联网企业迅速迭代的同时,行业内卷已达到新高度。

1.3　物联网——人与物理世界的融合

物联网(IoT,Internet of Things)即"万物相连的互联网",是互联网基础上延伸和扩展的网络,将各种信息传感设备与网络结合起来而形成的一个巨大网络,可实现任何时间、任何地点,人、机、物的互联互通。物联网概念最早出现于比尔·盖茨1995年创作的《未来之路》一书,在《未来之路》中提及物联网概念。过去在中国,物联网被称为传感网。中科院早在1999年就启动了传感网的研究,并已取得了一些科研成果,建立了一些适用的传感网。根据IoT Analytics发布的《2021年物联网用例采用报告》,79%的企业计划未来两年内,至少启动一个物联网项目。实际上,很多大型企业计划在未来两年内,平均投资多达九种不同的物联网应用。42%的企业表示将会大量投资能够提升工厂效率的物联网应用，超过五分之一的企业计划投资运营中的增强现实（AR）应用。97%的企业在尝试过使工厂效率改善的物联网应用之后，反馈其投资回报率为正。虽然北美和欧洲的物联网采用率高于亚太地区，但是亚太地区，尤其是中国，正在迎头赶超。中国、韩国和越南的企业越来越关注其商业模式的数字化，并从劳动密集型产业跨越到高端装备制造，中国在其中处于领先地位。全球移动通信系统协会（GSMA）所发布的《2020年移动经济》报告显示，2019年，全球物联网总连接数达到120亿个，预计到2025年，全球物联网总连接数将达到246亿个。广泛的物联网连接包括智能建筑、智能家庭，还有企业资产管理设备和自动化。全球物联网设备连接数量统计情况及预测见图1-3。

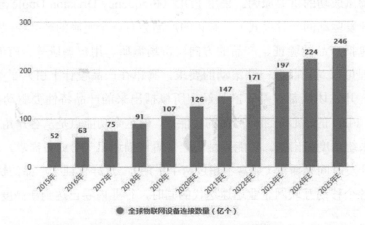

图1-3　2015—2025年全球物联网设备连接数量统计情况及预测

物联网时代的到来让人类社会重新认知世界和万物，并由此产生了新的生产模式和生活方式。

1.3.1　感知

（1）多传感器融合。传感器的应用范围很广，无论是在生活、工作还是学习中，我们随时可见传感器存在的身影。传感器是一种检测装置，能感受到被测量的信息，并能将感受到的信息，按一定规律转换成为电信号或其他所需形式的信号输出。在实际工作中可能需要多传感器融合，也就是在一个紧凑的传感器器件上集成多种传感器，而更深层含义是指多传感器的数据融合。比如一部智能手机中包含了大量的传感器：光线传感器、声音传感器、图像传感器、

压力传感器、位置传感器、距离传感器、GPS、指纹传感器等。多传感器数据融合可类比为人脑根据各功能器官所探测到的信息进行综合处理,从而对所处环境和事态做出判断的过程。智能传感器将传统传感单元整合为计算单元和人工智能算法,使得传感器具备除测量之外的信息处理能力。通过算力算法从中心向边缘侧下放,智能传感器可自主完成对实时元数据的检查、诊断和校准,优化数据质量,自主完成数据分析,执行决策反馈。

(2)万物皆有"灵"。传感器之于物联网,就好比五官之于人。物联网就是在物体上植入各种微型感应芯片使其智能化,然后借助网络传输,实现人和物体之间、物体和物体之间的连接以实现智能化识别和管理。在未来,世界上的万事万物,小到手表、钥匙,大到汽车、楼房,只要嵌入一个微型感应芯片,就会被赋予智慧而充满灵性,可以变得人性化,好像使万事万物"有了感觉、有了思想",可以帮我们做一些事情。比如,公文包会提醒主人忘带什么东西;衣服会告诉洗衣机什么样的水温比较适合;当司机出现操作失误的时候汽车自动报警;当快递员卸货时,一只货物包装可能怒吼道:"小心点,你扔疼我了!"以前我们在科幻电影里看到的场景,随着物联网时代的到来将纷纷照进现实,成为我们今后工作和生活中很平常的部分。

(3)人类与物理世界的融合。物联网把新一代IT技术充分运用在各行各业之中,具体地说,就是把传感器嵌入和装备到电网、铁路、桥梁、隧道、公路、建筑等各种物体中,然后将"物联网"与现有的互联网整合起来,实现人类社会与物理系统的整合,在这个整合的网络当中,存在能力超级强大的中心计算机群,能够对整合网络中的人员、机器、设备和基础设施实施实时的管理和控制,在此基础上,人类可以更加精细和动态的方式管理生产和生活,达到"智慧"状态,提高资源利用率和生产力水平,改善人与自然间的关系。

1.3.2 重塑

物联网作为重塑生产组织方式、提升生产力的关键要素,正在成为传统产业体系变革的重要动力和重塑生活方式的重要方向。动态感知、全面覆盖、泛在连接、移动互联的物联网正在对经济社会产生广泛而深远的影响。物联网不仅改变着人们的日常生活,更对传统产业体系的变革产生了深远的影响。传统产业在受益于物联网技术的同时,也为其发展提供了大量的基础数据支持。以海量数据为基础,物联网与云计算、大数据、人工智能等技术的结合,

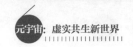

推动着万物互联向万物智联演进。

汽车行业正在经历诞生100多年来最深刻的变革，车路网协同、人工智能等创新技术正在重塑汽车与出行。电动车、无人驾驶，这是几乎一定会发生的未来。不久的将来，对一部好车的定义将和今天完全不同：数字力量将取代传统马力，互联取代性能，生活取代驾驶。真正的互联汽车就像车轮上的智能手机，是新一代的智能终端，让人与人、人与车、车与车无缝互联。物联网后的汽车，或将成为家和办公室以外的第三生活空间。在汽车上，面临失效的摩尔定律也许会重新焕发活力：汽车的体积要大于现在的任何个人电脑，未来它的计算能力或许与当下的巨型电脑相当，算力、电池、发热都不再是束缚和阻碍。类似往返交通的无人驾驶电动出行方式将很快在全球各大主要城市的街头出现。针对类似的往返交通出行方式，基于一整套智能交通出行服务，提供包括车辆预订、共享驾乘、互联平台、自动泊车及充电等服务，正在重塑整个汽车甚至出行行业。

对于制造业公司而言，这也是一次重塑自己的机会。在过去很多年里，制造业并不是一个有着太多想象力的行业，除了手机以外，它已经很久没有诞生令人兴奋的产品。不过，在物联网时代，制造业公司所生产的不再是单纯的硬件产品，而是和手机一样的联网终端。在工业领域，可以依靠物联网，实时监控生产过程中各个生产设备的运行情况，并根据运行情况及时调整设备的参数，以保证设备工作在最佳状态，从而提高产品的生产质量。此外，还可以通过实时监控和精确分析来提前发现潜在的问题，并及时进行应急响应，最大限度地减少可能造成的损失。

重塑结构从互联网时代就已经开始了。信息革命、全球化、互联网业已打破了原有的社会结构、经济结构、地缘结构、文化结构。权力、议事规则、话语权不断在发生变化。"互联网+社会治理"、虚拟社会治理会有很大的不同。

1.3.3 生态

全球物联网市场发展势头强劲，创新与跨界应用不断兴起。我国物联网规模持续扩大，技术和应用发展进入关键期，尤其是消费级IoT平台发展迅猛。消费级IoT平台，即面向普通消费者的物联网设备和解决方案，通过互联网连接各类智能设备，提供各种便捷的服务。消费级IoT平台在智能家居、智能健康、智能出行等领域的应用已经深入到普通人的日常生活中。智能家居可以让人们通过手机或语音控制家中的电器设备，实现智能化生活；智能健康设备则可以实时监测和记录用户的健康数据，帮助人们更好地管理自己的健康；智能出行则可以让人们通过手机查询交通信息、预订车票等，提高出行效率。

（1）技术生态：物联网不是独立存在的，它需要通过智能标识，实现有效的识别和感知；通过通信技术来实现数据的交流；通过大数据和云计算平台来实现数据的存储；通过大数据和云计算进行清理和挖掘，来发现有效信息，从而控制感知后的行为；通过深度学习实现人工智能。多种技术和物联网的深度整合，正在为用户、软硬件厂商和个人开发者提供更多的开放创新平台服务，形成了 AIoT——万物智慧互联的崭新生态。

（2）企业生态：物联网时代，企业不再是过去单一的企业自身，更应构建内部生态，并和外部生态做好对接，形成生态的融合。如产业和研发进行连接的生态、技术和金融结合的生态等。在产业生态链建设方面，2016 年华为与合作伙伴共同推进的 NB-IoT 通信协议使覆盖性能比原来 2G 网络提升了 100 倍，可更好地覆盖地下室等场景；连接数增加到了 10 万/平方公里，是现有 4G 网络连接数的 100 倍；实现了设备超低功耗，终端模块的待机时间长达 10 年。在解决方案生态方面，华为已经在与众多合作伙伴联合孵化解决方案，比如，华为与沃达丰进行了自动抄表的 IoT 联合创新实践；华为提供芯片，合作伙伴 U Block 提供嵌入智能电表里的模块，通过无线网络连接实现自动抄表。

（3）产业生态：物联网与互联网很大的一点不同在于其所涉及的行业广度远超互联网，物联网已经从前几年的智能可穿戴和智能家居等日常生活领域逐渐推进到了智能水表、智能电表以及智能气表等公共服务领域。而物联网在这些厚积薄发的行业中的渗透也切切实实地繁荣了解决方案生态，及至车联网、梯联网等更细分的行业解决方案被孵化之后，物联网将在既有的解决方案生态基础上进一步繁荣，进一步渗透到生活的方方面面，从而在不远的将来对人类产生极为深远的影响。

例如在工业化时代，一件产品从原材料到生产之后，其产品形态不会再有任何改变，是一个物体，而在销售给用户之后，如果不需要产品质量服务基本与企业就不再产生联系。而随着物联网的发展，每一件产品都可以将生产企业、第三方服务、最终用户联结起来并不断产生数据，进而形成新的商业模式和产业生态。比如保温杯只是用来盛水的杯子，没有任何可交互的能力。但如果在水杯中嵌入芯片，就会将我们每个人每天饮水的数据记录下来，每天饮水多少次，每次的饮水量、温度甚至手持水杯的力度与姿势等，并通过数据积累形成健康数据，然后经过分析告诉我们这杯水要怎么喝才更健康。这样，这个水杯除了是一个物理的杯子以外，还有了一个我们看不到的数据孪生体，它的价值可能更大。如果我们出差时忘记带水杯，就可以把水杯的数据孪生体投放到出差地的智能水杯上，使其他水杯也能根据我们的健康数据提醒我们正确饮用水，并同时将在出差地饮水的数据记录在数据孪生体之中。换言之，在水杯完成物联网改造之后，数据就成为一种可以突破时空限制的数据孪生体。由此，一个不具实体的杯子，就被赋予了生命。随着数据的积累，更多生命背后的奥秘被破解，全新的物联网正将人与物理世界融合，让人类和更多生命进行对话。

1.3.4 数据

随着互联网、移动互联网和物联网的快速发展，人类迈向数字经济时代。数据显示，2020年我国数字经济依然保持蓬勃发展态势，规模达到39.2万亿元，较2019年增加3.3万亿元，占GDP比重为38.6%，同比提升2.4个百分点，有效支撑疫情防控和经济社会发展。据预测，2022年我国数字经济增加值规模将达48.9万亿元。2020年，全球数据量达到了60ZB（1ZB约等于10亿GB），其中中国数据量增长迅猛。预计2025年中国数据量将增至48.6ZB，占全球数据量的27.8%。

1. 数据成为数字经济时代的生产要素

要素，可以理解为"必要的因素"。生产要素主要有人的要素和物的要素两方面，没有它们人类将无法从事生产经营活动。就像在农业经济时代，没有土地、劳动力，生产就无法进行。而在工业经济时代，资本又成了生产要素。随着工业的发展，技术又成了生产要素。未来数字经济当中，没有数据也无法进行生产，至少不能有效地实现生产。所以未来生产、经营、社会运转都需要依据数据进行判断，数据将成为生产经营最重要的要素之一。作为新型的生产要素，数据在未来必将进一步成为推动国家、企业和社会取得可持续竞争和发展优势的重要动力源。2014—2022年，数字经济对我国经济增长的贡献率均在50%以上，2022年更是超过70%，达到73.6%，数字经济成为推动我国经济增长的重要引擎之一。从2021年的宏观经济和发展数据分析来看，以互联网、移动互联网、物联网、大数据、人工智能等新一代数字信息技术的应用为基础和支撑的新产业、新服务业态不仅没有受到新冠肺炎疫情的影响，反而加速了经济发展，形成新增长动能。数字经济对经济发展的贡献越来越大，尤其是新冠肺炎疫情影响下，数字经济走出了独立行情。随着 5G 和大数据时代到来，数以亿计的物联网将进一步地产生更为海量的数据，数字经济发展迎来新时代。

2. 数据是数字经济时代的"新石油"

作为第五要素，相比土地、劳动力、资本、技术四大要素而言，数据是数字经济时代的"新石油"，是经济发展的命脉。2022 年，中国 73.6% 的经济增长量是数字经济驱动的，数字经济对中国 GDP 增长的贡献率连续 8 年超过 50%，数据已成为经济增长的核心资源。

对于政府，利用数据可以打破此前政府各部门纵向管理、数据缺少互联互通的现状，融合政府多个部门、多种服务，构建覆盖全市的大数据服务体系，大幅提升政务服务效率，更可以为市民提供全方位、个性化、终身式的公共信息服务。

对于企业，数据的应用不仅有助于提升所有经济部门的生产效率和资源使用效率，提供更多个性化的产品和服务，还有助于推动更多传统领域实施数字化转型升级：通过收集企业管理、运营、生产过程的数据，利用数据优化生产过程，提升生产和管理效率，提升企业内部各部门之间的协同效率，实现企业的精细化管理，做到企业内部流程的可管、可控、可追溯、可视化，将企业的运营成本降到最低。数据也是初创企业和中小型企业开发新产品和服务的重要资源。

对于社会，基于更多可用的数据和改善数据的使用方式，以应对社会、气候和环境方面的挑战，有助于创建更加健康、繁荣和可持续发展的社会。例如欧盟提出数据有助于达到《欧洲绿色协议》的目标。

对于未来，随着大数据、人工智能技术的发展，人类可以利用机器学习、深度学习等更复杂的预测技术实现更高效的社会治理和企业经营决策，创新产品和业态。随着物联网的快速发展，万物智能互联、数据洪流、计算感知化、云的增值，人工智能、无人驾驶、无人机、智能机器人、5G、虚拟现实，聚焦中国制造 2025、精准医疗、体育等领域的创新与发展都离不开数据这一基础资源。

3. 数据是通往新财富的密码

数字经济时代,谁掌握了数据谁就掌握了话语权,自然也就掌握了更多的发展机遇。一是数字化技术新机遇,50万亿新基建使互联网、移动互联网、大数据、云计算、人工智能、区块链、物联网等数字技术的软件、硬件的发展迎来崭新的机遇。二是数据产业化的机遇。包括政务数据、企业大数据、互联网大数据、个人大数据等方面,若实现数据确权进行流转交易,甚至是资产证券化,未来将形成了新的产业、新的商业模式。三是产业数据化新机遇。包括农业、工业、政务、金融、房地产、交通运输、教育、医疗等各行各业都面临数字化的机遇。由线下转到线上,不仅是数据映射和迁移的过程,迁移过程本身也有很大的商业价值,同时通过数据化还能够改造提升转型传统行业。四是数字化金融带来的新机遇。金融的本原是服务实体经济,农业、工业、服务业数字化以后,金融在服务实体经济过程中就会因成本降低、风险降低进而提升服务效率。五是全要素数据化机遇。随着数字技术的发展,土地、劳动力、技术、资本都可以用数据来表述,未来全社会都将数据化,这必将对经济社会各领域进行重塑,进而带来更多的新机遇。

1.4 新冠肺炎疫情——催生沉浸式虚拟世界

自从2020年新冠肺炎疫情暴发后,各行各业都在应对前所未有的巨大改变。"封城"、宵禁、居家办公,这些措施使越来越多的人去探索线上的虚拟世界。远程办公和线上会议替代了出差和面对面会议,扫码支付取代了现金和刷卡,网购和快递送餐让人们足不出户也能正常消费。无论是在微信上互动,在钉钉上开工作会议,还是利用各类软件平台线上授课,甚或在抖音上短视频直播带货,在线上玩多人在线游戏,人们对于这种通过屏幕接入的完全沉浸式的虚拟空间都已习惯。数字技术的快速崛起和普及,不但加速了数字经济的发展与业态创新,也在加速推动各行各业、不同规模的企业组织的数字化转型。

后疫情时代,新冠毒株在不断地更新变异中,现下的医疗技术水平无法将其彻底消灭。如钟南山院士所述,与新型冠状病毒长期共存是未来的趋势,疫情的发展不断蚕食减弱人们在物理世界的联系,也加速了数字世界的完善,人们在虚拟空间中留存和交互的时间更多,对虚拟世界的需求更加多元对其服务也更加认可。

然而，尽管互联网和移动互联网技术不断发展，人们总是阻断不了线下真实场景的互动，线上课堂再好也不如线下课堂实实在在的讲授与互动，线上会议再便捷也不如真实会议中面对面的头脑风暴与思想碰撞……就像很多人感觉"总是觉得差点意思"，根本还是因为缺乏沉浸感的整个经济社会系统！现在，集成技术的应用又有了创新，有潜力为这个虚拟世界带来更高的价值、存在感和性能。要提升这种"远程呈现"，很大程度上取决于我们是否能够通过虚拟手段复制现实世界中人的真实体验。而 VR[Virtual Reality，虚拟现实技术，由美国人拉尼尔（Jaron Lanier）在 20 世纪 80 年代初提出的] 头戴式设备和运动追踪设备在这里可以发挥关键作用。1990 年，钱学森教授对虚拟现实与"元宇宙"也有过展望，并为其起了个颇有意境的名字——"灵境技术"。现在这些设备效果做得越来越真实，可以营造出 100% 的沉浸感。VR 技术旨在打造出与物理世界平行的沉浸式虚拟世界，而 AR（Augmented Reality，增强现实）技术则是在物理世界中叠加一层虚拟世界。

在软件业巨头微软推出的 Mesh——MR（Mixed Reality，混合现实）平台中，人们可以在现实世界的空间里与变身为虚拟人物的其他人，一起工作和娱乐。Mesh 用户可以看到对方在空间中移动，在工作场景里，所有文件和对象，例如 2D 文档或 3D 模型，都可以从其他应用中带入 Mesh，并协同工作。如果你不想露脸，就可以委派自己的 3D 虚拟化身"上场"，而这个化身的外貌特征、一言一行都可以根据个人的喜好来"量身定制"。不仅如此，Mesh 还会根据你讲话的语音提示，让坐或站在会议室里的"你"（3D 虚拟化身）脸部动起来，就像真人讲话一般。而这项新功能甚至不需要用户佩戴 VR 头戴设备就能实现。

正是随着互联网、移动互联网和物联网的快速发展，特别是受新冠肺炎疫情的影响，人类社会迎来了数字新世界。

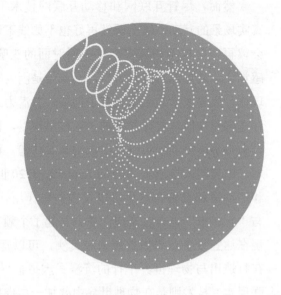

第 2 章
元宇宙的1.0到3.0

基于数字新世界，2021年上半年元宇宙（Metaverse）横空出世，其想象空间巨大，未来可能有几十万亿甚至更广阔的市场。meta，意为超越，verse，意为宇宙，Metaverse可以理解为另外一个平行的宇宙。

从概念上理解，元宇宙是基于数字技术集成应用实现的虚实共生的空间互联网。元宇宙的本质是在数字世界对物理世界进行孪生映射，实现物理世界和数字世界的交互融合，通过物联网、VR/AR、大数据、人工智能、区块链等新一代信息技术集成应用，在数字世界对物理世界进行仿真分析和预测，以最优的结果驱动物理世界的运行。

从技术角度来看，元宇宙是通过5G或6G低延迟网络连接，以及云网端协同计算，从而支撑沉浸式的感官体验和大规模用户同时在线需求，提升用户的沉浸感和可进入性；通过数字孪生技术实现物理世界的虚拟化和数字化，进而形成镜像数字世界；通过人工智能技术贯穿元宇宙内容生产、分发到应用全过程，加速内容生产、增强内容呈现；通过区块链技术支撑元宇宙经济系统的有序运转，保障数字资产和数字身份安全，同时协助系统规则的透明执行的数字技术集成应用形成虚实共生的新型经济社会形态。

类比移动互联网对PC互联网的升级，元宇宙可能比移动互联网拥有更多维度的现实与虚拟世界的互动与融合，不仅可以满足人们的精神需求，还可以大幅提高劳动生产率。

从元宇宙的发展来看，大致可以分为三个阶段：数字原生的元宇宙1.0、数字孪生的元宇宙2.0和虚实共生的元宇宙3.0。在不同的阶段，元宇宙有着不同的内涵。

2.1 数字原生的元宇宙1.0

现实世界中的人类对于虚幻世界的幻想从未停止过,从《盘古创世》到《女娲补天造人》,从《精卫填海》到《后羿射日》,从《山海经》到《封神演义》甚至再到《西游记》,无论小说、戏剧、诗歌还是音乐、绘画,无一不体现着人类对美好生活的向往。国外同样也有着众多美丽的神话传说,如耶稣降生、诺亚方舟、创世纪、世界的起源和众神的诞生、波塞冬和海神等。

数字原生,是之前物理世界并不存在而通过创作者的智慧与想象设计出来的,是人类主观能动性的表现。比如我们人类生活的物理世界中,本没有科幻电影或者小说,是作者创造了它们。特别是在最近几十年,随着互联网等数字技术的不断发展,创作者们依靠自己的想象,通过计算机等各类数字设备创作原生的数字内容,并在计算机系统及相关硬件系统中保存、管理和使用,然后在科幻小说和电影中清晰地呈现出来。比如具有超凡想象力的小说《雪崩》、虚实结合的电影《黑客帝国》、有意识的数字人的电影《银翼杀手》等就是科幻作品的典型代表。这个阶段"元宇宙"概念开始出现,我们称之为数字原生的元宇宙1.0。在元宇宙的虚拟世界中,用户可以生产、使用、交易线下难以获得甚至没有的物品,可以享受线下难以享受或无法享受的体验。

2.1.1 超凡想象力:《雪崩》

美国著名科幻作家尼尔·斯蒂芬森(Neal Stephenson)1992年在科幻小说《雪崩》(Snow Crash)中提出了元宇宙的概念。他的小说想象力丰富、富有创见与思考,语言传神、简洁、机智而富有妙趣,情节激荡澎湃、悬念重重、紧张刺激。他既写科幻小说,也写历史小说,还写高科技惊险小说,而这些小说又包含历史学、考古学、语言学、地理学、哲学、宗教、金融、密码学、数学、计算机技术等诸方面的内容,是有着坚实技术内核及超凡想象力的一流科幻小说。《雪崩》这部小说描述了一个多人在线的虚拟世界,用户以自定义的化身形象(Avatar,阿凡达)进行活动。主角通过目镜设备看到的元宇宙的景象,处在电脑绘制的整个虚拟世界里面。这个世界非常繁华,有数百万人在虚拟世界中穿行,元宇宙的主干道和世界规则由一个虚拟的组织制定,开发者购买这些土地的开发许可证,然后就可以在自己的街区里面构建街道、修建楼宇公园等,甚至一些超越物理法则的东西。

《雪崩》中展现的"超元域"（虚拟实境技术）对后来的计算机技术，尤其对游戏领域产生了深远影响。今天（本书写作时），无数的专业网络技术人员正在一步步接近斯蒂芬森当年的神奇梦想，其中最具代表性的是美国一家游戏公司依据"超元域"构建的网络虚拟世界"第二人生"，其"公民"数目前已突破 500 万人，瑞典、菲律宾等国甚至在其中设立了"大使馆"。斯蒂芬森准确理解了互联网发展将带来的技术诉求。《雪崩》中的新奇产品层出不穷，对技术的细致描绘让想象力的产物得以变成现实。"超元域"的概念启发了 3D 虚拟社区游戏《第二人生》，也是近年来硅谷科技领袖和诸多 VR、AR 研发者的对标；"阿凡达/化身（avatar）"一词被赋予新的网络含义，比其宗教原义更为人所熟知；斯蒂芬森还被聘为 Magic Leap 公司的首席未来学家。可以说，《雪崩》在很大程度上塑造了当前的技术前景。

2.1.2 虚实结合：《黑客帝国》系列

电影《黑客帝国》是由华纳兄弟公司发行的系列动作片，已上映的影片有四部，第一部《黑客帝国》于 1999 年 3 月上映。讲述了一名年轻网络黑客发现看似正常的"现实"世界，是由一个名为"矩阵"的计算机人工智能系统在背后操控，他便和另外两个小伙伴一起开启了抗争"矩阵"的征途。人工智能和人类之间的关系，一直都是很多人关注的问题，而《黑客帝国》便是较早涉及这一方面的电影。影片将虚拟与现实完美地结合，且启发人以哲学的角度思考人生，不论从哪方面来说，都有着极强的创新性与开拓性。虽是科幻片，但其中对于理性、人类与智能、自由与博爱等的讨论却无不包含着哲学思考，从另一个维度揭示了人性在善恶之间的选择，以及包容与自私、奉献与贪婪的关系等。《华盛顿邮报》评论说，这是一种释放，是一种能量的转换，影片会点燃你,让你在眼花缭乱中眩晕不已。电影《黑客帝国》见图 2-1。

《黑客帝国 2：重装上阵》2003 年 5 月上映，《黑客帝国 3：矩阵革命》2003 年 11 月上映，《黑客帝国 4：矩阵重启》2021 年 12 月也已经上映。

图 2-1 电影《黑客帝国》

总体来看，此系列电影从科幻角度出发，将西方哲学与中国哲学相结合，有着浓厚的唯心主义色彩和宗教色彩，探讨了机器与人类如何在未来实现共存，以及人们面临选择时究竟如何选择，而"选择"是一开始就已注定，还是人们拥有选择的权利？从中深度挖掘了人类的思想与心灵，带给人震撼的同时发人深思，给人以生命的启迪，是科幻界一部有格局的大作。

2.1.3　有意识的数字人：《银翼杀手》系列

《银翼杀手2049》是由美国哥伦比亚影片公司出品的科幻动作片，2017年在美国上映。根据菲利普·K.迪克小说《仿生人会梦见电子羊吗》改编，故事背景设定在《银翼杀手》上映后30年，讲述了在人类与复制人共生的2049年，两个种族之间的矛盾升级，新一代银翼杀手K寻找到已销声匿迹多年的前银翼杀手，并联手再次制止了人类与复制人的命运之战。影片中展现了复制人，也可以称为数字人，在与人类的共生相处的过程中不断完善，从而形成了人类才应该有的"意识"。电影《银翼杀手》见图2-2。关于"人是否有自由意志"这个问题已经争论千年，如今越来越倾向于"没有"，正如马克思所言"人是一切社会关系的总和"，人的"自我观念"便是社会环境的产物。而随着技术的不断进步，未来社会中，数字人的意识会和人类一样还是会超越人类？这是该片留给我们的思考。

图 2-2　电影《银翼杀手》

2.1.4　沉浸式虚拟社交：《头号玩家》

《头号玩家》由华纳兄弟公司发行，于2018年3月在中国上映，由著名导演斯皮尔伯格执导，根据恩斯特·克莱恩同名小说改编，故事背景设定在2045年，处于混乱和崩溃边缘的现实世界令人失望，人们将救赎的希望寄托于"绿洲"——一个由鬼才詹姆斯·哈利迪一手打造的虚拟游戏世界。人们只要戴上VR设备，就可以进入这个与现实形成强烈反差的虚拟世界。在这个世界中，有繁华的都市，形象各异、光彩照人的玩家，而不同次元的影视游戏中的经典角色也可以在这里齐聚。就算你在现实中是一个挣扎在社会边缘的失败者，在"绿洲"里也可以成为超级英雄，再遥远的梦想都变得唾手可及。为了该片的后期效果，演员们进行了7～8周的360度动作捕捉拍摄。科幻之下，斯皮尔伯格在《头号玩家》中将不胜枚举的文娱经典元素合而为一，以VR游戏为引导展开，用游戏与电影的绚丽情怀引领观众走进了一个令人着迷的世界，在最后又以人性的真情呼吁人们勿忘现实的美好,虚实相生的光影之梦,令人叹服。电影《头号玩家》见图 2-3。

图 2-3　电影《头号玩家》

2.1.5　人类成为永恒:《超体》

《超体》是一部由法国导演吕克·贝松执导的科幻动作片,于 2014 年 7 月在北美上映。这部电影,涵盖了脑科学、能量学、宇宙天体、自然与科学等诸多领域的未来构想。影片讲述一个年轻女人露西被迫运贩,机缘巧合下这种毒品进入她的身体,反而使她拥有了超于常人的力量:包括心灵感应、瞬间吸收知识等技能,让其成为一名无所不能的"女超人"。随着女主角露西大脑的潜力被不断开发,她最终从肉体中脱离出来,并为人类保留下来一组最为完善的知识库。影片用通俗易懂的表现形式将人类难以理解的各种科学理论解释了出来。在电影最后露西与万物合一,她消失了,却"无处不在",成为了一种既存在又非存在的存在。《超体》虽然是以戏剧化的故事情节为主线,实则隐含的却是关于宇宙能量与大脑开发的奥秘。科学家们长期致力于大脑的开发,脑机接口技术就是最先进的技术之一。其目的在于不断地扩展大脑接收器的容量,使得我们能够以更大视角的"本我",去接纳未知世界的信息。突破大脑的边界,是人类所面临的重要课题。一旦突破,人们的"本我"意识将会消解,进入"无我"状态。"无我"则会看到并体验到无限广阔的世界及能量的信息。她变成了神,同样也是一台超级计算机。如此,我们或许可以想象这部电影所表现的是否会成为元宇宙的最终归宿?很多关于未知领域的探索,都可能会以科幻电影的方式呈现,这也是打开人类意识并提升其高度的落地方式之一。而人类又是否会像露西一样,脱离肉体,变成一种完美的意识存在。电影《超体》见图 2-4。

图 2-4　电影《超体》

2.1.6 去中心化虚拟游戏：《沙盒（The Sandbox）》

The Sandbox 的开发商 Animoca Brands 是一家总部位于香港的专注于区块链游戏和非同质化代币的公司。非同质化代币（Non-Fungible Tokens，NFT），是数字世界中"独一无二"的资产，它可以被买卖、被用来代表现实世界中的一些商品，但它存在的方式是在区块链上，与比特币（BTC）、以太币（ETH）等主流加密资产也记录在区块链中不同的地方在于：任何一枚 NFT 代币都是不可替代且不可分割的。Animoca Brands 公司成立于 2014 年，开发的游戏包括 *The Sandbox* 和 *F1 Delta Time*。*The Sandbox* 被誉为全球领先的线上虚拟世界创造者，团队目前拥有 40 多位高级员工，均具备 10 多年的构建和维护数百万量级玩家实时参与游戏的运营经验。该公司最近的一轮融资达到约 1.39 亿美元，并以 10 亿美元的投前估值成为独角兽企业，包括投资者 Blue Pool Capital、Coinbase Ventures、Liberty City Ventures 和三星风险投资公司参与投资。图 2-5 所示为游戏 *The Sandbox*（沙盒）。

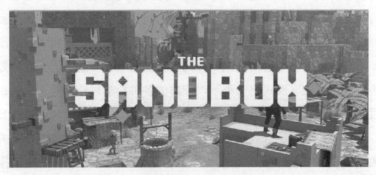

图 2-5　游戏 *The Sandbox*（沙盒）

The Sandbox 的核心机制是 Play-to-Earn。游戏本身没有主线剧情，没有唯一的终点，而玩家则在游戏中通过探索与建设，体验游戏的乐趣。这种模式的成功已被前人证明，比较典型的有《我的世界》、Roblox 等。而 *The Sandbox* 则在此基础上，加上一层 Play-to-Earn 的模式。通过自主创造产生价值。让玩家通过玩游戏、创建游戏玩法或者创建游戏中的模型获得资产，而这些资产将能够在区块链世界里进行流通及变现。

The Sandbox 是用户生成的内容生态系统（User Generated Content，UGC，也可以理解为用户原创内容），该系统由三个主要部分组成：编辑器（命名为 VoxEdit）、市场和游戏。

（1）编辑器：VoxEdit 是一个简单易用但功能强大的免费 3D 体素建模和 NFT 创建包，允许用户创建 3D 对象，如人类、动物、车辆、树叶、工具和物品。体素是类似于积木的方形 3D 像素，可以使用 VoxEdit 进行操作以快速创建精美的作品。*The Sandbox* 的 NFT 市场允许用户上传、发布和销售他们使用 VoxEdit 制作的 NFT 作品。构建完成并且作品通过官方的认可后，创作者可以将其从 VoxEdit 导出到沙盒市场，成为 NFT 游戏资产，并放到官方的市场上进行售卖。

（2）市场：有了作品之后，玩家可以通过 Sandbox Game Maker，在不需要编程的情况下，创造游戏场景及对应的游戏玩法。创作者首先将作品上传到 IPFS 网络以提供去中心化存储，然后注册到区块链上以证明所有权。而要发布游戏，需要你在 *The Sandbox* 拥有土地。因此，*The sandbox* 中的土地可以拍卖。在土地售卖方面，2019 年 12 月，*The Sandbox* 开启第一轮土地预售，共有 3096 块土地在 4 小时内售空。2021 年 7 月，夏季主题第三波土地售卖结束，这次不到 1 分钟，400 块土地就一售而空。*The Sandbox* 上一块 24×24 体积元素的虚拟地产将以 87.4 万美元拍卖，创历史新高。一旦完成，作品成为资产，可以通过在市场上提供初始销售报价来出售，然后潜在买家可以购买它们，创作者可以根据市场价格获得收入。

（3）游戏：Sandbox Game Maker 上，任何人借助可访问的可视化脚本工具，无须编码即可在几分钟内创建令人惊叹的 3D 游戏。玩家可以在基于区块链的平台上收集和交易 NFT。基于以太坊区块链开发的去中心化虚拟游戏世界，创作者可以创作 3D 像素化资产，并将其以 NFT 的形式导入游戏中，在未来，*The Sandbox* 可能会支持将真实世界的物体扫描导入到游戏中。创作者们为庞大的元宇宙做出了贡献，其中充满了各种令人惊叹的互动创作和体验。

The Sandbox 游戏中各种工具的便捷性，激发了玩家更多的创造性。创造性的激发，催生出更多令人惊艳的作品。作品的出现，又将吸引更多玩家的加入。回归到人性本身，人需要做出贡献，然后被认同，最后因为贡献和所作所为被回报。现实世界遵循着上面的描述，而在 *The Sandbox* 的世界亦是如此。一旦某个创造/贡献点被引爆，那么对于一个基于网络的生态系统来说，它会自循环、自孵化、自进化、自创新，最终欣欣向荣。而 *The Sandbox* 也将在这样的自循环中，不断壮大。

2.2 数字孪生的元宇宙2.0

随着移动互联网、物联网、VR、AR等各项数字技术的进一步发展，元宇宙的内容不断丰富，正在从数字原生的幻想阶段向平行于物理世界的数字孪生世界，也就是元宇宙2.0迈进。

2.2.1 元宇宙与星辰大海

科幻小说《三体》的作者刘慈欣说：人类的面前有两条路，一条向外，通往星辰大海；一条对内，通往虚拟现实。前一条路——星辰大海——开发人类居住的地球以外的太空，月球、火星、木星或者其他更广阔的物理空间。随着大约140个观测或通信卫星星座项目的相继公布，且所有卫星都处在距离地球不到1000千米的低轨道上，太空正成为一个令人难以置信的国际竞争场所。这一竞争既有私人的参与，也有国家的参与。冷战时期，美苏两个超级大国主导太空秩序，牵头制定了奠定当今太空治理的规则。冷战结束后，太空格局逐渐向多极化发展。各军事强国都制定了各自的太空战略，谋求"制天权"，如英国的《国家太空安全政策》、日本的《宇宙基本法》、加拿大的《航天政策框架》，等等。针对新的竞争格局，美俄又制定了新的国家太空战略，力争在该领域建立优势地位。星链计划是马斯克的美国太空探索技术公司的一个项目，该公司计划在2019年至2024年间在太空搭建由约1.2万颗卫星组成的"星链"网络以提供互联网服务，其中1584颗将部署在地球上空550千米处的近地轨道，并从2020年开始工作。该公司还准备再增加3万颗，使卫星总量达到约4.2万颗。欧盟委员会要求成员国和欧洲议会2022年要毫不迟疑地通过其推出太空共同基础设施计划。"十四五"期间我国也将加快布局卫星通信。人类向星辰大海的探索一直在努力推进并不断取得新的进展。2021年12月14日美国国家航空航天局（NASA）宣布"帕克"太阳探测器在2021年4月的时候成功穿过了太阳大气的最外层（日冕），成为全球首个"接触"太阳的航天器，意义十分重大！但对于现实生活中的大多数企业和个人而言，星辰大海可能距离我们还很遥远，比较而言，虚拟现实可能距离我们要近得多。

虚拟现实（VR），意为虚拟和现实相互结合。虚拟现实技术是一种可以创建和体验虚拟世界的计算机仿真系统，它利用计算机生成一种模拟环境，使用户沉浸到该环境中。其最早源于美国军方的作战模拟系统，20世纪90年代初逐渐被各界关注并且在商业领域得到了进一步的发展。虚拟现实是发展到一定水平的计算机技术与思维科学相结合的产物，它的出现为人类认识世界开辟了一条新途径。虚拟现实以视觉形式产生一个适人化的多维信息空间，为我们创建和体验虚拟世界提供了有力的支持，可以直接观察、操作、触摸、检测周围环境及事物的内在变化，并能与之发生"交互"作用，使人和计算机很好地"融为一体"，给人一种"身临其境"的感觉。虚拟现实的最大特点是：用户可以用自然方式与虚拟环境进行交互操作，改变了过去人类除了亲身经历，就只能间接了解环境的模式，从而有效地扩展了人的认知手段和领域。因为这些是通过计算机技术模拟出来的现实中的世界，故称为虚拟现实。

由于虚拟现实技术的实时三维空间表现能力、人机交互式的操作环境以及给人带来的身临其境的感受，它在航天领域的模拟和训练中起到了举足轻重的作用。近年来，虚拟技术在各行各业都得到了不同程度的发展，并且越来越显示出广阔的应用前景。虚拟战场、虚拟城市甚至"数字地球"等，无一不是虚拟现实技术的应用。虚拟现实技术将使众多传统行业和产业发生革命性的改变。

虚拟现实与星辰大海并不是竞争对立关系，前者向内拓展，后者向外延伸，最终殊途同归，共同促进人类社会发展。更好的数字虚拟技术和更发达的太空技术，其实是相辅相成的。

2.2.2　元宇宙不是黄粱美梦

读过唐代文学家沈既济创作的一篇传奇《枕中记》，或可以一窥曾经梦中的"元宇宙"。全文结构严谨，前后以黄粱照应，以黄粱蒸始，以黄粱未熟终，同时穿插一个高人吕翁点拨，一线贯穿。文章描述不得志的士子卢生在道士吕翁的帮助下做了一个美梦，梦中卢生一度享尽荣华富贵，飞黄腾达，而梦醒之时连一顿黄粱饭尚未煮熟。以下为文章最后的描述：

卢生欠伸而悟，见其身方偃于邸舍，吕翁坐其傍，主人蒸黍未熟，触类如故。生蹶然而兴，曰："岂其梦寐也？"翁谓生曰："人生之适，亦如是矣。"生怃然良久，谢曰："夫宠辱之道，穷达之运，得丧之理，死生之情，尽知之矣。此先生所以窒吾欲也，敢不受教！"稽首再拜而去。

寓意：空想出来的荣华富贵是一场梦，梦醒了，就什么也没有了。幸福的生活，不是可以靠虚幻的美梦得来的。任何时候都不要指望坐享其成，自己扎扎实实地辛勤劳动，才能把愿望变成现实。

元宇宙不是一个让你逃避现实世界的新去处。

元宇宙的数字世界代表着未来互联网、游戏、科技产业等耦合后的终极形态，有比现下互联网更加深度参与的丰富体验与内容生态，被肉身限制的一些桎梏能够在线上打破，虚拟世界和现实世界充分融合，互相补充，这些新奇的数字世界具有非常大的吸引力，对于生活、社会文明的形态具有极大的影响。

2.2.3　元宇宙不仅是游戏

游戏是元宇宙的最佳突破口，也是元宇宙的一大组成部分，因为游戏天然拥有娱乐属性、用户互动、充值交易等丰富的虚拟场景。游戏作为一个"超级数字场景"，也将衍生出很多不同类型的形态。未来的游戏，也许会出现元宇宙级别的虚拟世界，但也很可能是其他的表现形式，不同品类、不同轻重度、不同目的或功能的游戏会并存。目前头部游戏厂商的元宇宙概念游戏大多市场反响热烈，创造了大量营收。美国 Axie Infinity 是全球首个基于 NFT 概念取得大量营收的游戏产品，2021 年 8 月 1 日至 26 日收入超过 3 亿美元，进入全球单款游戏收入的第一梯队。2021 年 4 月 28 日，A 股游戏龙头企业世纪华通在 Roblox 平台推出元宇宙游戏 *LiveTopia*，游戏上线不到 5 个月时间，月活跃用户就超过 4000 万，而在 Roblox 平台上的用户数也超过 1 亿。Facebook（脸书，创始人为马克·扎克伯格）公司在改名"Meta"之前，就开始进军元宇宙并多点开花，从 VR 前端设备切入，并在战略层面全面开始元宇宙业务。其中，游戏正是脸书对元宇宙社交场景布局的赛道之一。近年来，脸书频频收购 VR 游戏工作室如 Ready at Dawn、Beat Games、Downpour Interactive 等。2021 年 6 月，脸书宣布收购虚幻引擎游戏创作平台 Crayta 的开发商 Unit 2 Games，进一步发力用户游戏创作平台的建设。游戏里有逼真的城市系统，包括地铁、机场、公路交通、水族馆、公园等，玩家可以拥有一块属于自己的区域在其中建造各式房子，另外还有不计其数的服装、道具、宠物、车辆甚至飞机和游轮等。在元宇宙中，游戏即生活，游戏即劳动，它将物理世界的劳动和虚拟世界的游戏无缝连接，将游戏和劳动结合起来。

元宇宙绝不仅仅只是游戏。将元宇宙视为一个超级大型 3D 虚拟游戏是片面浅薄的。完整的元宇宙需要具有博弈和策略的游戏来完成行为创造。如马克·扎克伯格在最近的公开信中写道："下一个平台将更加身临其境，这是一个实体化的互联网，你不仅可以看到它，还可以在其中体验。我们称之为 Metaverse——元宇宙，它将触及我们构建的每一个产品。"

2.2.4 数字孪生的平行世界

说起平行世界，大家可以想到的是镜子里的世界，但你并不能进到那个世界，其次那个世界也没有实体和我们这个世界产生交集，你在这个世界的任何地方，都无法触摸到镜子里面那个世界，但它确是真实存在的。只不过美中不足的是，镜子里的世界没有自主意识，你挥右手，镜子里的"你"看起来必定挥的是左手，你离开，镜子里的"你"也必定会离开，不可能留在镜子前。当然，我们理解的真实的平行世界，应该是这个世界的分支，从某个时刻，比如现在，世界分成了两个，现实世界里的你起床洗脸漱口，而平行世界里的你继续睡觉梦会周公。你们的命运也必然从此走向不同，渐行渐远。比如早起漱口忙活完的你，在阳光灿烂中出门，遇到了一位美丽的好姑娘，从此开始了幸福的生活；而另一个世界里继续睡觉梦会周公的你，中午醒来后，百无聊赖，又继续睡到太阳落山，最后一举成为睡仙。数字孪生的平行世界见图2-6。

图 2-6　数字孪生的平行世界

今天，曾经只是科幻作家想象的另类现实和平行世界，已经悄然走进我们的生活。我们正以数字孪生技术构建"平行世界"，并赋能现实世界的改造。

数字孪生（Digital Twin）2003 年由美国密歇根大学教授 Michael Grieves 博士提出。数字孪生的出现，是近十年来感知、网络、大数据、人工智能、控制、建模等技术发展的集中爆发。"数字孪生"首先用在工业领域，是充分利用物理模型、传感器、运行历史等数据，集成多学科、多物理量、多尺度、多概率的仿真过程，在虚拟空间中完成映射，从而反映相对应的实体装备的全生命周期过程。"全生命周期""实时""双向"是数字孪生体的几个核心特征。但实际上,这种所谓的"孪生",更多适用于工业领域的信息物理系统(CPS),当然对于城市的物理空间,以及相对简单的基础设施系统来说,也能发挥一些模拟、预测的作用。特别是随着传感器和低功耗广域网技术的发展,物理世界的动态可以通过传感器准确、实时地反馈到数字世界。数字化、网络化由实到虚,网络智能由虚到实。通过虚拟现实的交互和不断的迭代,可以实现物理世界的最佳有序运行。

在数字孪生城市中,公用基础设施的运行状态,市政资源的调配情况,都会被传感器、摄像头、数字化子系统采集,并通过物联网技术、通信技术等传递到云端。城市是一个开放的复杂巨系统,多个系统在彼此交织并相互作用之后,尤其是加入"人"与"社会"等复杂变量之后,就成为了一个巨大的社会物理信息系统(CPSS)。城市的管理者,可以基于动态感知的数据,构建数字孪生城市,从而提升城市的运行效率。

2.2.5 区块链推动元宇宙升级为2.0

元宇宙涉及主权财富、生态建设、经济体系、价值设定等多重要素,是自然人的高维度拓展。仅靠互联网、移动互联网和物联网形成连接和产生数据还远远不够。元宇宙需要有一整套运行规则。这套规则还不应该只是开发者确定,而是参与者共同实现的。而区块链技术正是这样一项不二的选择。区块链是比特币的底层技术,是一种集合了分布式存储、共识算法、非对称加密、智能合约等多种技术于一体的集成技术,其主旨即在区块链世界中建立一种分布式或多中心的可信化高效运转社会。区块链出现至今已逾十年,底层技术相对成熟。近年来,联合国、国际货币基金组织和多个国家政府先后发布了区块链的系列报告,探索区块链技术及其应用。联合国秘书长安东尼奥·古特雷斯(Antonio Guterres)表示,联合国必须拥抱区块链技术。他说:"为了使联合国更好地履行数字时代的使命,我们需要采用区块链之类的技术,以帮助加速实现可持续发展目标。"

区块链在分布式系统的基础上植入了共识机制,解决了困扰人类的一个古老的问题——如何建立人与人的信任机制。在互联网出现之间,人与人的信任建立在双方长时间了解的基础上,就像我们经常说的,"路遥知马力,日久见人心"。但并不是每一个人都能有那么多的时间去充分了解所接触的每一个

人，即使是同学、朋友甚至是亲戚和家人。更不要说与陌生人之间的信任建立了，这需要一个双方都信赖的第三方来增进信任，有点像古代介绍对象的"媒婆"。当互联网时代到来后，人与人之间很多都不能见面，信任的建立同样也需要第三方来加持，就像我们在线上购物，买卖双方并不认识，双方的信任来自政府批准的有资质的第三方机构的担保。但这无疑增加了双方的信任成本，影响了社会运行效率。在数字社会的元宇宙中显然不能再依靠这种模式维持运行。而区块链恰恰提供了数字社会中最有效的信任机制。在解决建立元宇宙中点对点的信任机制方面，区块链具有开创性价值。运用区块链技术，可以通过各节点共享相关数据，再通过共识算法防止数据被篡改进而实现数字世界中陌生主体之间的信任，提高整个元宇宙经济系统运行的效率。而效率的提升就是成本的节约，也是整个数字社会价值的提升。区块链产业应用还能够解决以人工智能为代表的生产力与以大数据为代表的生产资料的发展瓶颈，而且对两者之间的生产关系形成巨大的变革作用，从而延伸至对社会关系、产业关系的重构。

区块链世界中有两部分内容，一是区块链的底层技术；二是通证的经济生态。通证对应英文为"Token"，代表权利，或者是权益证明，而数字权益证明，意味着通证是以数字形式存在的权益证明，它代表的是一种权利，一种固有的内在价值。这二者都是元宇宙中必不可少的存在。我们所有资产的本质属性就是权利，如所有权、使用权、分红权等，我们拥有一定的资产，实际上是拥有其对应的权利。在区块链上进行交易的过程中，可以将所有交易记录在一个足够安全的可信账本上，而记账的过程就是一个权利划分的过程，区块链在这个过程中提供了一个可信任、不可篡改的分布式账本，资产可以用通证的形式呈现。

区块链带来了数字 ID 所承载独一无二的身份，也带来了经济体系的安全稳定运行，甚至还包括私钥即一切，最终带来上层建筑的变化：公正与自由、去中心化、数据私有化、反垄断……物理硬件只是外在的肉身，区块链才是鲜活的灵魂。

▶ **案例分析**：Decentraland

Decentraland 创立于 2017 年 9 月，是一个基于以太坊区块链驱动的虚拟现实平台，也是第一个完全去中心化、由用户所拥有的虚拟世界。用户可以通过移动端和 PC 端访问。Decentraland 的用户可以在虚拟世界中购买定制化的土地，通过虚拟化身与其他玩家互动，并且参与一系列由用户创建的社交活动。

这是第一个在区块链上开展的元宇宙实验，为用户保障了真正的资产所有权，提供了游戏化的社交功能，并与区块链的互操作性相结合。Decentraland 公司虚拟现实平台见图 2-7。

图 2-7 Decentraland 公司虚拟现实平台

玩家可以定制化 Decentraland 虚拟土地，土地完全由用户所有。目前，虚拟土地的所有者可以举办各种虚拟活动，比如演唱会和抽奖活动，其中结合了早期的元宇宙游戏《第二人生》和最近热门的 VR 游戏 *VRChat* 的元素。不过与这些游戏不同的是，Decentraland 的用户可以把自己的土地卖给以太坊上的用户，这个过程类似于在现实生活中交易土地，唯一不同的是通过数字媒介展开的。另外，Decentraland 的原生通证 MANA 还可以在 MakerDAO 平台上作为抵押品，MakerDAO 是发行 DAI 稳定币的去中心化组织。Decentraland 的虚拟现实平台在以太坊区块链上发布以来，已经成为了元宇宙的一部分，并且直接接入了所有以太坊上的应用，包括 MakerDAO 的稳定币、Axie Infinity 的边玩边赚游戏等。

区块链是公共生态，可以实现元宇宙、元宇宙经济和元宇宙体验。它将解决互操作性和数字资产所有权方面的关键问题。然而，各个区块链生态之间也同样存在割裂问题，链与链之间无法直接进行交互。要实现顺畅的元宇宙体验，就必须开发基础架构，将各个区块链、中心化的社交媒体平台以及游戏公司等连通在一起。

2.3 虚实共生的元宇宙3.0

基于数字孪生的元宇宙 2.0，随着互联网、物联网、VR、AR、大数据、人工智能、数字地理空间、区块链、5G 等各项数字技术的融合应用，物理世界和数字世界开始相互打通，并从现实与虚幻的隔离上升到虚实融合与共生，最终实现虚拟世界对现实世界的优化和提升，也就是即将实现的虚实共生的元宇宙 3.0——空间互联网，将从二维数字世界上升到三维空间的数字世界。

2.3.1 元宇宙不仅是"虚拟世界"

《头号玩家》不是真正意义上的元宇宙，《黑客帝国》也不是真正意义上的元宇宙。尼尔·斯蒂芬森谈道：元宇宙里的一切都是虚拟的。除非你用某种新技术来创造连接的方式，否则就不能直接连接到现实世界。如果把元宇宙定义成一个完全的虚拟世界的概念，那么将人类的未来定义在虚拟世界中，很明显是把人类从现实世界引导到了虚拟世界。当现实都没有未来后，那么虚拟肯定也没有意义。但是，如果把元宇宙定义成一个混合的世界，现实与虚拟的互相增强。那么可能在各方面重塑人类的世界。线下的场景会成为元宇宙的一个重要组成部分，元宇宙也会为线下的沉浸式娱乐带来更多可能。这方面必然会带来巨大的商业机会及科技机会。

未来，元宇宙不只是简单的虚拟世界，它与平行世界也不是相互割裂，而是虚实共生、交汇融合的。元宇宙是真实世界与虚拟世界结合的一种场景，是一个与现实世界平行存在、相互连通、各自精彩的模拟世界。元宇宙不仅存在于线上，也存在于线下。未来，线上与线下、真实世界与模拟世界之间会无缝融合、有机连通。元宇宙与现实世界一开始存在边界，但未来一定会通过创造各种线下沉浸式的体验，使两者的边界变得越来越模糊，最终把线上和线下的世界逐渐从局部打通转变为全面连通。变成一个硬币的两面，相互依存。

2.3.2 元宇宙是多种技术的集成应用

元宇宙为什么受大企业青睐，因为它是多种技术的集成应用。元宇宙是整合多种新技术而产生的新型虚实相融的数字文明。它不是某一项技术，而是一系列"连点成线""连线成面"最终"连线成体"的技术的集合，包括芯片技术、通信技术、区块链技术、交互技术、虚拟引擎技术、AI技术、网络及软硬件编程等各种数字技术。元宇宙涉及的硬件和软件技术包括但不限于：

（1）人机交互：手机、主机平台、虚拟现实（VR）、增强现实（AR）、混合现实（MR）、全息投影、裸眼3D、可穿戴产品、触觉、手势、声控、神经感知设备等。

（2）网络安全技术与综合解决方案：5G/6G网络、Wi-Fi 6、芯片、微机电系统、图形处理器、云计算、边缘计算、AI计算、物联网、云平台、大数据、工业互联网+、微服务、NFT。

（3）人工智能及数字技术："5G＋人工智能"、计算机视觉、机器学习、自然语言处理、智能语音等。

（4）空间计算：软件开发工具包（Software Development Kit，SDK）、3D引擎、VR／AR／XR、多任务处理界面设计、空间地理制图等。

（5）区块链：算法及时间戳、数据传输及验证、共识机制、分布式存储、智能合约、分布式账本等。

（6）创作者经济：设计工具、资本市场、工作流程、商业（数字货币）等。

（7）渠道：游戏（UGC或PGC的）、社交、广告网络、策展、商店、代理商、基于VR的平台分发、渠道销售、内容运营等相关服务领域应用展示；游戏、社交、电子竞技、影院、购物等2C领域应用展示。

（8）软硬件配套：显示屏、设备、软件、内容编辑、解决方案、IP授权、知识产权、技术咨询等。

图2-8　元宇宙的虚实共生

2.3.3　元宇宙的"互操作性"

互操作性（Interoperability）是指不同厂商的设备应用通用的数据结构和传输标准设置，使之可以互换数据和执行命令的解决方案。对软件来讲，就是信息要能够在技术的体系里进行数据的交换，也就是说进行彼此交谈。互操作性在信息产业中从一开始就非常的重要，当时电脑还没有联网，电脑本身就要进行互操作，在其内部，包括CPU、硬盘、软盘之间的互操作，再后来一个电脑就必须跟其他的电脑进行互操作，最后形成了全球的联网。随着网页服务的普及，我们看到互操作性的重要：不只是电脑彼此要谈话，程序要彼此能够对话，数据套件也要进行互相的对话，因此互操作性就变成了研发的核心领域，影响IT进一步的发展。从整个计算机系统来说，互操作性是指不同的计算机系统、网络、操作系统和应用程序一起工作并共享信息的能力。而从元宇宙的角度看，不同操作系统、不同硬件之间，不同时间、不同空间甚至不同时代之间也可能实现"互操作性"。

《关公战秦琼》是相声大师张杰尧编演的相声段子，后侯宝林先生将其改编并搬上电视。关公就是关羽，是三国时期蜀国大将；秦琼是隋末唐初的大将。两人相隔几百年，怎么可能相遇呢？这个相声讽刺的是不懂装懂，不切合实际，盲目指挥的人。足球运动中是利昂内尔·梅西（1987年生）厉害还是迭戈·阿曼多·马拉多纳（1960年10月30日—2020年11月25日）厉害？跨时空也很难比较。这样的事情在原子世界也不可能发生。但在元宇宙的"数字世界"，底层数字协议一旦形成共识，"复仇者联盟"分分钟就可以组队打BOSS。这就是元宇宙的"互操作性"，数字底层协议保证了算法形成的比特数字可穿越宇宙。

2021年12月31日晚，在2022江苏卫视跨年演唱会上，歌手周深与通过虚拟技术"复活"的一代歌后邓丽君同台表演，献唱了《大鱼》《小城故事》《漫步人生路》等歌曲，实现与邓丽君穿越时空般近距离接触。其实这已经不是邓丽君第一次"重现"了，相比前几次来说，这次虚拟技术有进一步的升级，可以将人物细节打造得更为逼真，同时也有更好的互动性。虚拟邓丽君的背后是知名虚拟现实（VR）体验服务供应商之一，数字王国集团有限公司。邓丽君"复活"整合了全球领先的面部捕捉、动作捕捉及顶级特效技术，采用了融合机器学习的高阶渲染系统Mystique Live，该项曾经在《复仇者联盟》系列中赋予"灭霸"灵魂的技术逐渐向实时捕捉、实时渲染和实时驱动倾斜；运用单一消费级摄像头即可同步追踪细微的面部表情，以塑造逼真且具备情感表现力的全实时化数字角色。正是凭借此项顶尖虚拟人技术，才实现了与邓丽君天后级IP的创新结合。同时为了创造全新的5D多重感官体验，音乐奇幻SHOW也将会打破传统，为观众和演员设计近距离互动，让观众完全沉浸在表演当中。

而未来元宇宙中的"互操作性"还有着更广阔的想象空间……

2.3.4 元宇宙3.0：虚实共生

当今的互联网是二维的空间，而元宇宙是一个三维空间。在元宇宙的未来场景中，虚拟世界和现实世界的边界将逐渐消失，随着技术不断发展，现实与虚拟交互逐渐增强，现实在元宇宙中最终与虚拟融为一体，实现虚实共生，

虚拟世界引导并优化现实世界的运行，元宇宙也上升到新的阶段。

元宇宙作为虚拟世界和现实世界融合的载体，基于扩展现实和数字孪生技术实现时空拓展，基于AI和物联网实现自然人、虚拟人和机器人的人机共荣，基于区块链、Web 3.0、数字产品等实现经济增值。区块链技术可以为元宇宙提供一个开放、透明、去中心的协作机制，空间计算技术可以构建一个物理世界的数字孪生，从而能够连接整个物理和数字世界，来承载用户工作、社交、游戏、义娱乃至商品交易等一切活动，由于其高沉浸感和完全一致的同步性，逐步与现实世界交融、互相延伸拓展，最终达成超越虚拟与现实的元宇宙，为人类社会拓宽无限的生活空间。在元宇宙中，人们可以随时随地切换身份，自由穿梭于物理世界和数字世界，而在虚拟时空节点中工作、学习、娱乐、交易所形成的数字产品，一部分还可能会传导回现实世界。或者说，元宇宙并不只是现实世界的简单数字化，它更是现实世界的拓展并可以反作用于现实世界，进而优化和提升现实世界运行效率。

美国NVIDIA公司开发的Omniverse平台对于现实有着极强的赋能潜力，是物理级准确的3D虚拟世界的"连接件"，拥有AR、VR和多GPU渲染等新功能，并集成基础设施和工业孪生应用程序与Bentley Systems和Esri的软件。目前，已经有多家公司开始利用Omniverse平台来进行创作，自2020年12月发布公测版以来，已有70 000多个创作者下载，涉及的公司包括宝马集团、CannonDesign、Epigraph、Ericsson、HKS和KPF、Lockheed Martin以及Sony Pictures Animation等。无论是企业通过其构建数字孪生的虚拟世界，还是个人打造自己的数字分身，均能让虚拟对现实产生赋能。从数字孪生的虚拟世界角度看，就好比人类拥有了一个平行世界，在这个世界中可以模拟现实中不好模拟的事件，最终将实验结果回馈于现实。

显然，元宇宙的创新纪元正在开启，它不仅开启了另一个新大陆，也正在赋能当下的现实世界。

2.3.5 元宇宙是数字经济发展的高级阶段

元宇宙是建立在现代所有科技进步基础上的集群应用，涉及人类社会的各个方面。元宇宙的未来将涉及人类社会的方方面面，全方位影响人们的生产生活方式。如未来的教育、金融、农业、工业、服务业、医学、房地产乃至政府治理、社会管理、军事、国防都离不开这些集群技术。人们通过元宇宙技术，完全可以在虚拟现实环境中进行各种教育和培训,也能够通过虚拟实景开飞机甚至飞船飞往宇宙;通过虚拟实景精准地进行远程医疗诊断和手术。元宇宙可以优化人能做到的,实现人做不到的,致力于提高生产效率,以数字化的形式更好地服务社会,是数字经济发展的高级阶段。

但是元宇宙是一个非常宏大和复杂的结构,这样一个系统不像某个游戏那样可以打包升级,整个系统的变化和升级是非常复杂的,它又同属于一个宇宙,所以它的升级和改造是全生态的进化。元宇宙本质上是对现实世界的虚拟化、数字化过程,需要对内容生产、经济系统、用户体验以及实体世界内容等进行大量改造。元宇宙的发展是循序渐进的,是在共享的基础设施、标准及协议的支撑下,由众多工具、平台不断融合、进化而最终形成。这个全生态的进化一共可分为七层:自然层、物理层、交互层、数据层、协议层、合约层、应用层。全生态社会都将参照这样的层次不断向前演进。元宇宙的全生态社会见图2-8。

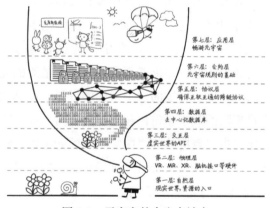

图 2-9　元宇宙的全生态社会

2.3.6　不是一个元宇宙在战斗

未来的元宇宙将是多元的、由多家企业共同构建的、开放的生态,具有如下特点。

(1)元宇宙的多元性。真实宇宙有不同的星系,不同的空间。在元宇宙中,由于规则的多样化,形态也是多样化的。在《头号玩家》中有不同的星球,每一个星球上有不同的规则。可能某一个星球上一只眼睛的生命是最高级别的生命,在另外一个星球上越胖的人享有越高的社会审美权利。通过不同星球的不同规则,你觉得你适合哪个规则,你就到哪个星球上,在这个星球上获得

满足。元宇宙有可能再造一个庞大的虚拟现实世界,所有现实世界的人在元宇宙里都有一个网络分身,将来人们会有多个身份,在实体世界的物理身份,以及在虚拟世界的数字身份。

(2)一家公司建不成元宇宙。元宇宙构建了一个无限接近物理世界的虚拟数字世界,为人们提供沉浸深入的感官体验,具有完整的经济和社会形态。它的丰富与复杂使得建立它是一个系统庞大的工程,不能指望由一个超级企业独立完成,而是需要全领域生态层面合作。被科技巨头控制的元宇宙不是元宇宙。任何一家科技巨头都无法真正建成完整的元宇宙。具体而言从产业端来说,这既包括对虚拟世界内容的构建和服务,也包括对底层基础设施技术的进一步挖掘。

(3)数字世界不止一个元宇宙。元宇宙构建的世界远比互联网更全方位,是更深层次的延伸。如果在元宇宙这个终极形态的数字世界,各个科技巨头还是各自为政、独立发展的,虽然成长出各种极其发达的元宇宙平台,但仍跟一个个孤岛一般,难以打破圈层建构开放的生态,因为出于商业利益分配的不均衡和考量,我们出入各种平台仍需不同的ID,构建不同的社交身份,连续性和沉浸式体验处于割裂的状态,那可能不是人类社会最终的元宇宙。未来数字世界不应该只是一家科技巨头开发的一个封闭的世界,而是由若干个虚拟世界组成的、不断碰撞并膨胀的数字宇宙,和真实的宇宙一样。除了会有各个科技巨头开发的不同的元宇宙,也应该有"国家队"的元宇宙,还应有其他开放的元宇宙交织在一起,给参与者带来极致的沉浸和交互的体验。元宇宙终局将由多个不同风格、不同领域的元宇宙组成更大的元宇宙,用户的身份和资产原生地跨元宇宙同步,人们的生活方式、生产模式和组织治理方式等均将重构。它不属于任何一家科技巨头,而是属于每一个人。

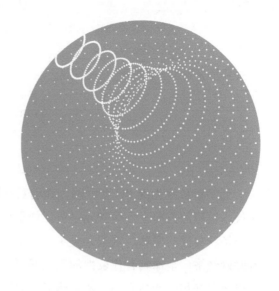

第 3 章
国外科技巨头元宇宙布局

元宇宙被视为继 PC 互联网、移动互联网之后的"第三代互联网",在数字技术发展的方向上,尽管元宇宙还处于早期阶段,但是每一次新技术必将带来一场颠覆性的变革,重塑人类生产、生活和社会关系。元宇宙本质上依然是互联网经济,全球具有代表性的互联网巨头也都积极拥抱未来的变化,结合自身优势展开相关业务布局。本章将通过对这些公司布局的探索,对元宇宙的发展趋势做一探究,正如微软首席执行官萨蒂亚纳德拉所表示:"随着数字世界和物理世界的融合以及元宇宙平台的发展,消除这些障碍只会变得更加重要,当我们考虑对元宇宙的愿景时,我们相信不会有一个单一的、集中的元宇宙节点,也不应该有,我们需要支持许多元宇宙平台以及内容、商业和应用程序的强大生态系统。"

3.1　Roblox元宇宙布局

Roblox 是全球影响力最大的沙盒类游戏公司,在纽交所上市,被称为"元宇宙第一股",其所构建的游戏生态系统,与元宇宙极其相似,是一个小型元宇宙的雏形。沙盒游戏的特点是 UGC 模式,让用户自创场景和模式,降低了数字场景建设的门槛,Roblox 的目的是为开发者提供平台和工具,建立游戏创作和社区互动的平台,让创作者和玩家自主创作沉浸式的 3D 游戏。其通过激发开发人员和创作者,以社交、内容构建了一个开放的虚拟社会,用户在这个平台上拥有非常高的自由度和自主权,这个闭环游戏生态模式,由创作平台(RobloxStudio)、体验平台(RobloxClient)和云游戏(RobloxCloud)三大平台构成。游戏是最接近元宇宙庞大概念的商业形态,也是目前元宇宙落地最成熟的领域,游戏娱乐拥有虚拟、交互、社交、科幻等特征,与元宇宙的特征十分相近，游戏产业的发展与应用已非常成熟，能够为元宇宙虚拟模拟提供良好的基础。科幻电影《头号玩家》所呈现的游戏虚拟世界，对元宇宙有一个直观化、形象化的展现，其中人们借助 VR 设备，自由地穿行在现实世界和虚拟世界之间。

3.1.1 创作平台

1. 创作工具：降低创作门槛，让开发者简单易学

Roblox 本质上是 UGC 内容创作模式，因此必须让用户创作简单易学，以更好地鼓励玩家自行开发玩法模式和游戏世界，降低游戏开发门槛、丰富游戏内容与生态。RobloxStudio 通过游戏引擎与游戏云为开发者提供实用且易用的构建、发布和运行 3D 内容的工具集，相比其他游戏开发引擎，RobloxStudio 开发门槛更低、创作自由度更高，而且提供服务器，支持开发者直接在平台上发布游戏，能够更好地全链条服务开发者，并承接开发者数据以持续优化引擎功能，这给创作者提供了丰富的素材选择和自由的创作空间，降低了创作门槛、提高了创作自由度。截至 2020 年年底，Roblox 已拥有来自全球 170 个国家和地区的超过 800 万的开发者与内容创作者，运行超过 4000 万款游戏。

2. 经济系统：通过利益分配激励创作生态

Roblox 内设有一套"虚拟经济系统"，开发者可自由为自己的游戏设置商业模式，如付费、内购、通行证等，玩家花费真实货币购买虚拟货币（Robux）体验游戏，购买皮肤、物品、道具等，用户在游戏中消费的金钱，平台按一定比例分成给创作者及开发者。高激励政策驱动高质量内容生产，构筑活跃开发者生态。截至 2020 年年底，Roblox 拥有超 2000 万个游戏体验场景，全平台用户使用时长超 300 亿小时，开发者社区累计收入 3.29 亿美元。Roblox 向开发者支付的费用呈逐年上涨态势，2021 年 Q1/Q2 开发者收益分别为 1.2 亿/1.3 亿美元，2021 年上半年开发者总收益达 2.5 亿美元，赚取收入的开发者超 125 万人，收入超 1 万美元的开发者 1287 人，收入超 10 万美元的开发者 305 人。

3.1.2 体验平台

1. 深度社交：多样化玩法提升用户黏性

Roblox 平台既有枪战、格斗、跑酷等传统玩法的游戏，也有很多新品类和创新玩法的游戏，如：Adopt Me! 可以领养孩子或者宠物，通过照顾他们（或它们）获得资源装修房屋及购买道具，和其他用户交朋友、开派对；*Robloxian High School* 可以扮演皇家公主在学院上课、参加舞会等。Roblox 平台对高保真头像、更逼真的体验、3D 空间音频技术和其他社交功能进行投资，让平台能够支持娱乐、学习和商业市场等不同体验。

2. 新玩法：跨界合作新内容形态

Baszuki 在接受《福布斯》杂志的采访中曾表示他希望建立一个想象力的终极平台，Roblox 是一个 3D 社交平台，人们和其朋友可以在其中假装身处不同的地方。比如可以假装在参加时装秀，或者假装在龙卷风中生存，或者假装是一只鸟，靠捕虫生存。就像他小时候，会出去玩海盗游戏。在 Roblox 上，人们在社区创建的 3D 环境中玩耍，例如，开发人员将能够在 Roblox 上构建和主持虚拟音乐会、教学和大会。

Roblox 平台拥有大量社交属性游戏，利用其强大的用户社交属性，加入了诸多新产品内容。2020 年新冠肺炎疫情期间增加了"查看附近玩家""线上会议""PartyPlace""虚拟音乐会"等玩法，2020 年 10 月与动画演唱会流媒体公司 Wave 合作，制作 Lil Nas X 线上演唱会，进一步促进了游戏内虚拟社交活动的发展。

Roblox 与大品牌合作，例如耐克在 Roblox 视频游戏平台上仿照其总部建立的虚拟世界，成为首批进入"元宇宙"的大品牌之一，这个数字空间名为"耐克乐园"（NIKELAND），玩家可以利用特制的耐克产品装扮"自己"，其向所有 Roblox 用户免费开放。耐克表示："我们以耐克的全球总部为背景，在 Roblox 的沉浸式 3D 空间中开发这个定制的世界，目标是将体育和游戏融入日常生活。"

3.1.3 云

1. 云游戏：即开即玩模式，提升用户体验

Roblox 平台的游戏体验采用"无须下载，即开即玩"的云游戏模式，该模式要求云（RobloxCloud）高度可靠，Roblox 从 2017 年开始逐步建设混合云架构的 Roblox 云，以保证 Roblox 平台流畅的游戏体验，提升"即开即玩"模式下游戏启动速度及用户间交互体验，所有 Roblox 数据中心与边缘节点均由独立骨干网连接，所有 Roblox 游戏的伺服服务均在 Roblox 自有服务器运行，

Roblox 仅在少数情况下借力外部第三方云服务。据公司公告，截至 2020 年年底，Roblox 云合计拥有超过 21 万台服务器，RobloxCloud 每秒响应需求数已至 1200 万个。未来，Roblox 公司将继续在全球积极建设 Roblox 云，力求将 Roblox 平台独特的游戏体验带往全球各个市场，通过高性能专用骨干网络连接，绕过公共互联网服务器对服务器的呼叫，与全球互联网提供商直接互联，运营自有网络可以最大限度地提高性能，并提高用户的沉浸感。

2. 多端互通：提升玩家感官体验

Roblox 支持多平台兼容，Roblox 平台可在移动端、PC 端、主机端、VR 端互通运行平台游戏，单一游戏角色在内容及用户身份多端互通，使玩家获得相似体验。而且跨游戏的身份统一，形成了跨游戏社交体系，有助于增强虚拟社交感，使得社交关系得以延续，用户身份属性将越发接近现实的线下世界状态，沉浸式社交增强用户黏性。

未来，随着显示和多维感官传感技术的完善，多平台、增强现实、云等技术进一步成熟，场景渲染和沉浸声场技术增强，加上传感器、运动追踪、空间定位等技术增强临场感，元宇宙游戏会在"沉浸感"与"内容生态"方向上得到更大的发展。元宇宙游戏发展也将有以下几个趋势：

（1）感官体验更沉浸、强互动：元宇宙强调沉浸式和交互感，游戏沉浸式体验感将是游戏厂商和平台的一致努力方向，玩家与虚拟空间的互动也将更加真实。

（2）游戏内容创作繁荣：随着游戏开放平台、工具的成熟，游戏创作者和玩家创作门槛越来越低，类似视频内容工业化生产模式，UGC 游戏内容生产模式将得到更大普及，创作者和玩家的想象力和创造力将得到充分释放，游戏创作者和玩家成为共生关系。

（3）游戏无边界化：元宇宙包含了现实世界下的各种活动，元宇宙与游戏结合的过程中，非游戏体验也将融入游戏本身，社交、虚拟音乐会、虚拟商店等活动将在元宇宙游戏中愈加常见，与产业或者商业的结合将丰富游戏的生态，进而远远脱离今天定义的游戏范畴。

（4）经济系统：随着区块链和 NFT 等技术的应用，任何虚拟商品都将作为数字资产的凭证，进而通过加密货币或者法币打通元宇宙与现实世界，实现资产价值的衡量和流通，元宇宙内的规则、文明都能够被玩家共同重新定义。

3.2 Facebook全面布局元宇宙

从对外宣传到公司管理行为、商业行动上，Facebook不再掩饰自己希望全面领军元宇宙的雄心与宏图，2021年7月Facebook CEO扎克伯格在财报电话会议上宣布，Facebook将在5年内转型成为元宇宙公司，公司更名为"Meta"，即元宇宙Metaverse的前缀，寓意包涵万物，无所不联。

1. 应用场景：All in 元宇宙

扎克伯格提出，Meta的重点将是实现元宇宙，目标是建立数字虚拟新世界，但核心仍然是连接人与人，除了Meta过往长期耕耘的社交领域，未来会在工作、教育、游戏等领域发力，将人们生活的方方面面都包含进来，具体内容如下。

（1）社交：个性化虚拟形象与空间，跨越虚实界限沟通对话。在Facebook Connet大会上，推出了Horizon平台的VR新功能Horizon Home，人们可以在VR中按照自己的偏好与想法，自定义空间与虚拟形象，并参加派对、游戏等，与此同时，更新了Quest上的Messenger功能，用户可以直接在Horizon上拨打Messenger，在虚拟世界中与现实世界的朋友对话。

（2）工作：多款元宇宙办公程序上线，助力虚拟世界办公日渐高效。以Horizon Workroom为元宇宙中的工作应用界面，其中集成了多种用于多任务处理的2D应用程序（如Slack、Mural等），且在不久后将实现支持Zoom的通话，模糊VR和2D应用间的界限。此外，用户可以添加公司logo等进行定制化场景布置，设计独特的工作空间。

（3）教育：搭建沉浸式体验学习，设立基金发力元宇宙教育。Facebook宣布投资1.5亿美元，助力创作者在Oculus上构建沉浸式学习内容，且提供系列专业培训，协助创作者掌握相关技术及变现方式。

（4）游戏：产品矩阵继续丰富，进一步扩大游戏边界。作为目前最能被大众消费者理解和接受的切入口，游戏的边界正在逐步扩大。此前，Quest上的Beat Saber、Population等VR游戏已经收获了很多粉丝，Facebook也将进一步扩大其平台上VR游戏的阵容，如《生化危机》就将以VR形式在Oculus Quest 2上推出，玩家将在以美国多个城市为原型的城市中穿梭，提升整体感受体验。此外，扎克伯格也希望能将在元宇宙进行游戏的模式，嵌入到日常生活中，如通过VR与朋友打篮球、通过增强现实跟朋友击剑等，扩大体验场景。

2. VR 设备和内容：市场份额领跑全球 XR 市场

Facebook 在很多年前就切入 VR/AR 市场，2014 年 Facebook 收购 Oculus VR 切入硬件市场，OculusRift 内置 3D 立体显示器和多个运动传感器，当将其戴在头上，启动一款游戏，就会将人带入一个由计算机创造的、为玩家提供真实体感的沉浸式交互环境，同时也能让玩家保持对真实世界的体感和认知。迄今 Oculus Quest 系列已成为 VR 头戴设备的标杆型产品，全球 VR 设备销售份额占比最多。

2019 年到 2021 年，Facebook 又相继收购 5 个 VR 游戏工作室，包括 Beat Games（VR 音乐节奏游戏 *Beat Saber* 开发商）、BigBox VR（逃杀类游戏 *Population：One* 制作方）、Ready at Dawn 等。此外，2021 年 Facebook 更名为 Meta 后，全资收购 Within（VR 健身应用 Supernatural），这一收购行为表明，在元宇宙领域，Facebook 将继续专注优质内容的投资或收购，并在 VR 健身、健康领域发力，借势广告的强传播性，推广 VR 的健身元素。

3. 部署区块链：发起的加密货币

元宇宙经济系统需要依靠区块链技术，前者基于用户人数（Facebook 全球阅读活跃用户数为 29.1 亿人，算力技术全球领先），后者则离不开虚拟货币，以使得元宇宙中的价值归属、流通、变现，并且虚拟身份认证成为可能，Facebook 宣布发布虚拟货币 Libra。

4. 第三阶段：2021 年全面布局元宇宙

打造聚合型平台：产品、技术全面布局开花。

（1）技术资金投入：2021 年 9 月，Facebook 宣布推出为期两年的 XR 计划，并设立 5000 万美元外部投资金，以促进技术研究；2021 年 10 月，Facebook 宣布从第四季度开始，将 Facebook Reality Labs 作为单独部门披露财务数据。

（2）产品开发：2021 年 11 月，Facebook 在集体会议上，讨论开设实体零售店，用于出售及展示 VR 头显、AR 眼镜等产品，他们相信，在未来 3～5 年，VR/AR 将像扫地机器人、PS 游戏主机等一样，走进千家万户，成为每个家庭的必备产品之一。同月，Facebook 宣布将开始研发触觉手套。在过去，手套佩戴舒适度、虚拟位置定位、多线程任务执行、神经准备回收等这些非常重要的功能，是非常棘手的问题。Facebook 研发这一产品还有非常重要的一点考虑：触觉手套和电子皮肤一旦与"假肢设备"或"机器人"结合，将会大大拓展应用场景。

3.3 Microsoft元宇宙布局

元宇宙办公强调互动感，未来有望突破物理空间的局限，将带来最接近实际面对面的工作和交友体验，提升办公生产、沟通、协作效率。当前移动互联网阶段的远程办公距离理想模式有一定差距，工作效率与沟通效果仍存在局限性。例如，用户可以全程通过手势操作，即可满足在VR虚拟空间中举手、竖大拇指点赞等功能，显著降低了人机交互平台操作门槛，同时实现无距离感互动。

1. 首个提出"企业元宇宙"概念的公司

成立于1975年的微软是全球最大的软件公司之一，微软在硬件、软件、前沿技术等领域都有雄厚的积累，在元宇宙时代来临之际，微软自然不会轻易放过重新夺取市场霸权的机会，其在抢滩元宇宙的布局上非常显眼。2017年微软CEO纳德拉就已经在微软的大会上，首次提出了"企业元宇宙"的概念，并给出了企业元宇宙的定义：企业元宇宙是随着数字和物理世界的融合而产生的基础设施堆栈集合体，是数字孪生、物联网以及混合现实的结合。

随着真实物理世界和虚拟数字化世界不断融合，企业元宇宙将成为每一个企业必备的基础设施。微软也通过HoloLens（混合现实）、Mesh（虚拟网格）、Azure（云计算）、Azure Digital Twins（数字孪生）等一系列工具和平台来帮助企业客户实现数字世界与现实世界的融合，在微软年度技术盛会Ignite 2021技术大会上，微软向外界公开介绍了微软在元宇宙、人工智能、云计算与大数据、混合办公、数字化转型与数字安全等领域所开发的创新技术、应用领域和行业场景，微软在元宇宙的布局，基于在企业客户上的优势，从企业端开始突破，同时也在交互硬件、娱乐等方面积极布局。

2. 企业级元宇宙布局

微软在企业元宇宙技术上的布局非常完善，包括：IoT（物联网）、Digital Twins（数字孪生）、Maps（地图）、Azure Synapse Analytics（大数据分析）、AI（人工智能）、Automation Systems（自动化系统）、Power

Platform（低代码平台）、Mesh（虚拟网格）、HoloLens（混合现实设备）等。

（1）Microsoft Mesh（混合现实平台）：一个具有 3D 化身和其他 XR 功能的虚拟平台，可利用 Azure 云平台来促进远程参与者通过 HoloLens2 和其他设备共享协作体验。Mesh for Microsoft Teams 可以预建一系列的沉浸式空间，能够支持会议和社交活动等各种环境。

（2）Azure（云计算平台）：灵活的企业级公有云平台，提供数据库、云服务、云存储、人工智能互联网、CDN 等高效、稳定、可扩展的云端服务，Azure 云计算平台还为企业提供一站式解决方案，快速精准定位用户需求，并了解适合企业的各种方案和相关的服务。

（3）Dynamics 365：利用 Dynamics 365，用户将拥有唯一的智能业务应用程序产品组合，该产品组合可以为每个用户提供卓越的运营并创造更富吸引力的客户体验。

（4）Mixed Reality：Windows Holographic 平台能够提供全息影像框架、交互模型、感知 API 和 Xbox Live 服务。这意味着所有应用在三维的世界中都将像真实存在的物体一般，而其他如 Envelop 等应用使用的都是扁平化设计。

（5）MRTK：一款面向混合现实应用程序的开源跨平台开发工具包，它提供了一系列组件和功能来加速 Unity 中的跨平台 MR 应用开发。其功能包括：①为空间交互和 UI 提供跨平台输入系统和构建基块；②通过编辑器内模拟实现快速原型制作等。MRTK 旨在加快面向 Microsoft HoloLens、Windows Mixed Reality 沉浸式（VR）头戴显示设备和 OpenVR 平台的应用程序开发。

（6）混合办公平台：微软的元宇宙从企业开始切入，借助一系列整合虚拟环境的新应用，让用户在互通的虚拟世界中生活、工作、娱乐，将数字世界与现实物理世界结合在一起。微软围绕企业元宇宙发布了两项重要功能，分别是 Dynamics 365 和 Connected Spaces，提供了一个全新视角，帮助管理者深入了解人们在零售商店、工厂车间等空间内的移动和互动方式，以及他们如何在混合工作环境中管理健康和安全。在微软 Ignite 2021 技术大会上，微软宣布将旗下聊天和会议应用 Microsoft Teams 打造成元宇宙，把 Microsoft Mesh（混合现实会议平台）融入 Microsoft Teams（混合办公）中，作为微软 SaaS 协同办公工具 Teams 的一个组件，它可以为人们创造一个元宇宙的办公环境，结合 Meshfor Teams，身处各处的用户将自己化身为虚拟人物，通过 Teams 加入协作，共享全息体验。

- Microsoft Mesh：被定义为通过AR/VR技术进行远程协作的应用，微软未来将推出全新的3D虚拟化身，用户无须使用VR/AR头显，即能以虚拟人物或动画卡通的形象出现在视频会议中，且通过人工智能解读声音。

- Mesh for Microsoft Teams：结合了Microsoft Mesh的混合现实功能，允许不同位置的人们通过生产力工具Teams加入协作，召开会议、发送信息、处理共享文档等，共享全息体验。

- Microsoft Teams：通过Microsoft Teams连接、协作并共同集中注意力，可提供新一代"2D+3D"会议体验。通过个性化定制，控制自定义虚拟形象并使用AI模仿动作和手势。使所有参会者可以使用虚拟形象和沉浸式空间出席会议，并且无须任何特殊装备即可实现，帮助创作者实现创新。

（7）Microsoft Loop：Microsoft Loop结合了强大灵活的虚拟画布和可移动组件的全新App。这些组件可以在应用程序之间自由移动并保持同步。使团队能够共同思考、计划和创造。打造"超级链接"状态的业务模式：随时随地与任何人在工作流程中协作，实现与Microsoft 365间的高效连接协作功能，使信息、人员和对话的连接程度提升，减少在应用程序之间的切换。

为每个客户触点提供互联体验：Microsoft Customer Experience Platform使营销人员能够拥有自己的客户关系、创造品牌狂热粉丝并以令人耳目一新的方式与客户互动。在提供令人愉悦的客户体验的同时，帮助营销人员有效地利用和保护客户数据。

（8）硬件入口布局：Virtual Reality（虚拟现实，VR）、Augmented Reality（增强现实，AR）和Mixed Reality（混合现实，MR）都是元宇宙的入口技术，VR是利用电脑模拟创造一个三维空间的虚拟世界，AR是将虚拟世界与现实世界进行巧妙融合，MR包括增强现实和增强虚拟，是合并现实和虚拟世界而产生的新的可视化环境，且能在虚实之间实时互动。在以上三种技术中，VR没有与现实世界交互的能力，应用范围相对较小，显然MR的技术难度最大，一旦技术上实现突破，也将会得到更多的应用，因此微软将MR作为发展重点。

早在2010年，微软在Xbox360游戏主机推出操控外设Kinect，其依靠摄像头把用户的手势、姿态转变为输入指令，成为第一款内置机器学习技术的消费级设备，一经推出，成为当时销售速度最快的消费设备。之后在此基础上，又研发了一款技术上集大成的全息眼镜 Project Baraboo（后更名为 HoloLens），将虚拟影像投射在真实世界，用户用手势和语音进行交互。

2016 年发布了第一代 MR 头戴式显示器（Microsoft HoloLens），融合了切削边缘光纤和传感器，开启的全息计算功能，可提供固定到现实世界各地的 3D 全息影像。

2019 年发布了第二代 MR 头戴式显示器（Microsoft HoloLens2）：搭载了英特尔 14 纳米工艺的 Cherry Trail CPU+GPU 以及自研的 HPU（Holographic Processing Unit，每秒可执行大约 1 万亿次计算），相对第一代 CPU 性能和算力有显著提升，经过改进后，可通过搭配更多用于在混合现实中协作的选项，提供更舒适的沉浸式体验。

微软更加重视在产业方面的应用，HoloLens 与 Kinect 的定位有所不同，Kinect 仅作为游戏外设，但是微软把 HoloLens 定位为生产力设备，专注于 B 端市场和垂直行业，可以作为制造、建筑、医疗、汽车、军事等垂直行业的生产力工具。例如维修电梯，技术人员可以借助 HoloLens，维修前在眼前看到维修服务请求，以及将需要维修的电梯的三维图像，图像任一部分都可以放大研究，维修时可以看到以前的维修记录，调出电梯的模拟图、各种数据，并使用内置的 Skype 呼叫专家远程支持，如此技术人员可以在 20 分钟内，解决以往需要 2 个小时才能搞定的问题。微软公司游戏设备如图 3-1 所示。

图 3-1　微软公司游戏设备

微软的 MR 功能，在 Mesh for Microsoft Teams（混合办公）、微软 Azure（云计算平台）、Dynamics 365（云端智能商业应用）等方案中也有很好地结合使用。

（9）游戏端口布局：《纽约时报》称游戏已成为科技巨头试图塑造人类未来的武器，游戏让人们看到了元宇宙可能性，因有虚拟属性、构建了完整宇宙、拥有庞大用户社区等，游戏被普遍视作构建元宇宙的最佳起点。游戏作为元宇宙重要场景，将在元宇宙的发展中发挥关键作用，无论是老牌的，还是新入局的玩家，都在专业制作内容、用户生成内容和丰富社交联系的虚拟世界中看到了机会。微软是 PC 游戏市场的重要参与者，把游戏视为所有平台娱乐功能中最具活力和令人兴奋的部分，微软发力企业元宇宙的同时，也将 Xbox 游戏平台纳入元宇宙中。

微软为 HoloLens 眼镜打造了一款《我的世界》，旗下多款游戏如《光晕》《模拟飞行》，均走在探索元宇宙的前沿。微软在收购游戏公司上动作频繁，先后收购了 ZeniMax Media、Mojang 等公司的游戏 IP 所有权或特许经营权，2022 年微软宣布将斥资 687 亿美元收购美国知名游戏巨头公司动视暴雪，动视暴雪在 190 个国家和地区拥有近 4 亿月活跃玩家，这将使微软一跃成为全球第三大游戏公司。微软 CEO 纳德拉说："对于动视的收购，我认为它们在游戏领域的经验可以帮助微软将元宇宙构建为一个互联的、持久的虚拟世界及其经济。"

微软收购动视暴雪也展现了微软对虚拟世界和未来构建元宇宙的野心。"作为数字世界和物理世界的交会点，游戏将成为促进元宇宙平台发展的关键角色。"动视暴雪及旗下公司拥有 720 余项发明专利，主要专注于视频游戏、虚拟世界、交互式、虚拟现实等技术领域，其中有 560 余项专利与元宇宙相关，动视暴雪打造的游戏玩家社区，类似于元宇宙的"雏形"，微软凭借此次收购将动视暴雪背后已有和潜在的用户收入囊中，作为其元宇宙开端的"导火索"，结合其云服务赋能的跨平台能力和一系列在 XR、AI 领域的探索，其未来在元宇宙中扮演的角色令人期待。

3.4　NVIDIA元宇宙布局

2021 年 4 月，显卡大厂 NVIDIA（英伟达）CEO 黄仁勋宣布将布局元宇宙业务；NVIDIA Omniverse 目前已经应用在建筑、娱乐等领域。超过 400 家企业合作开发的 Omniverse 上，搭载 AI 芯片的自动驾驶汽车也可以在该平台测试。英伟达的目的是在真实建造物理世界前，所有的一切都能设计成虚拟产品，把之前仅仅用于游戏的虚拟渲染，应用到所有的物理建造环节。英伟达本身做 GPU 起家，超大算力和渲染是其产品的优势，所以投资数亿美元希望打造一个工业级 B 端的全能宇宙。着重布局 AI 相关底层软件生态，加速数字孪生等方向的推进。Omniverse 加速构筑元宇宙软件生态基石。

1. 深耕 GPU 技术，构建元宇宙技术底座

英伟达的立足之本是 GPU，当下 AI、云计算、数据分析和高性能计算等核心科技行业已离不开最顶级图像处理技术（GPU）的强力支持。而独立显卡这一领域由英伟达与 AMD 主导，根据 Statista 的统计结果，英伟达占据 7～8 成的市场份额，拥有绝对的话语权与主导权。除 GPU 核心技术之外，英伟达将业务范围进一步延伸至数据中心、高性能计算、AI 等领域；其基于 GPU 构建的软硬件一体生态是构建元宇宙的技术平台底座。

数据中心：英伟达的"GPU 加速计算平台"集硬件和软件于一体，可为各大企业提供强大又安全的基础架构蓝图，可支持精准完成从数据中心开发到部署的所有实施工作，借助英伟达 GPU 云计算解决方案，企业可以随时随地访问高密度计算资源和功能强大的虚拟工作平台，无须耗费额外开支构建实体数据中心。

高性能计算：英伟达的 Ampere 架构则为高性能计算的核心，无论实际计算规模如何，此架构都能提供卓越的加速性能。目前全球多个超级计算机中心都在采用英伟达 Ampere 架构。

2. 硬件入口：引领 GPU 持续迭代发展

回溯英伟达 26 年 GPU 发展史，持续创新、前瞻布局助力其逐步制霸全球 GPU 市场。1999 年，英伟达推出全球首款图形处理器 GPU——GeForce 256，将其定义为具有集成变换、照明、三角形设置、裁剪和渲染引擎的单芯片处理器，每秒处理至少 1000 万个多边形。

2012 年，英伟达与 Google 的人工智能团队合作，建造了当时最大的人工神经网络，之后各深度学习团队开始广泛大批量使用英伟达显卡。2013 年，英伟达与 IBM 在建立企业级数据中心方面达成合作。2017 年，英伟达发布了面向 L5 完全无人驾驶开发平台 Pegasus。

2021 年起，英伟达进军 CPU 领域，基于 ARM 架构构建了三款新处理器——NVIDIA Grace、BlueField-3DPU、NVIDIA DRIVE Atlan。其中，NVIDIA Grace 专为大规模人工智能和高性能计算应用而设计；BlueField-3DPU 是首款支持第五代 PCIe 总线并提供数据中心时间同步加速的 DPU；NVIDIA DRIVE Atlan 则是新一代 AI 自动驾驶汽车处理器，其算力将达到 1000TOPS。持续迭代 GPU 架构，从 Tesla 到 Ampere、从 GTX 到 RTX，性能稳步提升。英伟达

的 GPU 架构历经多次变革，基本保持两年一迭代，从最初的 Tesla（2008 年），到 Fermi（2010 年），之后 Kepler（2012 年）、Maxwell（2014 年）、Pascal（2016 年）、Volta（2017 年），再到 Turing（2018 年），然后是现在的 Ampere（2021 年）。从 Turing 开始，英伟达 GPU 也启用了全新的品牌名，从 GTX 变更为 RTX。NVIDIA CEO 黄仁勋表示，Turing 是近 12 年来 GPU 架构变化最大的一次，原因在于 RTX 通过专用的 RT Core 核心实现了游戏中可用的实时光线追踪渲染。目前，NVIDIA RTX 技术凭借其强大的实时光线追踪和 AI 加速能力，已经改变了最复杂的任务设计流程，例如飞机和汽车设计、电影中的视觉效果以及大型建筑设计，并且驱动着后续的协作和模拟平台 Omniverse。英伟达最新一代的 Ampere 建立在 RTX 的强大功能之上，显著提高其渲染、图形、AI 和计算工作负载的性能。

3. 人工智能：基于 GPU 优势主导 AI 芯片

GPU 相比 CPU，其并行计算能力更适合深度学习逻辑。CPU 和 GPU 都是芯片，区别在于不同的架构下适用不同的场景。从芯片架构来看，在 CPU 中控制单元、计算单元和存储单元相对比较均衡，而 GPU 中有将近 80% 的计算单元。传统的 CPU 内核数量较少，是为通用计算而设计的；GPU 是一种特殊类型的处理器，具有数百或数千个内核，经过优化可并行执行大量计算。CPU 是顺序执行运算，而 GPU 是可以大量并发的执行运算。因此，从适用场景的角度看，CPU 精于控制和复杂运算的场景，而 GPU 精于简单且重复运算的场景，对数据分析、深度学习和机器学习算法尤其有用。随着 GPU 在 AI 领域的普及，专注 GPU 的英伟达迎来收获期。英伟达大约在 2010 年起就已经开始转型布局人工智能，当时人工智能概念还未兴起，AI 仍是一片蓝海。经过持续多年的研发，英伟达 2016—2018 年陆续推出一系列人工智能芯片、系统、软件和服务。

2016 年：驱动 AI 革命。推出第 11 代 GPU 架构 NVIDIA Pascal，为最先进的 NVIDIA Tesla 加速器和 GeForce GTX 显卡提供支持。推出 NVIDIA DGX-1，世界上第一款台式深度学习超级计算机，可增强人工智能应用。NVIDIA DRIVEPX2 可实现强大的车载人工智能，使汽车行业走上自动驾驶的道路。NVIDIA 引入了 IrayVR，模拟光线和材质，以创建交互式、照片般逼真的虚拟环境。

2017 年：进一步推动现代 AI。推出 NVIDIA Volta GPU 架构，NVIDIA Tesla V100 GPU 加速器为 DGX 系列 AI 超级计算机提供动力；模块化 NVIDIA

Jetson TMTX 2 AI 超级计算机为 AI 城市的智能机器人、无人机和智能摄像头打开了大门。NVIDIA SHIEL DTM 通过 Google Assistant 和 Smart Things Hub 技术将 AI 带入家庭。

2018 年：Turing 重新定义计算机图形。推出 NVIDIA Turing GPU 架构，为全球首款支持实时光线追踪的 GPU 提供动力，长期以来一直被视为计算机图形学的圣杯。推出 NVIDIA DGX-2，这是第一款能够提供 2 千万亿次计算能力的单一服务器，由 NVIDIA V100 GPU 和革命性的 GPU 互联结构 NVIDIA NVSwitch 提供支持。推出 NVIDIA Jetson AGX Xavier，可轻松创建和部署用于制造、配送、零售、智能城市等的 AI 机器人应用程序。NVIDIA Clara 平台亮相，提升了数百万种传统医疗仪器的功能，并为人工智能医疗设备开创了未来。NVIDIA 推出 RAPIDS，这是一个开源 GPU 加速平台，可加速数据科学和机器学习。推出 NVIDIA DRIVE Constellation 仿真系统，可在虚拟现实中模拟自动驾驶汽车在数十亿英里的安全驾驶。英伟达在 AI 芯片领域已经占据主导地位。据《硅谷封面》报道，2019 年，前四大云供应商 AWS、谷歌、阿里巴巴、Azure 中 97.4% 的 AI 加速器实例（用于提高处理速度的硬件）部署了英伟达 GPU。Cambrian AI Research 的分析师 Karl Freund 表示，英伟达占据了人工智能算法训练市场"近 100%"的份额；Top 500 超级计算机中近 70% 使用了英伟达的 GPU。

4. 英伟达元宇宙发展方向展望

追求极致算力，由 GPU 升级至"GPU+CPU+DPU"。英伟达基于 GPU 建立的软硬件生态，将使其在计算领域长期占据举足轻重的地位。2007 年，英伟达正式推出 GPU 统一计算架构平台 CUDA，这一架构的里程碑意义在于让 GPU 通用化，业内广泛认可，英伟达一举奠定之后 10 年的 AI 芯片市场绝对霸主地位，为 AI 训练提供强大的并行运算能力。目前，英伟达已经在 CUDA 基础上开发和积累了针对不同领域的大量算法与软件，极大降低了开发者门槛，让开发者可以站在巨人的肩膀上升级与优化软件堆栈。2021 年，英伟达在 GTC 2021 上宣布将升级为"GPU+CPU+DPU"的"三芯"产品战略。英伟达强劲的 GPU 加上发布的 Grace CPU，再加上最新的 BlueField DPU，构成了英伟达最新的数据中心芯片路线图。黄仁勋表示，"我们每年都会发布激动人心的新品。三类芯片，逐年飞跃，一个架构"，英伟达在芯片行业的竞争进入组合拳时代——通过三种芯片的组合实现差异化并保持竞争力。

GPU：传统优势业务，目前采用Ampere架构，是英伟达AI领导力的基石。

CPU：首款数据中心CPU——Grace，以美国海军少将、计算机编程先驱Grace Hopper的名字命名。Grace是一款高度专用型处理器，主要面向大型数据密集型HPC和AI应用。绝大多数的数据中心仍将继续使用现有的CPU，Grace主要用于计算领域的细分市场，预计2023年可以供货。

DPU：现代超大规模云技术推动数据中心从基础走向了新的架构，利用一种专门针对数据中心基础架构软件而设计的新型处理器，来卸载和加速由虚拟化、网络、存储、安全和其他云原生AI服务产生的巨大计算负荷。2020年10月，英伟达发布首代BlueField-2 DPU，能够卸载相当于30个CPU核的工作负载。2021年4月，发布的最新一代BlueField-3 DPU，是专为AI和加速计算设计，实现了10倍的性能提升，有16个ARM A78 CPU核和4倍的加密速度，能够替代300个CPU核，能以400Gbps的速率，对网络流量进行保护、卸载和加速。BlueField-3通过NVIDIA DOCA（集数据中心于芯片的架构）软件开发包为开发者提供一个完整、开放的软件平台，新一代DPU已于2022年第一季度发布样品。

Omniver定位工程师的元宇宙，真正将元宇宙落实到工业场景。Omniverse能将英伟达旗下GPU、CUDA、实时光线追踪RTX技术等所有软硬件技术，及英伟达在生态系统中整合性的特质集中到一个平台，形成完整全栈解决方案，从而以更高效和兼容的方式，解决与"物理世界拟真"相关的各项痛点。在这一过程中，英伟达提供Omniverse等工具，让ISV、开发者和用户自己根据各式各样的创造性思维，打造逼真的世界和高度还原的物体，最终成为元宇宙基础底层服务架构的提供者。

英伟达CEO黄仁勋在接受彭博社采访时，也认同了Omniverse是服务于"工程师的元宇宙"的界定。Omniverse平台的愿景与应用场景将不局限于游戏以及娱乐行业中，建筑、工程与施工，制造业，超级计算等行业都是目标范围。Omniverse是一个专注于实时仿真、数字协作的云平台，相比游戏业对娱乐化应用的高度关注，Omniverse更偏向于"数字孪生"概念。在黄仁勋的理解中，以尊重现实世界的物理规律和逻辑为出发点，将元宇宙看作对现实世界一比一、一比十甚至一比一万复制的虚拟世界。在一次受访被问及数字孪生对于制造业、商业以及整个社会有多重要时，黄仁勋表示在未来，数字世界或虚拟世界将比物理世界大数千倍，可能会有一个新的上海、新的纽约，工厂和建筑都

将有一个数字孪生模拟和跟踪它的实体版本。工程师和软件程序员可以模拟出新的软件,然后逐步应用到实际中。在现实世界中运行的软件都会先在数字孪生中模拟,然后再下载到实体版本中。这意味着,Omniverse 将服务比真实世界更大的经济实体。

3.5 Apple元宇宙布局

苹果公司（Apple）作为移动互联网时代的科技巨头,无论是硬件还是软件,都占据了绝对优势。从 PC 到智能手机,再到 AR 眼镜、头显等,苹果的产品无一不体现了它强大完善的硬件生态体系。也因此,对于元宇宙世界而言,Apple 的重要使命是将 AR/VR 设备转换为通用型硬件。相较于 VR,Apple 更看好且愿意加码 AR。尽管迄今为止苹果 AR 设备尚未推出,但从 iPhone、iPad 等产品,足可见 Apple AR 技术的进步与完善,在产品的应用和支持上也越来越完备。综合来看,Apple 目前在内容与场景、硬件及操作系统、底层架构三大版图上均着力布局。

3.5.1 硬件及操作系统：追求极致及生态自建

1. AR 设备

Apple 产品规划中,共有两款 AR/MR 头戴式设备:

（1）面向 B 端用户：高端商用型号 AR/MR 通用头显,分体式设计,可通过蓝牙连接 iPhone,售价预计为三千万美元以上。

（2）面向 C 端用户：主打日常功能的轻薄型 AR 眼镜。据苹果分析师郭明錤（Ming-Chi Kuo）预测,Apple 的产品规划路线可能是"头盔式—眼镜式—隐形眼镜式"；MR/VR 产品蓝图的三阶段是 2022 年——头盔式、2025 年——眼镜式、2030—2040 年——隐形眼镜式。

2. 闭环生态

过去 10 余年,Apple 为互联网找到了新玩法,用 iPhone 重新诠释了智能手机,又塑造了以 iOS、iTunes、iCloud、Apple Store 等构成的互联网生态,因此占据了移动互联网的绝对优势及主导地位。在 AR 领域,也保持了高频的迭代节奏,不断优化升级,新产品层出不穷,旨在打造完整闭环生态。

以操作系统 ARKit 为例，从 2017 年至 2021 年，已更新了 5 个版本：ARKit 1.0 主要具备基于 3D 场景（SceneKit）和 2D 场景（SpritKit）实现的增强现实技术，整合人脸追踪、环境理解、平面检测等功能；ARKit 2.0 则新增了多人 AR 互动、真实感图像绘制、3D 物体识别等功能，并进一步优化上一代的人脸追踪功能；ARKit 3.0 新增协作会议、人体遮挡、动作捕捉等功能；ARKit 4.0 新增面部跟踪支持设备，及定位锚、深度 API 功能；ARKit 5.0 进一步优化人脸追踪、动作追踪、定位锚等功能支持。

3. 底层框架与开发工具

（1）面向开发者：RealityKit（AR 渲染平台），主要目的是增强现实，可提供动画及物理特效、相机特效、图像渲染等功能，2.0 版本新增自定义系统/着色器、动态 Asset、角色控制器等功能。

（2）面向艺术家：Reality Composer（3D 开发工具），适用 iOS、Mac 等，界面清晰，借助高质的 3D 对象及动画库，可以轻松移动、旋转 AR 对象，生成流畅的 AR 体验，可从 Xcode 中导出到 AR QUICK Look，或直接集成至应用程序。

（3）面向普通用户：Reality Converter（AR 格式转换工具），允许用户在 Mac 转换、查阅并自定义 USDZ 3D 对象（USDZ 是 ISD 文件的零压缩 ZIP 文件，可解决传统 AR 内容体积大、占据大量空间等问题），操作非常便捷，能够快速共享信息。

3.5.2 底层架构：布局 AR 核心环节与关键技术

围绕 AR 硬件，Apple 形成了包括芯片、显示屏、光学、声学、传感器等多个核心环节在内的底层技术布局，见表 3-1。

表 3-1 多个核心环节的底层技术布局

环节分类	内容
芯片	仿生芯片、UWB 超宽频芯片、自研仿生芯片
显示屏幕	Micro LED 屏幕
光学	光波导方案
声学	可追踪定位的空间声场技术
传感器	3D 图像、近距离
感知交互	面部识别、眼动追踪、手势交互、动作捕捉

此外，Apple收购了两家虚拟现实内容公司。

- NextVR：VR直播公司，全球领先的VR直播平台，提供娱乐、音乐、体育与虚拟现实融合的VR内容，合作伙伴包括NBA（美国国家职业篮球联赛）、FOX体育（美国福克斯广播电视台）、Live Nation（全球最大规模演唱会推手）等，确保VR内容可以在多家知名制造商的VR头显观看。
- Spaces：VR虚拟会议公司，初创时以提供游戏VR体验为主要业务，后受到新冠肺炎疫情影响，Spaces构建专用附加组件，可接入Zoom、Skype等视频软件，用户可以自定义自己的虚拟动画形象进入Zoom会议，受到广泛关注。

3.5.3　发布XR将引燃市场

Apple公司在芯片、近眼显示、声学、传感器、感知交互等关键技术领域皆有积极布局储备。Apple XR将装配强劲CPU。算力领先竞争对手的产品2～3年。

操作系统：iOS和iPadOS系统内置了增强现实支持功能。考虑到其产品在全球销量的领先地位，Apple拥有极为广阔的增强现实平台基础和用户群体。

硬件设备内容场景开发者工具：2017年，Apple发布了增强现实开发者工具ARKit，仅支持自有操作系统内开发。五年来，ARKit已经历5次版本迭代。Apple也发布了丰富的配套开发者工具，如Reality Composer、Reality Converter，为开发者实现灵感创意提供工具支持。

开发者工具：Apple Store提供上千款增强现实App，支持增强现实的设备数以亿计。彭博社Mark Gurman称，苹果计划在Apple "TV+流媒体"服务中增加AR功能。

3.5.4　Apple元宇宙发展方向

不同于Facebook在元宇宙的全面布局，着力构建以Oculus VR头显为入口的软硬件生态。Apple更愿意将"元宇宙"称为"增强现实"，认为AR是虚拟与现实世界的叠加，会增强人与现实的连接，以及人与人的协作，而并非是VR对现实世界的替代。也因此，多年来，Apple坚持建设AR底层技术，完善AR生态布局，未来的规划与机遇具体体现在如下方面。

1. 将 AR/VR 设备推向通用型硬件

回顾 Apple 在 PC 及移动互联网时代的发展历程，不难发现，Apple 往往是通过重新定义新硬件，创新人机交互方式（例如 iPhone/iPad 的多点触控、Mac 的键盘与鼠标等），颠覆行业产品，取得先发优势。如今，Apple 仍然是最有机会完成人机交互形式创新、推动 AR/VR 新硬件发展的重要力量，这一点几乎是行业共识，也是万众瞩目的元宇宙冷启动方式。

2. Apple 生态孕育全新的业务价值链与社交网络

Apple 的 AR 生态体系完善，价值链完整清晰——上游开发方面，ARKit 等开发工具与标准锁定上游环节；内容分发方面，AppleTV+、Apple Store 等应用商店或流量平台控制分发。Apple ID 则扮演着类似 iTunes 账号的作用，当 Sign with Apple 成为元宇宙的入口标配，Apple ID 相应成为全新的元宇宙 ID，是用户不可或缺的身份标识及虚拟归属。同时，由于 Apple 在 AR 软硬件、操作系统，到开发工具、模型格式等的广泛布局，以及关键环节、核心技术的遥遥领先，无论是开发者还是一般用户，都能在 Apple 生态完成全部的 AR 体验流程。

至此，统一且封闭的 Apple 生态也就回答了如何引导用户和开发者进入 Apple 元宇宙，以及进入元宇宙后有哪些收获及体验的问题。未来一旦开启 Apple 元宇宙，将会产生难以估量的价值。

3. 对隐私及财产安全的保护

数据安全在移动互联网时代就是一个备受关注的话题，进入元宇宙时代，用户数量的极速增长势必会加剧隐私泄露后果的严重性。而 Apple 一直以来都致力于对用户数据的保护，尽量避免且控制用户数据的随意收集及保证使用透明，从 iOS 15 "App 隐私报告"、IDFA 新政等一些举措，都可以看到其对用户心智的洞察与共情，也因此受到舆论的广泛认可。这一点也是 Apple 在继硬件技术、统一且封闭的生态外，在元宇宙这场战斗博弈中极具优势和杀伤力的地方。

3.6　Google 元宇宙布局

AR 眼镜研发"败走麦城"：2012 年，Google（谷歌）发布了第一代消费级 AR 眼镜 Google Glass。后因使用场景、续航、隐私安全等问题，谷歌下架

了这款引发争议的产品。第二代 AR 眼镜不再面向普通消费者，主攻企业市场。

转战 AR Core：2017 年，谷歌推出了操作系统开发者工具 AR Core，对标 Apple 同年推出的 ARKit。据 Google I/O 2021 开发者大会介绍，目前全球已有超过 10 亿部 AR Core 认证的设备，开发者可以在安卓上直接开发 AR 应用或使用 Unity 和 Web XR。

重新增加 AR 投入：2021 年 12 月 15 日，据报道，谷歌拟组建"增强现实操作系统"团队，以开发一款"能控制和管理增强现实硬件产品的软件"。除此之外，摄像头、输入硬件和实时操作系统（RTOS）的相关开发人员也在招募范围中。

1. 硬件：以企业级 AR 为核心，安卓操作系统市场占有率高

谷歌在硬件方面的研究与探索几经波折，具体可以分为以下几个阶段：

（1）起步于 AR：2012 年，Google Project Glass（谷歌眼镜）发布，它是谷歌 AR 眼镜雏形，一经发布就备受关注，于 2014 年推出正式版 Goggle Glass，并开放线上销售。这是 Google 在 AR 领域的第一次尝试。

（2）转投 VR：2015 年 Google Glass 研发搁浅，Google 转而和三星一起发布 Card board "手机 VR"，标志着其正式进军 VR 领域。2016 年，Google 又发布了 Daydream VR 平台，并上市 Daydream View 头戴显示设备。

（3）重回企业级 VR：2017 年 Google Glass 以企业版本回归，面向医疗、物流、制造、农业机械等多个领域，并推出 AR Core 平台（增强现实应用程序软件平台）。企业级 AR 业已成为 Google AR 主要的布局方向。

与此同时，操作系统方面，安卓系统延续了在智能手机上的成功模式，目前市面上主流的 VR/AR 硬件设备，如 Oculus Quest、Vive、Pico 等，其操作系统都是基于安卓系统的二次开发。安卓在移动硬件产品间的迁移能力可见一斑，可以预见安卓未来极有可能成为元宇宙底层架构的关键组成部分。

2. 底层架构：软硬结合，开源系统，建立强大且适配的底层技术

谷歌为开发者及企业提供开源深度学习框架 Tensor Flow 和对应芯片 TPU（Tensor Processing Unit）。前者是 Google 人工智能及机器学习的核心算法框架，也是目前全世界使用最多的人工智能算法框架，无论是 PC 端还是移动端，都得到了广泛的开发及应用。后者则是 Google 专门为人工智能场景推出的芯片，适配 TensorFlow，相比 GPU 芯片，TPU 能够利用矩阵计算方式，处理更大的数据量级，以适应 AI 时代爆发式增长的数据规模。

3. 应用层：AI 与安卓赋能更多现实场景，云计算加速布局

从 2018 年 Google 发布 Android 9.0 开始，基于 AI 的功能如 Google Assistant（Google 智能助理）、智能相册标记、自适应电池容量、用户软件预测等逐渐增加。除安卓系统更新升级外，Google 还将 AI 技术能力开放给前端业务（Google 搜索与 YouTube 的业务），逐渐扩大自身 AI 技术在应用层的覆盖范围和影响力。

此外，云计算方面，Google 也在加速发力，虽然起步晚于 Amazon、Microsoft，但 Google 仍然是世界前四的公有云服务商，且人工智能和安卓系统方面的领先优势将反哺云计算，使得谷歌在元宇宙世界扮演关键角色。

3.7 Amazon元宇宙布局

算力在数字经济时代是最重要的生产力。2018 年诺贝尔经济学奖获得者 William D. Nordhaus 在《计算过程》中对算力进行定义："算力是设备根据内部状态的改变，每秒可处理的信息数据量。"科技的重大突破、生产方式的改变都离不开算力的提升，搭建虚拟场景对算力的需求必然以指数级增长，元宇宙对算力的要求将会来自高并发用户、多模态体验、高渲染精度和建模方式。

云计算是解决元宇宙时代急剧增长的算力需求的重要底层基础设施之一。2021 年亚马逊云科技 re:Invent 全球大会上，Amazon（亚马逊）全球副总裁、亚马逊云科技大中华区执行董事张文翊表示："我们认为元宇宙一定是云计算可以大量赋能的一个领域。元宇宙本身需要的就是计算、存储、机器学习等，这些都离不开云计算。"从全球的云计算市场来看，阿里巴巴与亚马逊是中美云计算市场最大的服务商，它们均起家于电商，基于自身复杂的业务场景提出对云计算的需求，进而拓展对外服务能力，最终发展成为行业中头部的云计算厂商，行业竞争地位突出。亚马逊作为云计算行业技术引领者，聚焦底层技术开发。

1. 云计算行业的开创者，云科技领先全球市场

2006 年亚马逊在 AWS（Amazon Web Service）上增加云计算服务，自此

不断在云计算领域投入资源。从 2012 年起，云计算相关产品都出现在亚马逊 re:Invent 全球大会，在相当程度上引领了行业的发展。例如 2013 年亚马逊发布实时流式数据服务 Amazon Kinesis，为移动互联网时代的流式数据实时分析处理奠定了基础；2014 年，亚马逊发布了业界首个 Serverless 函数计算服务 Amazon Lambda，颠覆应用运营模式，其后续成为业内发展的主流方向；2018 年，亚马逊首次发布 Amazon Outposts，真正将云能力延伸到本地，成为亚马逊云科技重塑混合云的关键节点。

2. 聚焦底层技术工具开发，打造高效、低门槛工具矩阵

亚马逊的元宇宙发展方向更加聚焦于底层技术工具的开发，致力于提升开发效率，降低开发门槛。目前已经形成丰富开发工具矩阵：VR/AR 开发平台 Amazon Sumerian、数字孪生服务 Amazon IoT Twin Maker 分别从交互场景构建和数据领域降低开发门槛；搭建 5G 网络的 Amazon Private 5G 重点服务以工业 4.0 为主的庞大传感器和端侧设备集群；游戏引擎 Amazon Lumberyard 拥有强大的可视化技术；无代码机器学习平台 Amazon Sage Maker Canvas 进一步降低了未来元宇宙内容生产的门槛，在数据工程团队脱产的情况下依然能持续提供服务。

3. Amazon：AR 购物，在线即在场

亚马逊一直在积极探索 XR 技术与其电商业务的结合，作为电商巨头的亚马逊已经拥有了一系列 AR 可视化技术，主流的 AR 是指通过设备识别和判断（2D、3D、GPS、体感、面部等识别物）将虚拟信息叠加在以识别物为基准的某个位置，并显示在设备屏幕上，从而实时交互虚拟信息。亚马逊曾测试过 AR 功能，它曾经利用 AR 在用户的房间中放置基本的产品贴纸，算是这种能够同时看到多种产品的概念的早期形式。2017 年亚马逊曾在亚马逊 iOS 应用中首次推出了一个简单的 AR 购物版本——ARView，让消费者可视化地将一件物品添加到他们现有的房间中。2020 年亚马逊推出虚拟购物工具"Room Decorator"，可以让用户同时查看多个项目，用户可以直观地看到一整套新产品如何在自己的房间中组合在一起，而不仅仅是单品。

互联网巨头（部分）元宇宙布局情况见表 3-2。

表 3-2　各互联网巨头元宇宙布局对比

	Facebook	Apple	Microsoft	Google
硬件	2021年的Facebook Connect大会上，透露2022年将推出内部代号为ProjectCambria的高端头显，以及代号为ProjectNazare 的 XR 眼镜。加上此前的Oculus系列产品，Facebook将投入百亿美元加强硬件研发		旗下游戏设备Xbox未来专注于将游戏融入元宇宙。MR智能眼镜HoloLens，2022年已迭代至第二代。微软HoloLens 3预计4年后发布，第三代将会提高沉浸感、舒适度和社会接受度	AR眼镜
软件	通过布局Horizon系列元宇宙产品，将实现社交娱乐功能的完善与工作场景优化。包括VR社交平台Horizon Worlds、VR居家平台Horizon Home及VR工作平台Horizon Workroom	先后布局ARKit和App Clip，丰富AR软件生态。根据苹果官方数据，目前苹果拥有全球最大的AR平台，拥有数亿台支持AR的设备，以及App Store上的数千个AR应用程序	Mesh for Microsoft Teams，将在现有的线上会议功能之上，加入一个名为Mesh的MR功能，允许不同位置的人通过生产力工具Teams加入协作，共享全息体验	安卓系统、3D全息视频、Starline项目、云计算
生态	2019年6月18日，发布Libra白皮书，宣布进入加密货币领域。Libra锚定多国法币组成的"一揽子货币"，也被称为"稳定币"。但由于多国合规质疑等原因，2021年Libra更名为Diem，并瞄准美元稳定币。此外，积极推进数字货币钱包项目，近期其Novi也已经启动小规模试点	为不同硬件设备开发搭建的iOS、macOS、watchOS等操作系统，彼此独立又相互链接。封闭的生态是苹果的核心资产，提供了更安全的系统环境，同时也带来了"自闭"矛盾	2022年1月以687亿美元收购动视暴雪，按营收计算，微软将成为仅次于腾讯和索尼的全球第三大游戏公司。此次收购将加速微软在移动、个人电脑、游戏机和云领域的游戏业务增长	
投资	从2014年开始共投资了23家与元宇宙相关的公司，涉及智能硬件、软件工具、计算机视觉、游戏等多个领域。比较重要的投资是2014年Facebook以20亿美元并购了Oculus VR公司，随后收购了多家与视觉显示技术有关的公司融入Oculus相关产品项目当中			

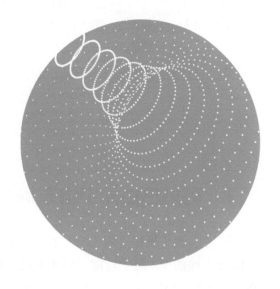

第4章
国内科技巨头布局元宇宙

4.1 阿里巴巴元宇宙布局

阿里巴巴（简称"阿里"）在元宇宙方向的布局最早可以追溯到淘宝2016年上线的VR购物功能，同年参投AR公司Magic Leap。此后阿里更加频繁快速地布局元宇宙，先后成立新品牌"云镜"、XR实验室，聘请虚拟数字人AYAYI入职阿里，作为数字主理人。阿里巴巴元宇宙布局的动作见表4-1。

表4-1 阿里巴巴元宇宙布局

时间	事件	主要内容
2016年11月	淘宝VR购物Buy+计划正式上线	用户可以直接与虚拟世界中的人和物进行交互，甚至将现实生活中的场景虚拟化，成为一个可以互动的商品
2016年	参与AR独角兽Magic Leap C轮和D轮融资	Magic Leap创立于2010年，曾推出Magic Leap One头戴式虚拟视网膜显示器与类人AI助手Mica
2021年8月	注册成立杭州数典科技有限公司	布局VR硬件设备领域
2021年9月	阿里云游戏事业部成立新品牌"元镜"	"元镜"是一个基于元宇宙底层技术设立的云游戏Paas能力和开发者平台
2021年9月	AYAYI正式入职阿里	AYAYI成为天猫超级品牌日数字主理人，并与品牌展开合作
2021年9月	阿里云方面表示，针对元宇宙的企业级应用，能够提供从渲染、串流到编码的一整套视觉计算解决方案	阿里云在广州举办了视觉计算私享会上，阿里云异构计算产品专家张新涛分享，针对元宇宙的企业级应用，阿里云提供了从渲染、串流到编码的一整套视觉计算解决方案。其中，亚洲最大的GPU集群、自研编码技术与视频增强技术等是阿里云的独特优势
2021年10月	在达摩院旗下建立XR实验室	致力于探索XR眼镜等新一代移动计算平台

1. 中国最大的云计算服务商,计算领域先发优势突出

阿里云成立于2009年,起初是为了满足阿里巴巴集团自身庞大复杂的涵盖支付、物流的核心商业业务的算力需求,由王坚带领团队开创了自主研发的超大规模通用计算操作系统"飞天"。2014年后阿里云开始提供对外服务,并启动全球布局,在此基础上不断提升产品服务能力,目前已能够为用户提供以云为核心的软硬件技术体系。

阿里云是全球第三、中国第一的云服务商。基于营收规模计算,2020年阿里云全球市场份额为7.6%,排在亚马逊AWS(46.8%)、微软Azure(14.2%)之后,是全球第三大公有云服务商;在中国市场,2020年阿里云在公有云IaaS市场中的份额为38.5%,远高于腾讯云(12.7%)、华为云(11.1%),是行业内第一的云服务商,且领先优势较为明显。以中国为核心,辐射亚太与欧美区域。根据官网数据显示,阿里云基础设施目前已面向全球四大洲,开服运营25个公共云地域、80个可用区,此外还拥有4个金融云、政务云专属地域,其中中国有56个可用区(占比为70%);目前阿里云在全球拥有超过2800个边缘计算节点,其中中国的边缘计算节点超过2300个。整体来看,阿里云仍主要以中国为核心服务区域。

2. 丰富的电商场景为元宇宙的发展提供无限的探索可能

面向元宇宙,阿里除对云计算进行基础设施投入外,也在用户体验提升和虚拟营销上做出进一步的探索,如VR购物Buy+计划、数字人主播营销推广和技术能力服务。移动互联网时代的场景应用都为元宇宙虚拟场景的构建提供了良好的探索基础,包括电商、营销、广告、社交等形态。同时通过提供底层技术有望撬动其背后的上千万商家,推进电商场景向元宇宙的方向进化。

虚实交融的沉浸式购物模式为近眼显示、AI芯片、传感器带来发展机遇。传统电商平台主要以图片和视频等平面化形式展示商品。尽管近年来电商直播、AR试妆等形式兴起,一定程度上弥补了传统电商在购物时较为单薄的感观体验,但对于服饰等SKU丰富的非标品类商品,用户仍然无法对其进行在线试品。在"在线即在场"的终极需求驱动下,元宇宙时代的电商有望进一步突破物质世界屏障,通过AR/VR/MR等新一代人机交互技术实现视听甚至触觉等多感官交互的购物体验,创造如3D虚拟商场、数字展馆等消费者购买场景。

阿里在元宇宙方向场景上的布局主要还是集中在电商场景,探索电商场

景下 VR 购物、虚拟数字人营销应用等方向优化用户体验，推动电商场景向元宇宙方向进化，同时通过提供底层技术撬动背后的上千万商家。为此先后成立新品牌"云镜"、XR 实验室，聘请 AYAYI 成为天猫超级品牌日数字主理人等，探索主要有几个方向：

（1）VR 购物：2016 年 11 月淘宝的 VR 购物 Buy+ 上线，用户可以直接与虚拟世界中的人和物进行交互，甚至将现实生活中的场景虚拟化，使商品成为可以互动的商品。

（2）广告营销：2021 年 9 月，虚拟数字人 AYAYI 入职阿里，成为天猫超级品牌日的数字主理人，这是天猫在数字虚拟营销上的进一步探索。未来 AYAYI 还将解锁 NFT 艺术家、数字策展人、潮牌主理人、顶流数字人等多个身份。在与品牌合作的过程中，由于同时具备明星 KOL 与虚拟偶像双重属性，AYAYI 比传统虚拟偶像更具真实感、故事感与氛围感。

（3）虚拟人直播：淘宝天猫商家提供虚拟数字人主播的通用技术，通过"品牌智能直播间"所提供的虚拟数字人主播和虚拟人直播运营平台，让虚拟人电商主播像真人电商主播一样，在其店铺直播间进行商品介绍售卖以及和观众互动。

3. 云计算产品丰富为元宇宙提供技术支持

在产品层面，阿里云以"飞天"操作系统为核心，向下定义硬件体系，向上打造云钉一体的软件服务，目前已经形成以云为基础的软硬件技术体系：

（1）在硬件层，阿里云自研倚天－含光－玄铁系列芯片、磐久自研服务器系列以及更清洁高效的数据中心，打造以云为基础的硬件体系。

（2）在软件层，阿里云的产品主要包括飞天操作系统、面向磐久服务器的龙蜥操作系统、自研数据库 PolarDB、集"大数据+AI"一体化的平台"阿里灵杰"等，提高云的易用性。

（3）面向应用层，2020 年云栖大会上阿里云首次宣布"云钉一体"战略，依托钉钉向上渗透至 PaaS、SaaS 层。目前，钉钉已经成为中国最大的企业级 SaaS，用户量突破 5 亿，覆盖组织数 1900 万。

得益于领先的技术体系，阿里云能够应对多元丰富的用户场景与需求，目前主要满足新零售、数字政府、交通物流、制造等领域的客户实时存储、交易处理和计算等需求，并根据使用弹性和拓展性提供服务。根据公司年报披露的数据，2021 财年阿里云服务了超过 400 万付费客户，包括太平洋保险、一汽集团等大型客户，推动云计算收入快速增长。阿里云已针对云游戏提出了相应的解决方案。截至目前，阿里云已为吉比特、游族网络、心动公司、米哈游等游戏公司提供云计算服务。根据央广网报道，2021年9月，阿里云游戏事业部发布了全新品牌"元境"，并将其定义为面向云游戏时代的研运一体化服务平台，致力于提供云游戏时代的底层基础设施。云游戏是最贴近元宇宙的内容形态之一，参考云游戏对算力的巨大需求，预计元宇宙时代的内容形态大概率将部署于云端，而一旦上云将面临巨大的迁移成本，同时由于云计算是重资产行业，前期需要投入的成本较高，市场竞争者的准入门槛较高，可以判断阿里已经具备入局的先发优势，有望发展成为元宇宙时代不可或缺的云计算基础设施。元境长期专注核心技术创新，不断驱动元宇宙在各行各业实现落地。

4. 钉钉与 Rokid 合作，推动 AR 办公落地应用

钉钉与 Rokid 达成合作，共建 XR 办公行业解决方案。阿里巴巴集团副总裁、钉钉总裁叶军在 2022 钉钉发布会上宣布钉钉与 Rokid 达成合作，共同推动 AR 办公落地应用。Work Space 是钉钉面向 XR 时代混合办公方式的探索应用，可适配在 AR、MR 智能设备终端。该应用基于钉钉开放的 IM、音视频、文档、组织关系链等能力，为用户建立可多屏协作、隐私性高、便捷的移动数字化办公空间。目前钉钉 Work Space 已在 Rokid Air AR 智能眼镜上落地，用户可以在虚拟空间中使用钉钉办公，还可以利用 AR 眼镜的 3D 建模等能力接入，探索虚拟现实在远程教学、设备巡检、远程医疗等行业场景的应用。

4.2 腾讯发力"全真互联网"

1. 提出"全真互联网"概念

全真互联网意味着线上线下一体化，四体和电子方式的融合。无论是从虚到实，还是由实入虚，都在致力于帮助用户实现更真实的体验。从消费互联网到产业互联网，应用场景业已打开。通信、社交在线视频化，视频会议、直播崛起，游戏也在云化。随着 VR 等新技术、新的硬件和软件在各种场景的推动，又一场大洗牌即将开始。就像移动互联网转型一样，上不了船的企业将逐渐落伍。2020 年，马化腾在腾讯文化出品的年度特刊《三观》中，首次提出"全真互联网"概念，并进行阐述。"全"是指全面，"真"是指真实，全真互联网寓意互联网和现实的进一步融合,这与元宇宙的理念不谋而合。

腾讯在游戏、社交等领域积累了丰富经验,这些都将成为发展元宇宙业务的基石。以游戏为例,互动性很强的游戏、支持编程和游戏化的社交网络、为游戏开发者提供基础设施的游戏平台、通过虚拟现实和增强现实技术提供真实世界体验等,都是发展元宇宙业务的入口。与此同时,腾讯还可以利用雄厚的资本优势入股头部玩家,进一步扩大自身优势。

全真互联网全面推动数实结合。随着计算能力快速提升、人机交互模式更加丰富,全真互联网应用渗透到绝大部分B端和C端用户的体验,将人、物、信息、制造、服务等社会要素充分结合,通过多种形式全面实现线上线下一体化,同时也为用户带来更加沉浸的体验。数实结合的过程离不开数字场景的搭建。全真互联网的核心是数实结合,一方面,现实的虚拟化(比如数字孪生等技术)需要对物理世界的场景进行建模和分析,另一方面,AR和全息投影等技术也可以将虚拟世界的场景在现实中进行展现,在这两个过程中,数字场景的搭建都发挥了重要的作用。

2. 丰富场景夯实技术

(1)"超级数字场景"打造。腾讯对超级数字场景建设由来已久。2021年,腾讯高级副总裁马晓轶在腾讯游戏年度对谈中提出"超级数字场景"概念。他认为,游戏和现实之间存在很多的交互及碰撞的可能,这些可能、想象空间共同构成了超级数字场景。狭义的元宇宙通常是指虚拟世界,某种意义上,元宇宙只是"超级数字场景"的一种体现方式。腾讯已经开始将游戏内容在现实场景中的落地,如2021年"和平人才精英空投卡"活动中,腾讯联合德克士、韩束、古茗等品牌商,通过消费满减、1元换购等形式,刺激玩家到店消费,短时间内就获得了很多盈利。腾讯《王者荣耀》团队,为制作"遇见飞天"的皮肤,多次前往敦煌莫高窟观摩、校稿,最终展现的皮肤完美地还原了原作的精髓,在肢体比例、服饰、仪态、颜色等各方面,都受到了大众的一致认可。《王者荣耀》中"遇见飞天"皮肤见图4-1。

图4-1 《王者荣耀》中"遇见飞天"皮肤

（2）开启"游戏＋社交"的探索。开发游戏社交 App，从社交、游戏两个方向同步探索元宇宙。从零开始、独立成军的阵势，可以看出腾讯对游戏融合社交的重视。姚晓光上任腾讯副总裁后推出的首款重磅产品"超级 QQ 秀"，整合了 QQ 的流量与社交链、腾讯视频的内容、天美的 IP 等，是目前 IEG 内部资源堆积最多的产品之一，也被认为是腾讯针对元宇宙推出的一款试水产品。2022 年五一假期，共青团中央和超级 QQ 秀联袂打造了《青春正当时，闪耀新时代》，在年轻群体中反响非常不错。新项目 ZPLAN 将主打"游戏＋社交"方向，旨在打造一个庞大的开放式虚拟世界，未来可能会面向多领域的内容创作者开放合作渠道。

（3）腾讯云是新基建的"基建"。腾讯云是全球 IaaS 市场增长最快的云计算厂商之一。2020 年腾讯云推出了智慧城市底层平台，这是腾讯迈入"全真互联网"时代的标志。据 IDC 发布的 2021 年第一季度中国公有云市场数据，腾讯云市场份额在国内排名第二，目前已服务国内超过 90% 的音视频公司、超过 80% 的头部游戏公司及绝大多数电商平台。腾讯全网服务器总量已经超过 100 万台，是中国首家服务器总量超过百万的公司，也是全球五家服务器数量过百万的公司之一。在新基建背景下，腾讯云持续加大在数据中心领域的布局和投入，推动数据中心产业进入高质量发展阶段，腾讯数据中心全系列产品将在全国范围内大批量落地。腾讯云将持续输出更加优质的数据中心产品及解决方案，助推新基建进程快速向前迈进，做新基建的"基建"。

（4）打造云游戏全系生态。腾讯在后端基建上也不遗余力，通过打造全周期云游戏行业解决方案，为用户提供全链路云游戏平台与生态。腾讯云游戏以腾讯云为依托，在云游戏技术开发基础之上，引入第一方、第三方游戏内容，借助应用宝、WeGame 等渠道，建立云游戏平台与云游戏解决方案的双重路径。腾讯重点推出过 4 个云游戏相关项目，即 START、TEN CENTGAME MATRIX、腾讯即玩、腾讯云·云游戏等，均获得了不错的玩家口碑与业务数据。

3. 外部通过资本运作，积极投资元宇宙公司

2012 年，腾讯以 3.3 亿美元收购 Epic Games 48.4% 的股权。Epic Games 旗下的 Unreal Engine 被视为打造虚拟世界所必需的顶级引擎，是开放且可扩展的平台，通过一条统一的内容管线，开发者就可以将自己的内容发布到所有主流平台。此外，腾讯还投资了 Roblox、Studio 等多家公司，丰富其在 OVB

的整体布局。2021 年，腾讯又投资了两家 VR/AR 企业——威魔纪元和元象唯思。2022 年 1 月，腾讯又以 26 亿元价格收购黑鲨手机，未来主要投入 VR 设备研发，腾讯迷你创新主要业务见图 4-2。

图 4-2　腾讯迷你创新主要业务

4. 腾讯新增大量 VR 岗位，投资 AR 智能眼镜公司

腾讯在公司内部启动 AR/VR 岗位转岗招聘。据 VR 陀螺报道，腾讯于 2 月中旬推出全新 XR 业务，并在公司内部开启跨部门调岗。腾讯表示 XR 业务是公司为应对全真互联网而大力建设的新业务，目标打造硬科技团队。该业务重点布局全链路的 XR 生态，包括硬件端的 XR 设备、软件端的感知交互技术以及内容及行业端的内容与开发者生态。

腾讯投资小米生态链 AR 智能眼镜公司蜂巢科技。据企查查显示，AR 眼镜厂商北京蜂巢科技于 2 月 24 日发生工商信息变更，新增股东广西腾讯创业投资合伙企业，腾讯认缴 14.7 万元人民币（注册资本 200 万人民币），持股 7.326%。蜂巢科技由小米生态链副总裁夏勇峰成立，是一家小米生态链企业，蜂巢科技拥有丰富的手机产品和智能硬件研发经验，已在硬件、软件、系统及专利方面大量布局，且首款 AR 智能眼镜产品已进入中后期研发阶段。

5. 腾讯在元宇宙的规划

腾讯将元宇宙视作下一个增长引擎。元宇宙策略是软件而非硬件驱动，因为只有软件才能带来更好的用户体验。腾讯拥有大量且丰富的探索及开发元宇宙的技术与能力，在游戏、社交媒体以及人工智能相关领域都有丰富的经验。此外，元宇宙最具吸引力的一点就是用户体验，为了让客户参与到虚拟世界的研发建设中，打造良好的社区氛围，是至关重要的，而腾讯已经有相关的功能性产品如 UGC、PGC 工具、社区服务器等。同时，有关报告显示，

2022—2023财年腾讯将在游戏板块加大虚拟现实产品研发投入,提供更高参与度、用户体验更好的产品。在"资本+流量"战略的指引下,腾讯专注于收购而非自然创新以全面布局元宇宙,借助资本及流量优势进行资本与流量配置,专注于打造生态系统以抓住下一拨增长机会,企鹅投资而非全资购买,顺应元宇宙的非中心化趋势,将机遇与风险分散在平台和内容创作者之间而非打造一个中心化平台,是掌握元宇宙机会的高效路径。

4.3 字节跳动元宇宙布局

字节跳动旗下产品矩阵包括今日头条、抖音(TikTok)、西瓜视频、Faceu、飞书、图虫等,其代表的短视频内容崛起势头迅猛,对原有流媒体内容形态、图文交互互动方式形成降维打击,业务覆盖全球超150个国家和地区,月活用户高达数十亿,流量全球化优势突出。字节跳动作为一家依靠算法的内容分发企业,变现维度之外各流量生态协同效率较低,在流量触顶的大环境下,难以保证已有业务的稳步增长。因此,字节跳动要想跳脱算法分发构成的业务壁垒,必须找到可替代技术内核的新技术,而VR作为硬件入口,是最佳选择之一。于是字节跳动从硬件及操作系统(收购Pico)、底层架构(投资代码乾坤、维境视讯)、内容与场景(短视频、游戏、VR社交)这三大组件发力布局元宇宙。字节跳动的核心优势在于算法推荐技术和抖音(TikTok)全球化分发渠道,加入VR硬件支持后,建立了所有业务的连接,完成了体系的整合与一体化。

4.3.1 交互硬件:VR领域布局

AR硬件:投资微纳半导体材料开发团队光舟半导体。光舟半导体聚焦于衍射光学和半导体微纳加工技术,设计并量产了AR显示光芯片及模组,旗下还拥有半导体AR眼镜硬件产品。

VR硬件:收购国内VR厂商领头羊Pico公司,根据IDC发布的2020年第四季度中国AR/VR市场跟踪报告,Pico所占中国VR市场份额位居第一,其中第四季度市场份额高达37.8%。Pico拥有完善的产品矩阵,能够满足玩家居家观影、移动娱乐和VR在线社交的多样化需求,以及提供教育、模拟仿真、展览展示、云游戏、远程办公等生产场景,见图4-3。

图 4-3　Pico 公司 VR 产品

芯片和半导体：除沉浸式设备外，字节跳动近两年也密集入局芯片及半导体产业，布局元宇宙硬件的关键模块。

投资企业及项目包括：创企睿思芯科，特定产品和需求的独特芯片；云脉芯联，面向云原生的数据中心网络基础设施；润石科技芯片设计公司。

4.3.2　底层架构：投资布局3D和VR内容创作引擎

（1）3D 引擎：自研物理引擎的 UGC 游戏创作平台。2021 年字节跳动投资代码乾坤，代码乾坤拥有自主研发的互动物理引擎技术系统及基于此开发的 UGC 平台，由物理引擎编辑器（PC）、游戏作品分享社区（App）两个部分组成。"重启世界"编辑器是一个永久免费且具备强大3D物理引擎功能的设计平台，允许普通玩家以所见即所得的编辑模式，使用符合现实物理世界规则的"简单思维"进行创作。"重启世界"App 中，玩家设计出的内容可以发布在互动平台，供其他玩家观赏与游戏，在互动平台上，还允许玩家同一个角色通用，即可用一个身份进入到所有已上线的产品中游戏，支持用户自由创作模型、物理交互效果和玩法，组成游戏作品，并将自创的玩法、模型素材和成品游戏在"重启世界"社区或商店发布，供其他开发者或玩家使用。从某种程度上来讲，这与元宇宙概念股公司 Roblox 十分近似。

（2）VR 技术：收购 VR 直播端到端方案提供商维境视讯，该公司致力研发 VR 视频采集、拼接、编码及传输软硬件解决方案。

（3）视觉计算：投资 AI 芯片设计公司希姆计算，希姆计算致力于研发以 RISC-V 指令集架构为基础的人工智能领域专用架构处理器（DSA Processor），自主研发的 Neural Scale NPC 核心架构是世界领先的、以 RISC-V 指令集为基础进行扩展、面向神经网络领域的专用计算核心，具有世界领先水平的能效比和极致的可编程性，能够满足云端多样化的人工智能算法与应用的需求。投资 GPU 芯片设计独角兽企业摩尔线程，摩尔线程致力于构建中国视觉计算及人工智能领域计算平台。

4.3.3 内容与场景：产品矩阵构筑全球化流量优势，持续加码游戏及文娱内容

1. 游戏内容

Ohayoo、朝夕光年和 Pixmain 三大自有游戏平台，从休闲游戏切入布局游戏领域，Ohayoo 在休闲游戏领域已成为头部厂牌。中、重度游戏研发成果以朝夕光年为主体进行发行，Pixmain 则是字节跳动针对独立游戏而创建的发行平台。字节跳动密集收购海外市场具备优势的游戏公司，借助 TikTok 的全球化优势积极开拓海外游戏市场。入股麦博游戏（MYBO）。麦博游戏专注于休闲手游开发，主攻欧美市场，旗下游戏多次获得苹果和 Google 全球推荐。收购北京止于至善科技公司，该公司全资子公司有爱互娱的代表产品有《红警 OL》手游和长居日本畅销榜头部的《放置少女》。在 App Annie 2021 年 9 月的出海厂商榜单上，有爱互娱位于第 18 名。入股《仙境传说 RO：新世代的诞生》的开发商盖姆艾尔，该游戏自 2020 年 10 月在中国港澳台地区上线后，持续一个月排名当地畅销榜、下载榜第一。收购《无尽对决》开发商沐瞳科技，《无尽对决》是一款在线战术竞技类（MOBA）手机游戏。该游戏于 2016 年 7 月 14 日在安卓平台全球发布，2016 年 11 月 9 日在 iOS 平台发布。

2. 文娱内容

抢占内容产业链的上游 IP 版权，完善内容产业链。

IP 版权：从内容布局的角度来看，字节跳动频频推出网文产品，投资数字阅读公司，可以视为抢占内容产业链的上游——掌控 IP 版权；而下游则涉及 IP 授权、改编及影视制作，结合字节跳动在文娱领域的相关动作看，其目标为完善整个内容产业链。吾里文化集内容创作、IP 开发、影视、游戏、动漫、新媒体娱乐等多板块业务布局于一体。字节跳动通过入股吾里文化进入免费阅读市场。同时入股秀闻科技、鼎甜文化、九库文学网等多家中腰部网文平台。秀闻科技旗下磨铁集团在出版、影视领域有过多个成功的 IP 孵化案例，包括小说《明朝那些事儿》《诛仙》《盗墓笔记》以及电影《少年的你》。鼎甜文化 IP 资源储备丰富，业务范围涵盖有声剧、漫画、影视等多个领域。九库文学网曾与毒舌电影合作拍摄电影。

网文平台：投资数字阅读平台掌阅科技。掌阅科技是国内仅次于阅文的第二大网文平台，旗下主要业务包括掌阅 App、掌阅文学、掌阅精选、掌阅课

外书、掌阅iReader国际版、掌阅公版、掌阅有声、iReader电子书阅读器等。通过投资掌阅科技，字节跳动在数字阅读领域已可以与腾讯分庭抗礼。字节跳动较为激进，为补足"社交"基因，采用了收购、自研的All In打法。从社交到游戏再到VR，腾讯与字节跳动的交战愈加频繁。在社交领域，字节跳动的尝试一直都未停歇，从多闪到飞聊再到当下的Pixsoul。在游戏领域，2018年起字节跳动就已经展现出掘金游戏的野心，全面进军休闲游戏、中重度游戏甚至是独立游戏。在VR领域，腾讯与字节跳动均展现过对Pico的收购或投资意向。字节跳动作为一个依靠算法的内容分发企业，各流量生态协同效率较低，在流量触顶的大环境下无法保证已有业务的稳步增长。因此，字节跳动要想跳脱算法分发构成的业务壁垒，必须找到可替代技术内核的新技术，而VR背后的元宇宙是最佳选择之一。

4.3.4 字节跳动调高PicoVR 2022年销售目标

据VR陀螺报道，由于Pico的营销效果远超预期，字节跳动已调高原定的2022年PicoVR销售目标，从100万台增加到约180万台。销售渠道方面，线上包括电商平台、直播电商，线下包括官方直营店、第三方经销商、自助VR机等，Pico正依托字节跳动，在内容与硬件方面大力布局。字节跳动宣布与高通共建XR生态，Pico设备将采用高通开发者平台。在MWC 2022大会中，高通总裁Cristiano Amon宣布与Pico及其母公司字节跳动建立重要伙伴关系，就硬件设备、软件平台和开发者工具开发方面进行合作。Pico未来的XR产品将采用高通的开发平台骁龙Spaces，骁龙Spaces通过直接面向客户的方式来支持开发者构建沉浸式XR设备应用，并允许终端用户借助现有的、覆盖全球的智能手机数字分销商店进行访问。Pico能够通过骁龙Spaces开发平台释放空间计算力和元宇宙创作潜力。

4.4 百度元宇宙布局

百度于2000年1月创立，历经约20年的发展，已经由单一搜索引擎服务商成功转型为内容生态与人工智能融合的互联网公司。百度的发展可以简单归纳总结为三个阶段：第一阶段为2000年至2009年，百度凭借搜索引擎掌握PC端流量入口，成为第一代中国互联网巨头之一；第二阶段为2010年至 2015 年，移动互联网开始高速发展，百度由于战略决策失误错失了移动互联网发展的黄金期，导致在移动互联网时代逐渐掉队；第三阶段为 2016 年之后，百度对 AI、智能云、自动驾驶等新科技领域进行重点布局，打造未来新的业务增长点。

经过多年发展，百度智能云已经开放 250 多项 AI 能力，服务 190 多万名开发者，日均调用量突破 1 万亿次。目前，传统搜索业务仍然占据核心地位，自动驾驶和 AI 业务增长迅速，有望成为公司新的增长引擎。百度在元宇宙硬件方面聚焦 VR 领域，主要布局百度 VR 和爱奇艺两个硬件入口。

百度 VR 是百度进入元宇宙的第一入口，是元宇宙构建的重要承载者。AI 技术将成为元宇宙最重要的基础设施，为元宇宙 VR 产业带来无限可能。百度在其中的价值为可以提供平台型服务，服务好开发者，做好基础性、长期性的基建。

从布局的动作看，百度 VR 并非为用户提供虚拟的消费场景，而是侧重于 B 端，帮助企业端产业数字化升级，具体包括 VR 营销解决方案、VR 云展会解决方案、VR 教育解决方案等，这在一定程度上避免了百度直接接触大量终端用户带来的运营困扰，采用差异化的布局思维把握 B 端用户元宇宙的入口。

百度的另一硬件入口爱奇艺，主要面向消费者提供影音和游戏等娱乐体验，仍然保持原有的视频影音服务优势，并根据行业的变化推出自身的 VR 设备。

百度通过两个硬件入口的巧妙布局，既发挥了核心优势，又掌握了 B 端和 C 端的需求和入口。

4.4.1 人工智能："AI+云"相辅相成，助力百度成为元宇宙底层架构重要参与方

搜索对 AI 的要求很高，因此相对于阿里、腾讯，百度很早就开始布局 AI，现已经形成完整的 AI 生态。

2010 年以前，百度技术迭代升级主要围绕搜索业务来开展。2010—2015 年，百度先后成立多个核心 AI 部门，继续加码 AI 布局，逐步加大自然语言处理、机器翻译、语音处理、图像处理、知识图谱、机器学习等 AI 技术研发；2016 年百度大脑发布，并对外开放 AI 核心技术，不断赋能各个产业；2016 年百度还推出飞桨深度学习平台，赋能自身移动生态，提高搜索效率和 feed 流分发效率。2018—2021 年，百度通过组织架构升级及战略升级，不断推动"云 +AI"战略，

推动百度智能云实现"云智一体",释放飞桨深度学习平台算法优势以及昆仑芯片的算力优势。目前百度已经形成了全方位的人工智能生态体系,以百度大脑为底层技术核心引擎,全方位联动 Paddle Paddle 飞桨深度学习平台、百度昆仑芯片、Duer OS 平台与智能硬件,不断深化 AI 技术在 B 端客户侧的商业化,并通过 AI 赋能云服务,以百度智能云为载体,加速 AI 在各行业的商业化。百度 AI 生态见图 4-4。

图 4-4　百度 AI 生态

（1）在算法方面：百度旗下的飞桨（PaddlePaddle）深度学习平台是被最广泛使用的三大 AI 开源平台,而飞桨平台是市场三强中唯一国产品牌。根据 2021 百度世界大会公布的数据,截至 2021 年 8 月,飞桨的开发者数量累计达到 360 万人,开发了 40 万个 AI 模型,累计服务 13 万家企事业单位,覆盖工业、农业、医疗、城市管理、交通、金融等众多领域。

（2）在芯片方面：2018 年百度正式推出昆仑芯片,并于 2019 年下半年成功流片,2020 年年初实现了量产；2021 年 8 月,百度宣布昆仑第二代芯片也成功实现量产。昆仑芯片具备高性能、低成本优势,可赋能多个业务场景,助力百度多个业务协同发展,例如 Apollo 自动驾驶开放平台、Duer OS、百度智能云等。

（3）在平台层面：百度大脑以昆仑芯片为硬件,以飞桨为开源框架,以智能云为发动"燃料",使其成为底层支柱；通过整合内部技术能力向外提供开箱即用的 NLP、语音识别、计算机视觉、知识图谱的算法能力,合作伙伴可以简易快速地在自有场景适配落地创造价值。

(4) 在应用场景方面：百度大脑在提升搜索等前端业务效率的同时，重点支持 Apollo、Duer OS、智能云三大平台，它们分别代表着百度在智能驾驶、物联网以及其他企业应用场景方向的布局。

2023 年 3 月 16 日，百度推出了文心一言，是国内推出最早的人工智能大语言模型，并于 3 月 27 日通过百度智能云对外提供服务，成为国内首个落地应用的大模型。文心一言的发布和开放是我国人工智能领域的一次重大突破和创新。

文心一言具备深度语义理解与生成能力，可以跨模态、跨语言地与人进行对话互动，帮助人们快速获取信息、知识和灵感。文心一言是基于百度飞桨深度学习平台和文心知识增强大模型持续从海量数据和大规模知识中融合学习的结果，它集成了百度在自然语言处理、知识图谱、机器学习等领域的最新成果和优势，展现了百度人工智能技术的领先水平和实力。

基于文心一言等百度大模型技术，中国国家跳水队 AI 辅助训练系统全面升级。国家图书馆利用文心大模型学习古代方志与家谱数据，帮助全球华人获取更多寻根线索。大模型也让全无人自动驾驶真正落地。目前，百度自动驾驶出行服务平台萝卜快跑累计提供服务超过 400 万次，是全球最大的自动驾驶出行服务商。

4.4.2　重点布局教育等B端场景，上线"希壤"共建虚拟空间

百度从 2016 年开始布局 VR，当年就推出了 Web VR 技术解决方案和囊括 VR 内容资源的百度 VR 浏览器等，敲开 VR 技术产业的大门。经过两年的试错与迭代，2018 年世界 VR 产业大会上，百度发布了全新的 B 端 Slogan："开视界，创未来"，百度调整 VR 战略重心在教育、实训、营销等几个大的垂直领域，同时打造 VR 生态闭环。2019 年百度 VR 进一步拓展落地场景，在 2019 年世界 VR 产业大会上，百度推出 VR 营销平台"蓬莱"，面向汽车、珠宝、家居等行业，围绕 3D 环物营销场景，帮助客户快速、低成本实现商品 VR 内容的制作。

百度 VR 致力于提供综合解决方案，兼顾软硬生态。百度 VR 重点从三个方面完善生态布局：①依托百度大脑等底层技术积累，面向开发者提供 VRsuite 开发者套件，降低开发者的 VR 内容制作门槛，提高内容制作质量；②提供针对场景定制的 VR 一体机以及智拍系列硬件；③开放生态合作，建立

内容、硬件、技术、渠道等全方位合作模式。截至目前，百度 VR 曾与人民日报社合作打造了"复兴大道 100 号"线上 VR 场馆，并能够为汽车、地产、电商等行业提供 VR 内容采集编辑的一站式服务方案。

2020 年 10 月和 2021 年 10 月，百度先后推出百度 VR 产业化平台 1.0 和 2.0，为元宇宙行业的发展提供平台型服务，并进一步推动百度 VR 在会展、教育、营销等多个行业场景中的应用。百度副总裁马杰表示，整套 VR 2.0 产业化解决方案，融合了百度在 AI 领域的领先技术，百度期待这些开源的技术可以更大限度地应用于元宇宙。基于百度大脑的 VR 2.0 产业化平台见图 4-5。

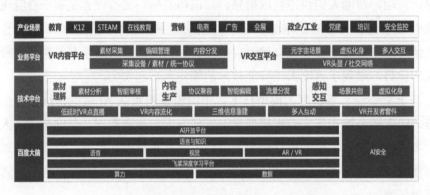

图 4-5　基于百度大脑的 VR 2.0 产业化平台

2021 年 11 月，百度在苹果 App Store 和安卓应用商店上线了一款名为"希壤"的社交 App，被称为国内首款元宇宙应用。百度为"希壤"规划的应用场景包括教育、展会、营销、实训、产业园五种。目前开放的场景有"冯唐艺术层""百度世界大会"对应展会、营销两个应用场景。"希壤"已经登上百度 VR 的官网，旨在打造一个"以技术为基础，以开放为理念，同客户、开发者、用户一起，打造一个身份认同、经济繁荣、跨越虚拟与现实、永久续存的多人活动虚拟世界"，提供智能互动、身临其境、万人同在、开放共创等四大功能。

4.5　网易：MMORPG 与虚拟人技术突出

广州网易计算机系统有限公司由丁磊于 1997 年成立，2000 年在美国 NASDAQ 股票交易所挂牌上市，是中国主要的互联网企业之一，也是中国第二大游戏公司。网易经过长期的技术积累，已在 VR、AR、人工智能、引擎、云游戏、区块链等元宇宙相关领域拥有领先的技术储备，具备探索和开发元宇宙的技术和能力。在 2021 年第三季度财报电话会议上，丁磊也回应了投资人关于网易在元宇宙储备的话题，丁磊表示，在技术和规则层面网易已经做好了准备，懂得怎么去做规则的设计，怎么去做技术的储备。所以不用担心当元宇宙世界降临的那一天，网易没有准备，而可能是枪一响网易比谁跑得都快。目前，网易已有虚拟人、星球区块链、瑶台沉浸式活动系统等元宇宙概念产品落地，并投资多家虚拟人领域创新公司，推动从前端研发到终端商业场景应用进行全链路探索，构建 AR 软、硬一体生态。

1. AR 内容创作

网易洞见是一个 AR 内容创作管理平台，支持多种增强现实场景，通过内容生态体系与平台能力，带来全新 AR 体验。通过开放式平台架构，支持各行业企业应用场景，开发者在应用内接入洞见 SDK 后，可以快速创建 AR 内容，并在应用内进行分发。同时依托 PaaS 云平台，为企业客户提供专业内容管理服务。网易在 VR/AR 硬件及操作系统的布局主要集中在围绕消费级 AR 眼镜（Holo Kit）的软硬件一体化的闭环生态以及赋能 B 端多场景的网易洞见、网易影见。但 Holo Kit 自 2018 年首次发布后进展一直平平，截至目前，尚未看到严选上线 Holo Kit AR 眼镜。作为补充，网易先后投资 9 家与 VR 技术相关的公司，比如 VR 流媒体直播公司 Next VR、VR 设备厂商 Axon VR 等。相反，网易洞见、网易影见发展态势良好，目前在文旅空间、商业空间、展示展陈、数字营销、智慧教育、智慧工业等领域均有广泛应用。网易文旅空间应用见图 4-6。

图 4-6　网易文旅空间应用

2. AR 硬件：网易影见

网易影见是一款增强现实（AR）互动投影仪，可将虚拟信息投射至现实空间并与物理世界进行交互。通过平面点击、空中手势、物体交互等互动方式搭载生动的内容,赋能儿童教育、数字展陈等领域,提供数字化、多元性的行业解决方案。

3. 伏羲人工智能:赋能游戏与泛娱乐领域

网易伏羲人工智能实验室成立于2017年,是国内专业从事游戏与泛娱乐AI研究和应用的顶尖机构。其通过人工智能技术在游戏、文娱、文旅等产业中的应用,全面释放创作者的生产力,革新用户体验,丰富每个人的精神世界。目前该实验室的主推产品包括:伏魔AI反外挂、AI竞技机器人、有灵虚拟人。

(1)伏魔AI反外挂:基于行为数据与深度学习的一套智能外挂检测方案,提供差异化防控策略,精准打击外挂,呈现完整证据体系,改善游戏体验,提升收入与活跃度,助力精细化外挂治理。目前在《逆水寒》《永劫无间》《战意》等游戏都有落地,主要功能如下。

- 精准打击:提供实时检测、离线检测、单体检测、群体检测等多种检测方案,支持差异化防控策略,精准打击外挂,助力精细化运营。
- 完善证据体系:提供完善的证据体系,从个体维度、群体维度有效展示外挂特征,轻松应对查证需求。
- 专业分析工具:提供各类数据专属分析工具,帮助了解外挂行为,支持游戏策略调整,让外挂尽在掌控之中。

(2)AI竞技机器人:基于强化学习等技术,定制更加真实智能的游戏机器人,优化竞技体验。竞技机器人水平高超、难度可控、风格多样,可满足不同场景、不同玩家的需求。其拥有动作类、体育类、卡牌类、休闲类等游戏的机器人场景能力,特别是在MMO、SPG游戏领域具备行业领先优势。支持云端、客户端多种形态部署,性能稳定,低延时,经过海内外多款线上游戏数年验证,满足上百万玩家调用。支持基于游戏场景和客户需求的定制化开发,针对各类玩法机制,提供从方案设计到部署上线的全流程服务。AI竞技机器人主要应用场景如下。

- 匹配陪玩:在PVP玩法中提供实力相当的AI竞技机器人作为对手,提升匹配成功率;在福利局中提供有一定水平的对手陪玩,减少玩家挫败感。
- 托管:在PVP/PVE玩法中托管玩家角色进行战斗,减轻玩家负担。

（3）有灵虚拟人：提供虚拟人形象定制、驱动、互动娱乐等虚拟交互服务，帮助企业客户快速打造专属虚拟人应用。产品具有美术表现佳、接入成本低、服务多样化等特色。有灵虚拟人方案架构见图4-7。目前在数字服务、娱乐社交、游戏动画场景都有应用。主要提供以下几个功能。

- 量身定制外观形象：由网易游戏资深美术团队、伏羲AI算法团队支持，量身打造专属虚拟形象，类型涵盖3D、真人影像等。

- 智能驱动虚拟角色：真人影像合成（输入语音或文字，合成真人形象的口型表情、动作手势）、3D动画合成（输入语音或文字，合成3D形象的口型表情、动作手势）、3D实时动作捕捉（通过摄像头或视频输入，捕捉用户口型表情、动作手势，并还原到虚拟角色上）、虚拟角色语音合成。

- 支持娱乐互动玩法：音乐舞蹈互动（输入音乐，即可合成虚拟角色舞蹈表演动画，舞蹈风格多样可选）、文字游戏互动（支持成语接龙、对对联、智能写诗等多种AI互动游戏）。

- 多种渲染方案可选：支持Unity、WebGL、云游戏等多种渲染方案，可以支持Windows、安卓、iOS、Web、小程序等多个系统平台。

图4-7　有灵虚拟人方案架构

目前，网易伏羲打造的虚拟游戏角色、虚拟教师、虚拟导游、虚拟诗人、虚拟品牌代言人、虚拟偶像等已经实现跨行业、多场景的应用。网易伏羲的虚拟数字人技术率先应用于《逆水寒》《天谕》《新倩女幽魂》等知名游戏的剧情动画场景制作中，凭借更高的效率、更低的成本，让游戏中更多的虚拟角色具备丰富的肢体动作和精细的面部表情，给玩家带来更沉浸的游戏体验。

2020年11月，以《逆水寒》重要流派"素问"为原型，网易伏羲在杭州中国丝绸城批量落地交互性强、表现形式丰富的虚拟数字人，通过虚拟讲解员、虚拟诗人、虚拟舞者等传播丝绸文化，吸引大批杭州市民和游客前往打卡。

另外，网易通过投资进一步布局虚拟人生态。2021年10月25日，网易投资了专注于虚拟人生态的公司次世文化。次世文化打造了许多的虚拟形象，包括迪丽热巴的虚拟形象迪丽冷巴、黄子韬的虚拟形象韬斯曼以及欧阳娜娜虚拟乐队NAND。除了次世文化，网易还投资了其他虚拟人业务的相关公司，例如虚拟形象技术公司Genies、虚拟社交平台Imvu、专门打造虚拟交互式演唱会的美国直播公司Maestro、北京红棉小冰科技有限公司。

4. 伏羲通宝：链接不同游戏，实现虚拟资产互通

伏羲通宝是基于区块链智能合约生成的创新性游戏内物品，伏羲通宝具有可以分布式存储于不同游戏中的特点，首次可以打破同一游戏不同服务器间的隔阂，甚至可以打通不同游戏世界间的壁垒。伏羲通宝作为一个不可篡改、不可伪造的游戏道具，可以作为一般等价物在不同服务器和游戏之间进行游戏虚拟资产流通。这是游戏世界虚拟资产产权史上一次具有跨越意义的确权，从此游戏玩家们在游戏世界中的虚拟资产可以得到真正意义上的终极保值。

目前伏羲通宝已经接入了网易旗舰级武侠游戏《逆水寒》、国民级玄幻游戏《新倩女幽魂》、真硬核动作手游《流星蝴蝶剑》、大型无束缚3D幻想大作《天谕》，未来还将接入更多不同形态的游戏。网易希望能通过推广伏羲通宝，建立起一个行业统一的游戏虚拟资产管理标准，并且改变未来游戏研发的分工协作模式，伏羲通宝未来将成为一个标准化的接口模块，未来的游戏开发者只需要选择接入伏羲通宝，就可以省去游戏开发过程中关于这一模块的重复劳动。同时伏羲通宝对玩家而言，也意味着自己在游戏世界的任何投入和付出，都能通过伏羲通宝得到保值与转移，真正为玩家带来一枚打开未来游戏世界之门的钥匙。

4.6 华为元宇宙布局

华为技术有限公司创立于1987年，是全球领先的ICT（信息与通信）基础设施和智能终端提供商。目前华为约有19.5万员工，业务遍及170多个国家和地区，服务全球30多亿人口。华为与运营商、合作伙伴一起，累计签署

超过3000个5G行业应用商用合同。根据第三方测试报告显示，在瑞士、德国、芬兰、荷兰、韩国、沙特阿拉伯等13个国家，华为承建的5G网络，用户体验均为最佳。华为本身是由通信技术起家的公司，5G可以说是华为的看家本领。因此，华为也积极布局了元宇宙的后端基建。华为具备"网络+芯片+终端"的端到端能力。端到端能力是指华为的5G产品与技术已经实现了从无线接入、网络基础设施到终端设备的能力。

（1）在芯片方面，华为发布了多款5G相关的芯片来为5G提供技术支持。例如全球首款5G基站核心芯片华为天罡，由包括多频段、多制式在内的极简5G凝结而成；华为的5G终端芯片巴龙5000，是一款集成度较高的5G终端芯片，实现了单芯片多模的能力，能够提供从2G到5G的支持。

（2）推出VR设备。2019年9月，华为正式发布华为VR Glass。VR Glass机身厚度仅26.6mm，重量仅为166g，具备3200×1600像素的分辨率、90°视场角，且支持3.5mm有线耳机和蓝牙耳机。2021年9月，华为推出了旗下首款旗舰一体机Mate Station X。Mate Station X标配智慧无线键鼠配件。Mate Station X支持开箱自动连接，在键盘上还加入了便捷的智慧按键，按下键盘指纹电源键便可实现一键指纹开机、解锁；一键唤起智慧语音功能，实现会议语音转文字记录，AI字幕翻译外文课等功能。2021年11月，华为正式推出华为VR Glass 6DoF游戏套装。

（3）布局操作系统。鸿蒙（Harmony OS）是华为于2012年开发的一款可兼容Android应用程序的跨平台分布式操作系统。系统性能包括利用分布式技术将各款设备融合成一个超级终端，便于操作和共享各设备资源。系统架构支持多内核，包括Linux内核、Lite OS和鸿蒙微内核，可按各种智慧设备选择所需内核，例如在低功耗设备上使用Lite OS内核。2019年8月华为发布首款搭载鸿蒙操作系统的产品"荣耀智慧屏"，之后于2021年6月发布搭载鸿蒙操作系统的智能手机、平板电脑和智能手表。

（4）建立元宇宙园区。2022年1月11日，华为和北京首钢园的合作项目"首钢园元宇宙"正式上线。用户只需要打开华为AR地图即可体验"首钢园元宇宙"。现实中的首钢园废旧工厂在华为AR能力的加持下和虚拟世界融合，呈现出了工业朋克的科幻景象。用户进入"首钢园元宇宙"之后，可以欣赏虚拟墨甲机器人乐队演出和炫酷闪耀的虚拟灯光秀，置身"秀池缤纷世界"，在炫彩灯带条环绕的三高炉和漫天星云中体验元宇宙。

4.7 爱奇艺元宇宙布局

据爱奇艺商店与官网，奇遇 VR 游戏内容走精品路线，已发布近 50 款游戏，未来将以每月 3～5 款的上线速度持续扩充内容池。通过"集中采购＋定制开发＋移植补贴"三大主力内容合作模式，目前奇遇 VR 已与国内外百余家知名游戏开发商建立联系及确定合作关系，近期上线更新游戏覆盖益智、休闲、剧情等多种类型；由 Space Plunge 开发的 VR 虚拟现实美术馆游戏《画境》（*Art Plunge*）于 2022 年 3 月 4 日正式上线平台，用户可在游戏中领略世界顶级艺术；3A 级 VR 大作 *After the Fall* 亦将携手奇遇 VR 在亚洲首发；VR 游戏《码头街机厅》和烹饪 VR 游戏《鲤鱼饼大作战》（*Lucky Fish Bread*）也已上线奇遇 VR。

2022 年 3 月 4 日，爱奇艺奇遇 Dream 尊享版正式发售。尊享版搭载高通骁龙 XR2 芯片，内存为 8GB+256GB，在确保系统运行流畅的同时，满足用户对存储空间的需求。在交互方面，尊享版沿用奇遇自研的"追光"CV（计算机视觉）头手 6DoF VR 交互方案，可实现头部和手部双 6DoF 空间体感定位，手柄定位精度可达毫米级别。

爱奇艺还布局了虚拟人和 VR 内容生态。爱奇艺拥有大量视频版权，也是国内最早布局 VR 生态的长视频内容公司，2016 年 12 月成立了爱奇艺智能，专注于虚拟现实（VR）技术、产品与内容研发，爱奇艺智能围绕 VR 技术、硬件、内容展开全面布局，目标是成为中国 VR 娱乐生态的开创者和引领者，推出奇遇系列 VR 一体机，从内容到终端全程定制 iQUT 未来影院、全球首个"5G+8K+VR"直播、国内首发 CV 头手 6DoFVR 交互技术等多项业界第一。奇遇 VR 影视内容资源丰富，同时平台也在大力引入精品游戏。一方面奇遇系列 VR 依托爱奇艺强大的影视内容库，能够提供行业内最全面最新鲜的影视内容，并能够为用户提供行业内领先的观影体验；另一方面，奇遇 VR 开始积极推动引入精品游戏内容。

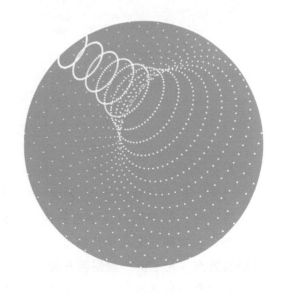

第 5 章
各地政府布局元宇宙

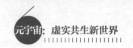

　　"元宇宙"概念爆火之后，各国政府、企业也开始争相布局元宇宙，其中，中、美、日、韩等国对元宇宙的探索较为积极。2023年9月，工业和信息化部、教育部、文化和旅游部、国务院国资委、国家广播电视总局办公厅联合发布《元宇宙产业创新发展三年行动计划（2023—2025年）》按照长远布局和分步落地思路，从近期和远期两个层面对元宇宙产业链做了系统谋划和战略部署。上海、浙江、河南、北京、广东、四川、山东等各地纷纷布局元宇宙。

5.1　上海元宇宙布局

5.1.1　元宇宙列入上海发展规划

　　2021年12月21日召开的上海市委经济工作会议指出，要"引导企业加紧研究未来虚拟世界与现实社会相交互的重要平台，适时布局切入"。2021年年底发布的《上海市电子信息产业发展"十四五"规划》（简称《规划》）中明确提出：加强元宇宙底层核心技术基础能力的前瞻研发，推进深化感知交互的新型终端研制和系统化的虚拟内容建设，探索行业应用。新一代信息技术融合应用，围绕"人工智能+大数据"、"云计算+边缘计算"、"5G+扩展现实"、"区块链+量子技术"、云边端协同、"数字孪生+数据中台"等方面，推进技术协同攻关、标准规范制定和平台建设、应用创新等。《规划》在前沿新兴领域提及了第三代半导体、6G、量子计算、元宇宙、新一代信息技术与新一代安全技术。《规划》还鼓励元宇宙在公共服务、商务办公、社交娱乐、工业制造、安全生产、电子游戏等领域的应用。

2022年上海市在政府工作报告中提出：加快经济数字化。支持数字技术创新，促进数字经济和实体经济融合发展。推动重点领域数字产业发展，提升基础软件、工业软件、安全软件等供给能力，建设一批大数据、区块链等开放服务平台，加快培育一批在线新经济龙头企业，启动建设虹桥在线新经济生态园。

5.1.2　元宇宙相关产业基础雄厚

2016—2020年，上海电子信息产品制造业整体实现稳步增长，产业投资年均增速达28.5%，软件和信息服务业快速发展，经营收入年均增长12.7%，其中互联网信息服务业经营收入较"十二五"期末增长244.4%。集成电路、智能传感器两个国家级制造业创新中心落户上海，部分领域形成国际竞争力。集成电路14纳米先进工艺实现规模量产，5纳米刻蚀机、12英寸大硅片、CPU、5G芯片等技术产品打破垄断，有机发光显示技术、新能源与智能网联汽车关键技术等完善技术布局、形成特色优势；线上线下融合服务发展水平领先全国，国内市场占有率表现突出，其中本地生活服务领域超70%、网络文学领域超90%；电子信息制造领域，布局建设张江上海集成电路设计产业园、上海智能传感器产业园、临港国家级集成电路综合性产业基地，金桥、徐汇、滨江、漕河泾、G60科创走廊、金山等区域集聚发展5G、人工智能、云计算、物联网、新型显示等产业；在线新经济生态园启动建设，市级信息服务产业基地扩至35家。

5.1.3　元宇宙相关人才优势

在元宇宙新人才方面，上海集聚了全国约50%的5G人才、40%的芯片人才及30%的人工智能人才，元宇宙相关产业生态繁荣，产业链布局完善，一批企业正加快产业"元宇宙化"布局。例如，商飞正搭建商飞"工业元宇宙"，推动大飞机产业链上下游破除数字孤岛；米哈游正构建可供全球10亿人共同生活的数字虚拟社区；盛趣游戏所开发的用于治疗儿童注意力缺陷多动障碍的游戏数字药物，已获得美国FDA认证。上海以产业和技术"虚实融合"方式，促进形成"由软带硬"产业格局，通过"由平台到生态"的推进方式，逐渐形成具有国际竞争力的元宇宙产业生态集群。

5.1.4 未来元宇宙发展重点

上海未来重点发展集成电路自主创新与规模发展,加快核心关键技术攻关、先进制造工艺研发、生产能力升级,提升芯片设计、制造、封装、装备材料全产业链能级,形成国际一流、技术先进、产业链完整、配套完备的集成电路产业体系;强化在5G核心技术和高性能网络通信产品方面的发展优势,拓展5G应用,跟踪后续技术演进;聚焦物联网、智能终端、智能传感、超高清视频、智慧健康养老等领域,加强终端产品创新突破、软硬件协同、产品迭代和应用示范,不断完善行业发展生态。聚焦终端产品,推动虚拟现实、可穿戴设备、视听设备、行业终端等产品创新,加强产品形态、功能以及商业模式创新,培育终端品牌和产业生态,推动试点示范应用。智能传感领域,重点解决微机电系统(MEMS)及先进传感器关键技术的突破和产业化,形成智能传感器的"感存算"一体化技术能力。

5.1.5 上海市元宇宙产业发展规划

上海市于2022年正式发布全国首个省级元宇宙政策《上海市培育"元宇宙"新赛道行动方案(2022—2025年)》,计划到2025年,元宇宙相关产业规模达到3500亿元,带动全市软件和信息服务业规模超过15000亿元、电子信息制造业规模突破5500亿元;培育10家以上具有国际竞争力的创新型头部企业和"链主企业",打造100家以上掌握核心技术、高能级、高成长的"专精特新"企业。

2023年5月,上海再出政策,持续"加码",上海市科学技术委员会印发《上海元宇宙关键技术攻关三年专项行动方案(2023—2025年)》,强调元宇宙战略、应用与监管,把握创新规律、打造典型场景、统筹发展与安全,为元宇宙产业发展保驾护航。

5.2 北京元宇宙布局

2015年以来,数字经济成为首都发展的重要引擎,北京数字经济总规模持续攀升,数字经济增加值由2015年的8719.4亿元提高至2022年的1.7万亿元,占GDP比例由35.2%提高到41.6%,位居全国第一(数据来自央广网)。

元宇宙是数字经济的高级形式，北京在数字经济发展的各个环节都在加速发力。研发创新是数字经济发展的一个重要动力，2021年大中型重点企业研发费用增长了31.4%，其中与元宇宙紧密相关的物联网、大数据、人工智能、区块链等信息服务业投入比较多。

5.2.1　北京打造全球数字经济高地

（1）国务院支持北京大力发展数字经济。2021年11月，国务院发布《关于支持北京城市副中心高质量发展的意见》，要求大力发展数字经济，加紧布局数字新基建。大数据、人工智能、工业互联网、区块链、物联网等新基建既是数字经济发展的一个重要支撑，也是元宇宙的核心技术。2021年北京新基建投资占全市投资的比重为9.1%，比2019年提高了1.5个百分点，全市在5G、车联网、工业互联网等领域都在加快布局。数字经济发展促进了新业态和新模式的成长，产业数字化、数字产业化步伐都在加快。2021年北京的信息服务业收入突破2万亿元，占全国信息服务业收入的比重为1/4左右。

（2）北京市超前布局元宇宙相关产业。《北京市促进数字经济创新发展行动纲要（2020—2022年）》提出，超前布局6G、量子通信、脑科学、虚拟现实等前沿技术，占据创新制高点，全面提升数字经济技术创新能力；坚持应用牵引、体系推进，组织数字化转型关键技术揭榜挂帅，突破集成电路、高端软件等数字技术领域重点"卡脖子"环节；继续加强云计算、边缘计算、大数据、人工智能、区块链、物联网等核心数字技术和网络技术的引领能力；聚焦数字孪生体专业化分工中的难点和痛点，开展数字孪生创新计划；推动建立融合标准体系，加快数字化共性标准、关键技术标准制定和推广。在北京市十五届人大五次会议"推动新时代首都发展"新闻发布会上，北京市经济和信息化局提出北京启动城市超级算力中心建设，推动组建元宇宙新型创新联合体，探索建设元宇宙产业聚集区。

（3）北京市建设全球数字经济标杆。2021年7月，《北京市关于加快建设全球数字经济标杆城市的实施方案》发布，明确提出了北京市大力发展数字经济的战略和愿景。未来通过5～10年的接续努力，把北京打造成为引领全球数字经济发展的"六个高地"——城市数字智能转型示范高地、国际数据要素配置枢纽高地、新兴数字产业孵化引领高地、全球数字技术创新策源高地、数字治理中国方案服务高地、数字经济对外合作开放高地。

（4）2022年北京市在政府工作报告中提出：要加快释放数字经济新活力。深入落实数字经济标杆城市建设实施方案，完善支持政策，加强算力算法平台等新型基础设施建设。着力推出20个重大应用场景，推动形成区块链、人工智能、扩展现实和超高清显示等产业集群。开展高级别自动驾驶示范区3.0建设。指导支持平台企业在合规中转型发展，培育具有国际一流竞争力的龙头企业。

5.2.2 北京城市副中心加快推动元宇宙应用

2022年2月23日《关于加快北京城市副中心元宇宙创新引领发展的若干措施》提出，要加快推动元宇宙相关技术、管理、商业模式等在城市副中心创新应用，培育新业态和新模式，推动信息技术和各类业态紧密融合，促进数字经济蓬勃发展，支撑北京数字经济标杆城市建设。

（1）加快元宇宙相关技术与各行业深度融合，促进产业转型升级，重点围绕文化、旅游、商业等领域，打造一批元宇宙示范应用项目，支持一批元宇宙应用场景建设。为北京城市副中心元宇宙相关企业提供北京环球度假区、张家湾古镇、大运河文化带、台湖演艺小镇等场景资源支持。

（2）提升元宇宙产业空间承载能力，打造"1+N"的产业创新集聚区。在张家湾设计小镇创新中心，集聚高端创新要素，打造元宇宙应用创新中心；在文化旅游区、台湖演艺小镇、张家湾古镇、宋庄艺术区、运河商务区等区域，打造与应用场景高度融合、形成元宇宙示范的主题园区。支持企业面向京津冀特别是雄安地区、面向全国、面向全球延展研发链和产业链，不断扩大行业影响力。

（3）依托通州产业引导基金，采用"母基金+直投"的方式联合其他社会资本，打造一支覆盖元宇宙产业的基金，支持元宇宙初创项目和重大项目并延长支持周期，进一步完善服务体系，支撑产业生态建设。支持设立专注于早期和长期投资的元宇宙子基金。

（4）支持专业机构、行业组织、龙头企业建立元宇宙知识产权资源库，提供高质量、专业化的知识产权服务。鼓励各创新主体围绕人工智能重点领域开展海外知识产权布局。支持企业、协会、联盟参与国内外元宇宙标准创制，对获得批准发布的国际标准、国家标准和行业标准的制定单位给予奖励。

（5）支持元宇宙相关领域的产业联盟、协会等行业组织，增强产业组织能力，开展产业研究，搭建产业公共服务平台，组织联盟成员开展产学研合作及行业交流，对成效显著的联盟、协会给予资金奖励。

（6）对于拥有国际领先的核心技术或自主知识产权的元宇宙相关人才团队，对其成果转化项目优先给予政府股权投资支持；对于入驻元宇宙应用创新中心的企业人才，可给予人才公租房支持。根据元宇宙入驻企业需求，在人才引进、子女入学等方面给予支持。

5.2.3 北京元宇宙产业基础得天独厚

1. 北京元宇宙相关产业基础坚实

2021年，北京市信息传输、软件和信息技术服务业实现增加值6 535.3亿元，比上年增长11.0%。北京作为全国政治中心、文化中心、国际交往中心、科技创新中心，数字技术资源具有得天独厚的优势，中国电信、各大国有银行总部、互联网新贵等云集北京，为北京大力发展数字经济奠定了坚实的发展基础。

2. 北京打造虚实融合的数字孪生城市

2021年年底，为进一步推动"数字孪生城市"建设，北京河图联合创新科技有限公司暨华为河图联创中心成立，对西城区建设全球数字经济标杆城市示范区，在北京率先构筑新型数字基础设施建设、培养城市数字空间运营服务能力具有重要推动作用。

西城区与华为公司将继续深化战略合作，以北京河图为重要平台，赋能首都数字经济发展，不断激发首都高质量发展新活力。西城区将全面加快建设河图数字经济亮点工程，建设高安全、全感知的数据原生城区，进一步带动数字经济产业集聚发展，打造河图产业发展和生态合作高地。北京河图致力于构建虚拟与现实无缝融合的数字新世界，基于下一代技术平台，领先构筑城市数字空间的运营服务能力，成为全球领先的城市数字空间运营商。通过应用华为河图技术平台，将高精度空间计算、人工智能、数字创意、智能终端等领域的核心关键技术能力与广泛的应用场景相结合，提供场景化产品解决方案和集成交付能力，构建虚实融合的数字基础设施和应用创新生态。积极推动完善高精度三维数字空间构建、数字创意内容生产及应用开发的产业生态布局，立足于将消费者可感知的全息互联网技术应用到智慧城市、文旅、商业、交通出行等多个领域，支撑新场景应用拓展、新消费潜力挖掘。北京河图亮相发布现场见图5-1。

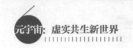

图 5-1　北京河图亮相发布现场

5.3　广东元宇宙布局

5.3.1　广东数字经济增速全国第一

1. 广东省是国内最早布局数字经济政策的省份之一

早在2003年5月，广东省人民政府印发《广东省电子商务认证机构资格认定和年审管理办法（暂行）》，旨在促进电子商务的发展，加强对电子商务认证机构的规范管理，保证数字证书的安全性、可靠性和权威性。

2. 广东省数字经济取得新进展

2020年11月，广东省发布《广东省建设国家数字经济创新发展试验区工作方案的通知》，提出到2022年，全省数字经济增加值力争突破6万亿元，占GDP比重超过50%。数字经济发展取得新进展，电子信息制造业营业收入达到5万亿元，软件和信息服务业收入超过1.4万亿元。率先建成支撑数字经济高质量发展的新型基础设施体系，窄带物联网基站规模保持全国第一，2021年新建5G基站4.67万座，累计达17万座，居全国第一。全省一体化、智能化、绿色化数据中心集群初步建成。传统产业和领域数字化、智能化转型深入推进。

3. 推进国家数字经济创新发展试验区

2022年广东省政府工作报告提出，大力发展数字经济，推动大数据、人工智能、区块链、物联网等产业发展和应用，推进国家数字经济创新发展试验区和广州、深圳国家人工智能创新应用先导区建设。发展工业互联网，推动普惠性"云上平台"，探索推广一批行业数字化转型的典型应用场景，推动5000家规模以上工业企业数字化转型。实现5G网络珠三角广覆盖、粤东粤西粤北市县城区全覆盖，加大5G赋能行业应用推广力度，加大6G技术研发支持力度。强化4K/8K内容供给和应用推广，打造超高清视频产业集聚区。

统筹数据中心布局，在韶关建设全国一体化算力网络国家枢纽节点。

加快建设广州人工智能与数字经济试验区，推动数字人民币、国家区块链创新应用等试点落地实施。

4. 构建粤港澳大湾区数字孪生城市"金三角"

2021 年 4 月 25 日，广东省政府发布《广东省国民经济和社会发展第十四个五年规划和 2035 年远景目标纲要》，提出广东要支持广州、深圳、珠海等有条件的城市构建数字孪生城市，实现实体城市向数字空间的全息投影，增强城市治理灵敏感知、快速分析、迅捷处置能力，打造全国领先的新型智慧城市标杆。粤港澳大湾区传统基建互联互通基本已经达成，所以必须构建大湾区新基建的互联互通。数字孪生城市群的中心和骨干，也顺理成章地选择广州、深圳或珠海。

5.3.2　广州元宇宙相关产业雄厚

2020 年 4 月，广州市人民政府印发《广州市加快打造数字经济创新引领型城市若干措施》，提出支持企业、行业协会、研究机构等各类社会组织，利用 5G、大数据、人工智能、区块链等技术开展数据整合和应用。探索新型显示与 5G、物联网、工业互联网、人工智能等新一代信息技术的创新融合，积极拓展车载、医用、工控、穿戴、拼接、透明、镜面等新应用、新市场。加快数字创意产业关键核心应用技术的研发创新。依托天河区、黄埔区数字创意新业态发展基础优势，争创国家级数字创意产业发展示范区。加速 VR/AR（虚拟现实 / 增强现实）、游戏交互引擎、数字特效、全息成像、裸眼 3D 等关键核心应用技术的集中攻关，持续催生一批数字创意新技术、新模式、新业态。促进粤港澳大湾区文化融通，在数字创意领域加强粤港澳大湾区合作、国际合作，引进一批国际顶尖的数字创意团队和企业，为我国数字创意产业参与国际竞争、以数字创意技术带动文化精品输出提供先行示范。

支持天河区加快建设广州软件谷和中央商务区，重点布局发展 5G、高端软件、工业软件、人工智能、虚拟现实等，打造国家级软件产业示范基地和国家数字服务出口基地，提升广州软件研发和数字服务的国际影响力。支持白云区加快建设白云湖数字科技城，以数字产业研发创新、数字产业化等为重点，深化数字技术、金融、产业的深度融合，推进产业发展质量跃升。

2022年1月，为促进数字经济发展，推动城市全面数字化转型，《广州市数字经济促进条例》正式发布，在数字产业化方面，条例提出，要在集成电路、新一代半导体、核心算法等基础领域和新一代移动通信、人工智能、大数据、云计算、物联网、区块链、虚拟现实等前沿技术领域，推动关键数字技术攻关与突破。关于如何加强数字基础设施建设，条例提出，推动新一代移动通信网、量子通信、北斗卫星导航、卫星互联网等未来网络基础设施的研究和建设。

5.3.3 打造政府主导的"元宇宙广州"

广州各区已出台一系列政策和方案，积极推动元宇宙产业的发展与布局。广东专家建议，"元宇宙"作为新兴事物，更需要政府带头示范、引导，使其从发轫之初就走上赋能实体产业、壮大数字经济的正确道路，也为广州抢占未来科技的前沿阵地打下基础。建议由政府主导，打造"元宇宙广州"虚拟数字经济体，开辟数字经济新领域。

广州积极探索建立元宇宙产业高地，同时根据各区目前的产业布局与特色，建设广州元宇宙示范基地。

2022年4月6日，广州市黄埔区、广州开发区举行元宇宙创新发展新闻发布会，正式发布《广州市黄埔区 广州开发区促进元宇宙创新发展办法》（以下简称"元宇宙10条"）。据悉，该政策是粤港澳大湾区首个元宇宙专项扶持政策，聚焦数字孪生、人机交互、AR/VR/MR（虚拟现实/增强现实/混合现实）等多个领域，推动元宇宙相关技术、管理、商业模式的产业化与规模化应用，培育产业新业态、新模式。"元宇宙10条"扶持范围涵盖技术创新、应用示范、知识产权保护、人才引流、交流合作、基金支持等十个方面，重点培育工业元宇宙、数字虚拟人、数字艺术品交易等体现元宇宙发展趋势的领域，以期抢占互联网下一个"风口"，为推动数字经济高质量发展集聚发展新势能。该区将对建设具有黄埔特色的元宇宙标志性场景、元宇宙关键共性技术与通用能力的价值创新与公共服务平台、特定研究方向的元宇宙相关项目等三个层面进行奖励，最高补贴达500万元。黄埔区、广州开发区将重点引进和培育一批掌握元宇宙关键技术及应用的领军企业，对元宇宙专精特新企业入驻本区认定的"专精特新产业园"，最高将给予100万元租房补贴、500万元购置办公用房补贴，争取在5年内培育10～15家工信部元宇宙专精特新"小巨人"企业。

5.4 深圳打造"元深圳"

5.4.1 深圳抢跑全球数字经济

(1)深圳市加快发展数字经济。《深圳市数字经济产业创新发展实施方案(2021—2023年)》提出,充分发挥企业创新主体作用,增强原始创新能力,聚焦云计算、大数据、人工智能、区块链、信息安全等前沿高端领域,培育国际一流、国内领先的优势核心技术突破能力和共性关键技术研发能力。

(2)深圳是信息通信产业重镇。深圳是数字经济的先行者、领头羊,加快发展数字经济,意味着深圳又迎来了大展身手的好时机。深圳是制造业大市、信息通信产业重镇,近年来举全市之力支持数字经济发展,取得了积极成效。2021年,深圳数字经济核心产业增加值占GDP比重约30%,规模和质量均居全国大中城市前列。数字经济已经成为深圳经济高质量发展的重要引擎,加快发展数字经济,深圳即能动能强、势能足、潜能深。

(3)深圳是全球首个实现5G独立组网全覆盖的城市,推动建设了国家超算深圳中心、鹏城云脑等高性能计算中心、国家(深圳·前海)新型互联网交换中心等新型信息基础设施。

作为"最互联网"城市,深圳加速布局以5G技术为代表的数字基础设施,建成5G基站4.9万个,在全国乃至全球城市中,率先实现5G信号的全覆盖,2020年获评5G独立组网最佳城市,2021年获评地铁场所、商场场所、公园场所、主要道路5G网络质量卓越城市。重点公共场所已基本实现免费WLAN全覆盖,加快千兆光网的部署建设,物联感知网初具规模,实现NB-IoT网络市区重点区域感知设备初步覆盖,全国率先开展全市范围的多功能智能杆部署。

(4)深圳探索数字孪生城市。2021年1月5日,深圳市政务服务数据管理局发布了《深圳市人民政府关于加快智慧城市和数字政府建设的若干意见》,提出探索"数字孪生城市"。依托地理信息系统(GIS)、建筑信息模型(BIM)、城市信息模型(CIM)等数字化手段,开展全域高精度三维城市建模,加强国土空间等数据治理,构建可视化城市空间数字平台,连接智慧泛在的城市神经网络,提升城市可感知、可判断、快速反应的能力。

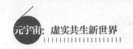

5.4.2 深圳市福田区拓展元宇宙场景

2022年1月21日福田区政府首次将"元宇宙"写入工作报告，深入实施数字经济发展三年行动方案，探索建立数字经济监测评价体系，大力发展数字新基建、数字新科技、数字新"智"造、数字新金融、数字新文化、数字新商贸六大数字产业，积极引进数字经济领军龙头企业和示范项目，推动区块链、量子信息、类脑智能等未来产业的技术转化成果加速落地，多领域拓展数字人民币、元宇宙等技术应用场景，扎实推进深圳数据交易中心建设，打造数字经济发展新高地。布局超过 $20km^2$ 的总部经济圈，力争市级总部企业突破100家。引进国内外顶尖人力资源、法律、会计服务机构，推动专业服务业向高端延伸。

5.4.3 深圳元宇宙相关产业竞争力居前列

深圳培育了华为、中兴通讯、腾讯、平安科技等一批具有核心竞争力的数字经济生态主导型企业。深圳21家企业入选2020年中国电子信息竞争力百强企业，总量位居全国大中城市首位；深圳软件业务收入约占全国软件业务收入的1/10，位居全国大中城市第二位，11家企业入选2019年中国软件业务收入百强企业，总量位居全国大中城市第二位；7家企业入选2020年中国互联网企业综合实力百强企业，总量位居全国大中城市第三位。截至2022年1月，北京、深圳、上海、广州的国家级高新技术企业分别为2.9万家、超2万家、超2万家、超1.2万家。其中，深圳的国家级高新技术企业数量居全国城市第二。深圳面积不到北京的1/8，上海、广州的1/3，平均每平方千米约有10家国家高新技术企业，密度在四大一线城市中排名第一。华为智慧城市解决方案已在政府、教育、交通、医疗和基础能源等多个领域得到广泛应用，帮助全球40多个国家、200多个城市建设了智慧城市。仅2019年，华为在中国就已参与了北京、深圳、上海、天津、兰州新区、湖南益阳等80多个智慧城市项目建设。

5.4.4 深圳大力推进元宇宙相关技术发展

深圳将大力推进5G、NB-IoT、IPv6等新一代网络基础设施建设，提升IPv6用户普及率和网络接入覆盖率，率先建成全球领先的高质量、全覆盖5G

通信网络。加快国家（深圳·前海）新型互联网交换中心试点建设，推动新型交换中心的试点进程，推进湾区通信基础设施互联互通。争取开通国际互联网数据专用通道，开展数据跨境传输安全管理试点。统筹布局基于云计算和绿色节能技术的数据中心和云平台建设，打造大数据和云计算产业发展高地，推动数据中心向规模化、集约化、智能化、绿色化方向发展布局。推进工业互联网标识解析节点建设，加快形成面向各行业的规模化标识解析服务能力，实现跨区域、跨行业的产业信息共享和信息互通。

▶ 案例：童话 IP（知识产权）融合科技，国内首家元宇宙主题乐园落地深圳

2021年12月3日下午，"冒险小王子元宇宙主题乐园新闻发布暨学术对话会"在深圳举行。由深圳童话爸爸文旅科技有限公司开发的国内首家元宇宙主题乐园将落地深圳光明小镇。深圳市中航盈富文旅发展有限公司与深圳童话爸爸文化有限公司签约，计划三年总投资75亿元，带领国内头部IP《冒险小王子》进入元宇宙时代。冒险小王子元宇宙主题乐园以自有的元宇宙IP《冒险小王子》为灵魂，是国内第一家元宇宙主题乐园，由亲子度假酒店、主题乐园及其周边产业组成，集休闲娱乐、度假、聚会、拓展、购物等多种功能于一体。把动漫、影视、媒体广告、游乐园等串联起来形成价值累加与升华。乐园包括纳尤古广场、齐格威魔法学校、精灵街、精灵湖泊、冒险森林、魔幻乐园、天空兽等7部分。

主题乐园以《冒险小王子》原创主题形象和牵动人心的故事为灵魂，形成区别于其他乐园的亮点与唯一性。园区内各游乐设施结合时下最先进的AR、VR和全息投影技术，增强互动性和体验感，让孩子在身临其境的真实体验中玩乐、学习和成长。园区巧妙地将室内游乐和户外探险结合起来，依托自然风光，让孩子在玩乐中提高身体素质，增加与大自然互动的机会。在《冒险小王子》IP多年累积的强大生命力和市场号召力的赋能下，必将成为世界顶级文旅地标。室内游玩区域、室外游玩区域占比7∶3，高比例室内游玩场地集梦幻、创意、探险和科技感于一身，可无惧天气，任意畅游。

5.5 杭州抢占元宇宙高地

5.5.1 浙江省数字经济"一号工程"

"十三五"期间,浙江省抢抓新一轮科技革命和产业变革战略机遇期,深入实施数字经济"一号工程",2020年数字经济增加值达30 218亿元、占GDP比重46.8%,各项主要指标位居全国前列,全国数字产业化发展引领区、产业数字化转型示范区、数字经济体制机制创新先导区和具有全球影响力的数字科技创新中心、新型贸易中心、新兴金融中心建设取得积极成效。数字产业强劲增长引领发展。"十三五"期间,全省数字经济核心产业增加值年均增长15.2%,2020年达7020亿元,对GDP增长贡献率达34.9%;电子信息制造业、软件业规模分别位列全国第三、第四;数字安防、云计算、大数据等行业影响力持续增强,培育千亿元企业1家、百亿元企业25家。

数字基础设施优化升级。建成5G基站6.3万个,全省网络基础设施基本实现互联网协议第6版(IPv6)改造,国家(杭州)新型互联网交换中心启用;建成数据中心193个,联合国大数据全球平台中国区域中心落户杭州。

到2025年,数字经济发展水平稳居全国前列、达到世界先进水平,数字经济增加值占GDP比重的60%左右,高水平建设国家数字经济创新发展试验区,建成具有全球影响力的数字科技创新中心。聚焦"互联网+"科创高地建设,形成较为完备的数字科技创新体系,人工智能、未来网络、智能感知等领域自主创新取得重大突破,数字经济领域有效发明专利达到8万件。依托"尖峰""尖兵""领雁""领航"等计划,聚焦智能计算、新一代通信与智能网络、新一代智能芯片、量子科技等重大科学问题和人工智能、集成电路、智能计算、区块链等关键核心技术,深入实施基础研究专项和产业关键核心技术攻坚工程,形成一批标志性创新成果。

5.5.2 深化数字孪生试点应用

《浙江省高质量推进数字经济发展2022年工作要点》中提出,全力以赴抓改革,统筹推进数字经济"一号工程"建设,加快培育数字产业集群。实施产业链提升工程,着力做强数字安防、网络通信等6个千亿元级数字产业集群。壮大人工智能、云计算、大数据等新兴产业,深化杭州国家人工智能创新应用

先导区建设。谋划培育 5 个百亿元级"新星"产业群。争创 1 家以上具有国际竞争力的国家战略性新兴产业集群。加快数字孪生试点推广，深化数字孪生试点应用，加快数字孪生标准规范建设，夯实数据底座。建立城市运行生命体征指标体系，统筹推进杭州、宁波、温州等地城市治理"一网统管"试点。推进 IPv6 端到端贯通应用，提升 IPv6 流量占比，主要商业移动互联网应用 IPv6 平均比例超过 60%。

2022 年 1 月，浙江省数字经济发展领导小组办公室发布了《关于浙江省未来产业先导区建设的指导意见》，元宇宙与人工智能、区块链、第三代半导体并列，是浙江到 2023 年重点未来产业先导区的布局领域之一；浙江将在先导区重点建设任务中明确的任务，加快在脑机协作、虚拟现实、区块链等领域搭建开放创新平台，促进产业技术赋能，集成创新。

5.5.3　浙江省元宇宙产业发展规划

2022 年 12 月，浙江省发展和改革委员会等 5 部门联合印发《浙江省元宇宙产业发展行动计划（2023-2025 年）》（简称《行动计划》），预计到 2025 年，浙江省全省元宇宙产业链体系基本形成，产业综合竞争力达到全国领先水平，同时带动相关产业规模突破 2000 亿元。

《行动计划》提出，到 2025 年，浙江省将通过实施元宇宙 5 大重点任务和 5 大重点工程，在技术创新、标准研制、应用培育、产业发展和生态构建上取得显著成效，实现 3 个"1050"：在 AR/VR/MR、区块链、人工智能等元宇宙相关领域建设一批重点实验室、工程研究中心等，引育 10 个行业头部企业，打造 50 家"专精特新"企业；在电商、文娱、教育、会展、医疗、工业、政务、旅游等领域，推广 10 个行业标杆产品，打造 50 个创新示范应用场景；建设 10 个行业级、区域级元宇宙产业平台，打造 50 个赋能创新中心，不断提升产业发展能级和竞争力。

2023 年 9 月 23 日，第 19 届亚洲运动会在杭州奥体中心盛大开幕，开幕式运用了元宇宙相关的各项新技术来实现创新的视听效果。10 月 4 日，杭州亚运会"智能亚运"主题新闻发布会在杭州主媒体中心举行，会上介绍了亚运数字火炬手、亚运元宇宙、开幕式数字点、5.5G 网络、数字移动支付、云上亚运会等 20 多项首创硬核黑科技项目。主创团队通过 AR 技术创造了亚运史上第一个"数实融合"的点火仪式，数字人与真人火炬手共同点燃火炬，可以说创意满满。来自全球的一亿多名数字火炬手如点点星光般汇聚成一个壮观的数字火炬手，奔跑跨越钱塘江，迈入"大莲花"体育场，随后呈现在现场的立体网幕上，奔向主火炬塔。

▶ 案例：杭州未来科技城 XR 产业发展计划

杭州未来科技城（海创园）是中组部、国资委确定的全国 4 个未来科技城之一，是第三批国家级海外高层次人才创新创业基地。杭州未来科技城（海创园）规划面积 113km^2，位于杭州市中心西侧，毗邻杭州西溪国家湿地公园和浙江大学，区位优越、环境优美、资源丰富、空间广阔，是浙江省"十二五"期间重点打造的杭州城西科创产业集聚区的创新极核。

2017 年，杭州未来科技城在全国率先打造人工智能小镇，布局人工智能产业；2019 年，又率先打造 5G 全覆盖、提供完整 5G 产研条件的创新园，聚焦 5G 产业。目前，杭州未来科技城拥有之江实验室、湖畔实验室、良渚实验室三大省重点实验室等高端创新资源，智能诊疗设备创新中心等数字赋能资源，梦想小镇、人工智能小镇、5G 创新园等创新平台，为元宇宙产业发展构建了坚实基础和丰富场景。

未来科技城 2022 年 3 月发布了 XR 产业发展计划。XR 是扩展现实（Extended Reality）的简称，是指通过计算机将真实与虚拟相结合，打造一个可人机交互的虚拟环境。它也是增强现实（AR）、虚拟现实（VR）、混合现实（MR）等多种技术的统称。杭州未来科技城 XR 产业相关企业超 70 家，代表企业有京东方艺云科技、哔哩哔哩电竞杭州闪电队总部、灵伴科技、小派智能等，产业链覆盖场景内容、底层技术、设备平台等上下游内容。意味着杭州未来科技城在浙江率先布局 XR 产业，探索元宇宙。未来科技城计划将以 XR 空间站的 4 万 m^2 空间为核心，打造一个 XR 产业园区。同时，未来科技城将坚持"有核无边"的思路，面向长三角延展研发链和产业链，扩大行业影响力。"筹建一支基金"是指未来科技城将汇聚规模 10 亿元的 XR 产业基金，鼓励社会资本参与投资，优质项目最高可享受 500 万元创业风险池、让利性股权投资基金和跟进投资基金等支持，形成天使—VC—PE—战略投资—并购的全链条投资服务。未来科技城将加大对 XR 产业人才引进力度，实施"顶尖人才项目"政策，最高给予 1 亿元支持。不仅如此，未来科技城将通过 XR 专项人才培育机制，给予"一人一策"最高 1300 万元奖励，并分层次给予梯队人才

奖励；同时，未来科技城将完善 XR 人才服务保障，最高给予 300 万元安家费补助，并在学术交流、子女入学、健康医疗、人才落户等方面提供全方位保障。

力争五年内培育 XR 上市企业 5 家，引培 XR 相关企业 300 家，扶持技术攻关和场景应用项目 100 项，逐步将余杭打造成全国 XR 创新最活跃、产业生态最完善、应用场景最丰富、头部企业最集聚的区域。

5.6　元宇宙首尔五年计划

韩国首尔市政府就元宇宙相关领域出台政策、制定规划，宣布将在 5 年内打造首尔元宇宙平台。韩国政府更是成立了"元宇宙联盟"，在元宇宙政策方面，韩国走在了世界的前列。

5.6.1　首尔打造元宇宙城市

2021 年 11 月，韩国首尔市政府发布了为期 5 年的"元宇宙首尔基本计划"（Basic Plan for Metaverse Seoul）。该计划从 2022 年到 2026 年利用 5 年时间，分三个阶段在经济、文化、旅游、教育、信访等市政府所有业务领域打造元宇宙行政服务生态。这三个阶段分别是"起步阶段（2022 年）""扩张阶段（2023—2024 年）""完成阶段（2025—2026 年）"，计划总投资 39 亿韩元。从全球范围来看，首尔市政府是第一个制订全面的中长期元宇宙政策计划的地方政府。根据计划，首尔市政府将陆续在元宇宙平台上提供各种商业支持设施和服务，包括虚拟市长办公室、首尔金融科技实验室、首尔投资和首尔校园城等。

（1）元宇宙首尔发展愿景。根据计划，元宇宙首尔旨在使首尔成为一个共存的城市、全球领导者、安全的城市和未来的情感城市，改善公民之间的社会流动性并提高首尔市的全球竞争力。

（2）建设高性能的元宇宙平台。根据第一个阶段的计划，2022 年年底前建设完成元宇宙首尔的高性能平台——"元宇宙首尔"（Metaverse Seoul）。该平台所提供的服务将涵盖经济、教育、旅游、通信、城市、行政和基础设施这 7 个基础领域。在未来，首尔市政府还会将元宇宙平台应用扩展到市政管理的所有领域，以提高政府官员的工作效率。这个项目成为现实后首尔市民很快就可以戴上 VR 设备，与市政府官员会面进行虚拟咨询。同样地，市政府也可以参加群众活动。

（3）制定元宇宙公共服务政策。首尔市政府专门制定了提供公共服务的政策，以通过使用先进技术开发的元宇宙平台，克服现实世界中的时空限制和语言障碍等问题。

（4）设立首尔金融科技实验室。在经济金融领域，首尔将在元宇宙中设立首尔金融科技实验室。其目的是在虚拟世界中提供经济领域的相关服务。首尔金融科技实验室将在元宇宙中帮助企业吸引外国投资，虚拟人物将为外国投资者提供咨询及一站式服务。此外，谷歌为创业者设立的首尔创业营Campus Town中的创业公司培育业务将在元宇宙平台中进行，包括数字内容创作培训和社交活动等。

（5）设立开放城市大学虚拟校园。在元宇宙中最活跃的教育领域方面，首尔市政府将设立首尔开放城市大学（Seoul Open City University）的虚拟校园。首尔市政府运营的在线教育平台Seoul Learn，将为青少年提供各种沉浸式内容，例如讲座、导师计划和招聘会等服务。此外，韩国还计划在元宇宙中建立一个专门为外国用户打造的在线韩语学院。

（6）建设元宇宙首尔虚拟旅游区。在旅游观光方面，首尔将建设旅游景点，如光华门广场、德寿宫和南大门市场等将成为元宇宙首尔虚拟旅游的特殊区域。根据元宇宙首尔计划，游客可以乘坐城市观光巴士在元宇宙中游览。首尔鼓节和首尔灯节都是首尔的代表性节日和展览会，但因新冠肺炎疫情原因无法开展，未来可以作为3D沉浸式内容在元宇宙平台上举行。

（7）创建元宇宙市长办公室。公共服务，如民事诉讼、咨询、公共设施预定方面，也将在元宇宙中提供，为市民提供更便捷的服务，这也将提高首尔整体的数字城市水平。首尔市政府未来还将在市政厅创建一个元宇宙版本的市长办公室，并将其作为政府与居民之间的开放式沟通渠道。

（8）升级元宇宙城市管理。元宇宙首尔计划利用虚拟现实、增强现实和扩展现实相结合的技术升级城市管理。为弱势群体提供众多服务以确保他们的安全和便利，包括使用扩展现实设备为残疾人提供安全和便利的服务。首尔市政府2022年将在元宇宙、大数据和人工智能等尖端数字化技术项目上投资3459亿韩元（约合18.5亿元人民币）。其中，1126亿韩元（约合5.7亿元人民币）将用于智慧城市项目，这些项目旨在结合元宇宙、大数据和人工智能技术，通过构建数字基础设施以增强公共服务能力。

（9）推出元宇宙办公与会议。元宇宙首尔计划引入元宇宙会议来举办不同的活动，并将其作为沟通渠道。首尔还将利用最先进的技术开发基于元宇宙的远程工作环境。首尔市政府还将在虚拟空间中推出智能办公室。虚拟形象的公职人员提供咨询服务将成为现实。

首尔市政府表示：元宇宙正在根据技术水平和用户需求演变成不同的形式，特别是作为新冠肺炎疫情后出现的新概念越来越受到关注。首尔将通过公共需求与私人技术的结合，开创一个名为"元宇宙首尔"的新大陆，让首尔成为一个智能、包容的城市。

5.6.2 组建元宇宙联盟

（1）韩国政府发起"元宇宙联盟"（Metaverse Alliance）。2021年5月，韩国政府发起了"元宇宙联盟"支持元宇宙技术和生态系统的发展。旨在通过政府和企业的合作，在民间主导下构建元宇宙生态系统，在现实和虚拟的多个领域构建开放型元宇宙平台。该联盟初期由17家公司组成，包括主要无线运营商SK电信公司和汽车巨头现代汽车公司，以及韩国移动互联网商业协会等8个行业团体。随着韩国政府大力推动元宇宙相关项目，如今该联盟已经有500多家公司和机构，包括三星、KT（韩国电信巨头）。公司和行业团体在此联盟中将分享元宇宙趋势和技术，并组成一个与元宇宙市场相关的道德和文化问题的咨询小组。该联盟还将承担联合元宇宙开发项目。

（2）重金支持培育元宇宙新产业。韩国政府希望在元宇宙产业中发挥主导作用。2021年7月，韩国发布"新政2.0"，作为其中一部分的"数字新政2.0"将元宇宙与大数据、人工智能、区块链等并列为发展5G产业的重点项目。韩国政府公布的2022年总计604.4万亿韩元（约合3.23万亿元人民币）的财政预算中，政府计划拨出9.3万亿韩元（约合516亿元人民币）用于加速数字转型和培育元宇宙等新产业。韩国科学和信息通信技术部表示将向元宇宙联盟提供支持，特别是在帮助公司建立开放的元宇宙平台方面。

（3）大力培育元宇宙专业人才。韩国政府将在未来培育220家公司和4万名专门从事元宇宙技术的专业人士，并创造50亿韩元（约合2642万元人民币）的收入。此外，韩国还将会为元宇宙起草一套通行的道德准则，以确保其在值得信赖的健康环境内运行。

（4）将韩国打造成扩展现实国家。2020年年底，韩国科学技术信息通信部（MSIT）公布《沉浸式经济发展策略》，目标是将韩国打造成全球五大扩展现实国家之一。

5.6.3 韩国巨头布局元宇宙产业

1. 三星集团进军元宇宙市场

2021年11月9日，三星集团旗下子公司三星电子宣布，成功开发出业界首款基于14nm的新一代移动DRAM（动态随机存取存储器）——LPDDR5X（低功耗双倍数据速率5X）。该产品在速度、容量和省电特性方面大幅提升，将促进5G、人工智能、元宇宙等尖端产业的发展。在元宇宙发展大趋势下，三星集团旗下子公司三星显示和LG集团的子公司LG Display计划以OLED等自发光显示器为发展重心，进军元宇宙市场。自发光显示器画质高、响应快，将成为元宇宙内容的主要媒介。

2. LG集团或将主导元宇宙市场

LG集团子公司LG Innotek正在向苹果和微软供应3D ToF模块（ToF是飞行时间技术的缩写，是实现VR和AR功能的核心技术之一），应用在它们计划于2022年推出的VR耳机。LG Innotek已在为Facebook（2021年10月28日更名为Meta）的VR耳机Oculus供应模块，也有望为苹果公司计划于2023年推出的AR眼镜供应模块。在元宇宙时代，LG Innotek或将主导ToF市场。

3. 现代汽车构建元宇宙数字工厂

2022年1月，韩国汽车制造巨头现代汽车，宣布与3D内容平台Unity合作构建元宇宙数字虚拟工厂，利用生产创新，现代汽车希望未来可以转型成为一家智能汽车解决方案提供商。现代汽车公司同时也与世界其他科技巨头在元宇宙智能制造方面加强合作，例如，现代汽车和Unity签署了一份谅解备忘录（MOU），双方将共同设计元宇宙工厂（Meta-Factory）并构建全新元宇宙发展路线图和平台，如果一切顺利，现代汽车将成为全球第一家将元宇宙工厂概念引入汽车制造行业的车企。

4. SK电讯推出其首个元宇宙产品

2021年8月，韩国著名移动运营商SK电讯宣布，将在80个国家推出其首个"元宇宙"产品ifland。目前，该软件的iOS版本和安卓版本均已在韩国国内上架。"ifland"是一个虚拟空间平台，于2021年7月启动。就像许多

同类产品一样,它允许用户创建自己的化身,并在 18 个不同的虚拟空间进行交流,包括会议室和户外场地。与此同时,一个虚拟空间最多可容纳 130 人,目前可用于安卓和 iOS,未来还将发布 Oculus Quest 版本。SK 电讯还计划邀请 K-pop 明星和社交媒体影响者到 ifland 与粉丝进行定期活动,以及构建允许用户在该平台上购买和出售数字物品的非同质化代币(Non-Fungible Tokens,NFT)市场系统。

5. NAVER 推出元宇宙平台 ZEPETO

早在 2018 年,韩国最大的门户网站公司 Naver 就打造推出了元宇宙平台 Zepeto,用户在这个虚拟社交应用上可以创建个人 3D 虚拟形象,不受年龄、性别、种族等限制,与全世界用户沟通,进行虚拟现实体验。Zepeto 主要分为 Zepeto World、Zepeto Studio,进入 Zepeto World 可实时与来自世界各地的朋友聊天、拍照、玩游戏;Zepeto Studio 允许用户自行设计、制作并销售虚拟商品,还提供"自制世界""虚拟直播"等玩法。2020 年 9 月,Zepeto 平台举行了韩国偶像 BlackPink 的虚拟签名会,超过 4000 万人参加。Zepeto 还与古驰、耐克等时尚品牌联名推出了虚拟产品。

6. Com2uS 成全球首家元宇宙上班公司

2021 年 12 月,Com2uS 在视频网站上公开了元宇宙平台"Com2Verse"的世界概念概览视频和原型测试演示视频,并将其称为一个"巨大的一体化镜像世界元宇宙平台"。该平台实则包含了四个不同的世界,分别是:提供智能办公空间的"办公世界",提供金融、医疗、教育、物流等服务的"商业世界",可以享受游戏、音乐、电影、表演等娱乐活动的"主题乐园世界",进行日常交流与分享的"社区世界"。而本次原型视频中所展示的仅是"办公世界"的样态,其他世界还未有涉猎,相信在未来"Com2Verse"会更加成熟。2022 年 1 月 1 日,Com2uS 集团表示,将成为全球首家"元宇宙上班"的公司。Com2uS 已宣布将于 2022 年下半年让所有旗下公司约 2500 名员工入驻元宇宙,正式开启元宇宙上班、生活时代。此外,它还在和各个行业的大型企业签约,建设元宇宙生态系,未来借由大量企业的入驻,打造集休闲、娱乐、经济于一身的元宇宙都市。

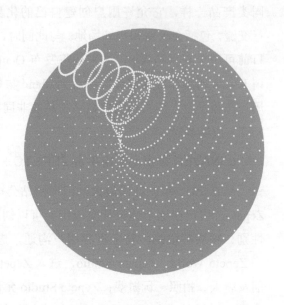

第 6 章
元宇宙的构成要素

贯穿本书始终，我们一直强调，元宇宙就是在现实世界的基础架构之上，创造出的另一个虚拟的"数字孪生世界"。

相信很多人都看过科幻电影《黑客帝国》，如果看懂电影情节，也就基本上能对元宇宙的世界有一个基本的理解，电影里的 Matrix 实际上就被看作元宇宙的一种可能形态，以脑后部插入一个脑机接口的管子进入 Matrix 的方式跟我们利用 AR/VR 眼镜进入虚拟现实的方式如出一辙。而进入黑客帝国后，墨菲斯在虚拟世界里仿佛神仙一样，可以随意创造出物体并且摆放在身边，实际上这就是一种元宇宙形态，如图 6-1 和图 6-2 所示。

图 6-1　《黑客帝国》中的脑机接口

图 6-2　《黑客帝国》中的虚拟世界

业界给出了元宇宙的八大要素：数字身份、开放性（社交属性）、沉浸感、低延迟、多元化、随时随地、经济系统（数字资产）、数字文明，只有同时具备了这些要素才能完成一个元宇宙的完整系统。本章针对这八大要素进行展开讲解。

6.1　数字身份

人类是群居和社交性生物，这就决定了元宇宙里的活动主体不会只有单独一个人，为了区分你我，在元宇宙里，每个人必须拥有一个全新的虚拟身份，每位元宇宙里的人都会以"数字人"的身份进入虚拟世界，可以跟任何人进行联系，可以发生任何可能的事情，甚至可以和英国女王喝下午茶。

在元宇宙里，无论是跟现实世界里完全没有对应关系的虚拟主播，还是类似于像扎克伯格在元宇宙会议的分身，其实都是在元宇宙数字化特性下，身份数字化的展现。只有有了这重身份，信息才可以及时传递给这个分身，有任何事件才可以及时告知给元宇宙的使用者，这构筑了元宇宙里相互沟通、相互联系的基础。

6.1.1　数字身份的重要性

正如真实世界里每个人的身份信息一样，每个普通的人不能仅有一张脸、一个身材、一个样子来形成自己，还需要有个人的喜好、情绪、社会关系、个人资产等各种信息才能形成人的基本描述。同样的，数字身份也不能只有虚拟的外表，还得有与该身份相对应的日常行为习惯和喜好。

数字身份是元宇宙的关键要素之一，一切电子政务、电子商务和公共服务都必须建立在真实有效的数字身份基础之上。数字身份是元宇宙世界不可分割的一部分，个人在不同的场合可以拥有不同的数字身份，如职场身份和家庭身份，而这些数字属性身份又会以用户的现实身份为基础。

根据情报和市场研究平台 MarketsandMarkets 发布的数据，2019 年全球数字身份解决方案市场规模达到 137 亿美元，到 2024 年，该市场预计将增长至 305 亿美元,预测期内（2019—2024 年）的年复合增长率（CAGR）为 17.3%。

数字身份必定会基于元宇宙的生态体系搭建，根据元宇宙提供的底层功能，围绕区块链服务和钱包来展开数字身份的应用，为各个领域提供可验证、可授权的基础服务。

6.1.2　数字身份的定义

数字身份是虚拟世界不可分割的基础。个体在不同的元宇宙场景里会有不同的身份，如图 6-3 所示。

每个人都可以通过数字身份在元宇宙建立起自己的声誉和影响力，并且逐步树立起可以被市场上其他数字身份接纳和验收的名誉。

数字身份是用户所拥有的元宇宙信息的统称,它会拥有一个全网唯一标识。

图 6-3　数字身份和元宇宙

6.1.3　数字身份的应用场景

在实际应用场景中，需要把数字身份授权给请求授权的公司，这些公司来自各个应用领域。并且，随着元宇宙数字身份基础功能的不断拓展和完善，数字身份的应用范围也会更加延伸。当前，数字身份的主要应用场景如图 6-4 所示。

近些年的发展，用户名和密码成为验证身份的常见方式，但是这样存在一些问题，比如，每个应用都需要创建一个数据库环境，各个系统之间彼此不互通，存在重复登记并且记录在不同的应用系统中，同一个身份证明会被反复要求提供，造成大量的时间和资源浪费。

图 6-4　数字身份应用场景

（1）征信。数字身份提供的用户画像可以是征信的重要输入。随着数字身份的不断完善和数字身份主体行为的积累，数字身份可以将所有的用户数据集合在一起，从而对社会资源进行更为合理的配置，大幅度提升风控水平。这对于整体人类社会的效率提升是非常重要的，可以理解成人类社会的"降本增效"。

（2）借贷。在元宇宙里，数字身份可以更清晰地统计个人数字资产，并根据数据统计评估主体可投资或者贷款的金额和方式，从而更好地优化数字身份的金融模式。对于资产管理机构而言，可以通过有效的数字身份，为用户定制个性化的资产管理方案，提供更为专业的投资理财服务。理财类工具可以借助数字身份帮助主体管理日常现金流，实现贴身式理财管家服务。

此外，数字身份本身具备数据采集和分析功能，便于对资金流向进行追

踪、查询和溯源，对各个放贷主体都能起到直观的判断识别作用。对于放贷方，可以接入数字身份系统，对借贷人的行为记录、日常消费、信用信息和收支能力进行提取，从而决定是否发放贷款。

（3）保险。保险业务是与个人的数字身份紧密绑定的，有了数字身份，保险公司可以对数字身份进行在线持续跟踪。在元宇宙里，保险公司可以获得无限的数据信息，包括实时的医疗记录、动态职业状况、透明的资产价值、电商购买信息、家人朋友的信息甚至是各种娱乐活动行为信息。

当元宇宙发展到一定阶段时，物理世界的个人生理信息会与元宇宙数字世界打通，保险公司可以根据投保人身体的变化程度进行保费的实时在线调整，根据风险的高低来调整保费的金额大小。

（4）审计。在企业员工把自己的数字身份授权给企业后，企业的股东们可以了解到自己员工甚至是合伙股东的可信赖度。外部的机构（比如说投资基金）对该企业进行审计时，同样可以向数字身份授权中心进行请求，实时追踪并监控公司的财务情况，并给出资产情况说明及相关审计报告，大大简化了审计流程，形成自动化操作，提高审计运作效率。

（5）政府。在物理世界，和政府打交道需要各种各样的证件信息。在元宇宙里，有了数字身份后，身份证、护照、驾驶证、指纹信息、人脸信息、学历情况、犯罪记录、档案信息、就业信息、职称信息和财务信息都是通过数字身份系统来实现的，可以实现一次验证获得所有信息。比如，用户在入住酒店的时候，一次刷脸，过往所有相关的消费信息都可以根据需要呈现出来。

数字身份会带来新的商业模式和新的用户体验，也势必会带来相应的商业风险和道德风险。世界各国都针对数据安全和隐私保护出台了一系列的法律法规，以欧盟的《通用数据保护条例》（GDPR）为代表，以加强个人权利保护、强化经营者责任和促进经营者自发性的举措为导向。所以，数字身份领域也需要关注新模式下的安全性。

首先，数字身份数据的主权属于个人所有，通过个人意愿，根据所需场景来决定数据的获取方式。

其次，数字身份数据在跨行业、跨境的时候要有所限制，根据不同地域、不同国家的法律法规进行针对性的调整。

最后，利用数字身份数据对用户行为进行判断，涉及的法律问题是否有针对性的法律来参照。

6.1.4 虚拟数字人

提到元宇宙数字身份，元宇宙的虚拟数字人也是避不开的话题。

1. 虚拟数字人前景

虚拟数字人是存活在元宇宙中的虚拟人物，甚至在物理世界里没有对应的人，他/她是由计算机图形学技术、动作捕捉、图形渲染、全息投影以及人工智能等技术融合而成的新生命。虽然虚拟数字人更多被当成动画人物，但也许未来某一天，人们会给虚拟人相应的公民权和其他权利。无论如何，虚拟数字人是元宇宙的重要组成部分，也会成为智能化趋势下的新生物。

虚拟数字人的应用前景广泛，在广告业务和客服业务等领域都已经有很多具体的落地案例，得到不少领域的口碑及商业化的双重验证，给传统领域带来大量的商业变革。

当前虚拟数字人产业应用主要分为服务型应用与身份型应用。服务型虚拟人主要是采用虚拟人替代真人完成原本属于真实人类完成的服务，包括虚拟主播、虚拟老师、虚拟客服、虚拟助手等，其目的主要是降低已有服务的成本。身份型虚拟人主要用于娱乐和社交，一般可以虚拟IP/虚拟偶像的形态用于内容产出或社交，其作用主要是在新领域创造新的增长点。虚拟主播和虚拟偶像是目前虚拟数字人的市场热点，虚拟主播和虚拟偶像需要先进行IP打造、运营后，再通过更多的商业路径进行变现。

根据业界预测，2030年我国虚拟数字人整体市场规模将达到2700亿元，其中身份型数字人市场约1750亿元、服务型数字人市场约950亿元。

2. 虚拟数字人技术实现

虚拟数字人由技术架构（基础层、平台层）与内容（应用层）构成。基础层为虚拟人的制作提供基础软硬件功能。其中，硬件包括显示设备、光学器件、传感器、芯片等基本的硬件模块；软件包括建模软件、渲染引擎、建模、动作捕捉和渲染等。

虚拟数字人基础层头部企业基本是外企，比如英伟达、Meta、Epic Games、Unity等企业，它们共同的特点都是基于自身原有的技术优势延伸到元宇宙服务。芯片巨头英伟达在做图形加速芯片的基础上发力"工程师元宇宙"Omniverse，该软件可以实时模拟出细节高度仿真的数字世界，生成虚实难辨的影像内容,成为构筑虚拟世界、赋能真实世界的重要工具。

虚拟数字人平台层包括软硬件系统、生产技术服务平台和 AI 能力平台。软硬件系统包括建模系统和动作捕捉系统;生产技术服务平台包括渲染平台和解决方案平台;AI 能力平台包括 AI 技术、NLP(自然语言处理)和语音识别等算法功能。平台层是虚拟数字人方案的核心技术。平台层国内代表性厂商包括搜狗 AI 开放平台、网易伏羲、百度 AI 开放平台、腾讯云、腾讯 NExT Studios、阿里、科大讯飞等。AYAYI 就是使用 Unreal 引擎造出来的特别拟真的 Metahuman 形象。2021 年 9 月,天猫官宣 AYAYI 成为阿里巴巴集团的首位数字员工,担任天猫超级品牌日数字主理人。

虚拟数字人应用层主要是把虚拟人具体应用于何种领域的功能。虚拟主播和虚拟主持人领域包括 SMG、哔哩哔哩等玩家;数字角色有网易和腾讯等玩家;金融领域会采用数字员工虚拟人服务,浦发银行、工商银行和中国农业银行都有相应的虚拟数字人应用;文旅虚拟导游和虚拟讲解员主要有腾讯和商汤科技等玩家。2022 年 1 月 1 日,芒果超媒大股东湖南广电推出《你好星期六》节目中启用了虚拟主持人小漾,成为国内首个常驻且人格化培养的虚拟主持人。同时,数字虚拟人"苏小妹"也开启了蓝色光标公司虚拟 IP 业务的全新战略。原本虚拟人的动画或者整体影像制作需要大量的人力投入,因为有了深度学习算法的突破,虚拟数字人的制作过程得到很大的简化,整个行业正朝着更智能化、更便捷化、更多样化的方向发展,相应的商业模式也在持续演进与多元化,产业步入加速发展期。

总之,元宇宙的数字身份和虚拟数字人是双刃剑,用得好是促进元宇宙发展,用得不好则会对元宇宙造成不良影响,需要进行更好的设计和思考。

6.2 开放性

开放性也被称为社交属性。人是社会性动物,元宇宙社交是元宇宙人群不可或缺的社会性活动。

6.2.1 社交属性的发展方向

2019 年 1 月 15 日,字节跳动的多闪、罗永浩的聊天宝和王欣的马桶 MT 同时上线去和微信竞争。多闪采用"短视频 + 社交",有人用,但明显难以

成为主流。罗永浩则在 49 天之后宣布放弃聊天宝。而王欣的马桶 MT 两天后全网下架。这表明，微信的成功并不是因为它技术多先进，而是因为它在对的时间满足了用户的需求。

而今天，新的社交属性需求却没有新的平台来满足。什么是新的社交属性需求呢？

现在，"95 后"（也被业界称为"Z 世代"）已经成为了互联网消费的主力军。Z 世代占整体消费力的 40%，每月可支配收入达到 3501 元。简单地说，Z 世代人群有钱、有闲，还有好奇心，是绝对的社交高需求的群体。想在元宇宙里实现更好的社交平台，只能从 Z 世代身上寻求破局之法。

比如，很多 Z 世代人群想找到兴趣相同的人和发现新奇的事。他们在元宇宙中会渴望更多元化的线上体验；他们憧憬通过元宇宙看见更大的世界，遇见更多兴趣相仿的伙伴。过去 20 年间的通信产品，更多停留在"安全需求"层面，以"及时""秒回"等沟通特质，满足当时人们的基本需求。而现在，新的需求则进一步向亲情、友情等"情感和归属需求"迈进。也就是说，需求已经升级，从简单的信息沟通，上升到在元宇宙中如何更进一步地精神沟通。因为新的社交诉求已经从信息沟通升级为精神沟通。

6.2.2 元宇宙与虚拟社交

在元宇宙中，人类的社交会从物理世界逐渐转移到数字孪生世界里，社交载体的变化势必带来社交形式的转变，就是所谓的社交元宇宙。在社交元宇宙，用户可以在接近物理世界的场景体验中寻找志同道合的朋友，进行沉浸式的虚拟世界体验。

Soul App 最早提出社交元宇宙概念，它通过虚拟化的人物形象和游戏场景设计为用户带来元宇宙的沉浸体验感，提升了用户的黏性。有了元宇宙社交属性，就有可能产生元宇宙商业生态，未来将会建立起相应的经济体系。未来有可能在短时间内让用户实现娱乐、互动、交易等更多元宇宙体验。

虚拟社交主要是通过手机互联网软件来完成人际交流，这种社交关系更具备广泛性、安全性、隐私性和便捷性，从一开始的图文，到现在流行的短视频，我们的日常生活已经离不开虚拟社交。

虚拟社交与元宇宙社交的区别就在于社交形式的改变，虚拟社交通过手机 App 突破时间与空间的限制，扩大了我们的交友范围，但是因为所有的社

交活动都是在手机上完成，整个社交过程又缺少了实体社交的真实性，隔着手机，仿佛隔着两个世界。而在元宇宙社交中，很可能借用全息虚拟影像技术，做到场景的真实还原。相对于虚拟社交，元宇宙社交用户之间的互动更为真实，沉浸感更强，更优可能是线上社交与线下社交的结合形式。在元宇宙中，玩家可以通过游戏与现实中根本不可能产生交集的人建立联系，从而收获不同的社交体验，甚至，玩家还可以在游戏里设计自己的楼宇、农田、工厂甚至是城市，构造新的元宇宙社交协作关系。

6.2.3　元宇宙社交的发展方向

真正的元宇宙社交，除了更加逼真的虚拟形象外，社交形态还可能会呈现三个基本特征：第一个是元宇宙社交空间可以进行虚拟场景创作；第二个是元宇宙社交场景可以进行虚拟与现实画面融合处理；第三个是元宇宙社交过程可以实现多人交互协作的场景。

根据上述推论，元宇宙的发展未来很大概率将会冲击已有的社交软件的市场格局。当前的社交 App，无论是微信还是钉钉，内容基本仍停留在二维层面上，三维立体信息的出现和推广，将会给交互形式带来一场新的元宇宙社交革命，从而使社交软件的市场出现新的划分。

社交关系中最常见的熟人社交和陌生人社交，这两条赛道未来将在元宇宙的催生下出现新的破局者和革新者。同样，伴随元宇宙的发展，信息交互从二维世界到三维世界的维度升级，也会让社交关系产生新的突变，引入新型的半熟人社交、群体性社交、兴趣社交等新赛道，黑马社交软件可能也会随之涌现。当革新者的量积累到一定程度的时候，将带来整体社交软件市场的重新变局。

未来可能有两种元宇宙社交增长的可能性：一种情况是本身作为社交工具把现有的用户带入新的元宇宙场景中；另一种情况是依托硬件平台生态、面向更垂直细分人群的社交工具。

随着互联网的不断发展，用户对虚拟世界的沉浸感要求也水涨船高，虚拟与现实的边界也逐渐减小，人们对更直观、更便利、更真实、更走心、更直接的社交关系的呼声越来越高，从文字社交到图文社交再到音视频社交，人们一直在追求信息丰富度更高、体验感更强的在线社交形式。而在线上社交领域，经历了 PC 社交网络、移动社交网络、兴趣社交网络之后，社交网络也正进入

第四个时代——元宇宙社交。元宇宙社交让我们拥有了重新定义元宇宙角色的能力，通过构建以数字资产为基础的数字世界经济体系来重构元宇宙人和元宇宙人之间的社会关系，到那个时候，社交的方式、社交的媒介都将发生翻天覆地的变革，无数的商机将涌现。数字世界与物理世界的融合通过元宇宙来实现。

最后，虽然说元宇宙的前景令人期待，但总体来说，元宇宙目前仍处在一个刚刚起步的婴儿时期，元宇宙和社交的结合以及落地场景应用都还需要很长时间的孕育和孵化，从技术层面来说还有技术环节要突破创新。在大局定下来之前，所有的元宇宙社交软件都可能找到可以切入的机会点，抓紧机会点实现自身能力突破的公司才有可能在接下来的十年里占据未来新一代社交方式的主导权。而新一代元宇宙社交将带来比普通虚拟社交多百倍、千倍的社会价值。

6.3 沉浸感

元宇宙需要有强沉浸感，只有当用户沉浸在元宇宙里，元宇宙才有可能具备对现实世界的替代性。

VR、AR等虚拟现实设备确实是人类进入元宇宙的方法之一，但是如果简单地把元宇宙等同于VR、AR，那么这种认知就有点肤浅了。现有的VR、AR虚拟游戏已经很多了，那么元宇宙跟VR、AR的区别在哪里呢？其实，本质的区别就在于沉浸感的差异性，沉浸感是元宇宙得以迅速吸引用户群体的重要因素。

6.3.1 沉浸感的重要性

我们可以畅想，未来随着技术的发展，我们可以利用脑机接口技术，进入和物理世界几无分别的元宇宙虚拟空间，通过视觉、听觉、触觉、嗅觉、味觉等感知体验，可以自由地和一切虚拟的人、动物、环境互动，无法真正地区分出物理世界和元宇宙的差异性。

为了达到这样的效果，沉浸感是一个非常重要的因素。元宇宙将会越来越注重沉浸感的效果，一定会有大量不同的公司持续推出深度沉浸感的产品。越能让用户沉浸在元宇宙的内容或者是硬件产品，越能卖得好，越能被用户认可，越能拥有大量的客户群体。

未来，在元宇宙空间，每一个用户都可以创造一个专属于自己的虚拟形象，在各种设备（包括个人电脑、手机、可穿戴设备）上登录元宇宙，在元宇宙里参加会议、和朋友逛街、跨国交流、云端看展，尤其是在新冠肺炎疫情尚未消退的当下，深度沉浸感无疑能帮助企业脱颖而出。

比如，在元宇宙中，用户站在房间里，就能体验到坐在10万人演唱会现场内身临其境的沉浸式音视觉效果；用户坐在沙发上，就能实现和远方多人的语音交流；用户躺在床上，就可以感受到远方亲人的触碰和身体的拥抱；用户闭上眼睛，也可以闻到远处饭菜的清香。普通的VR、AR设备要做到上述的体验，还需要借助耳机、麦克风、手套传感器和气味生成器来完成，但是根据科学家的研究成果，所有外界感官的信息，都是外部世界在大脑层的一种映射，假如未来元宇宙程序能够通过脑机接口API直接要求元宇宙系统输出相应的感官信息给用户的大脑，那么用户就能直接"闻到"或者"碰到"虚拟的物体，和真实物理空间世界几乎没有差异。

总体来说，要实现真正的元宇宙，最核心的特征就是真假难辨的沉浸式体验，达到"身临其境""丰富多彩""赏心悦目""实时互动""超越时空"的效果。

当然，目前的VR/AR设备和传感器设备还未能达到前述的描述体验，但是相信随着科技的普及和技术的持续进步，真正的元宇宙时代肯定会加速到来。

6.3.2 沉浸感的案例

元宇宙世界非常强调沉浸式体验，技术专家们一直在尝试将数字世界和物理世界统一起来，实现混合现实的效果。想要提高用户的沉浸式体验，在新的脑机技术出现之前，暂时只能从用户的五感，包括视觉、听觉和触觉上着手。

视觉与听觉方面，VR和耳机已经可以很好地解决身临其境和声音来源模拟的问题。对于触觉，Meta公司（原Facebook）公布了一款气动触觉手套，手套上搭载有大量的追踪和反馈部件，用来模拟虚假世界中交互时的物体碰触的感觉。通过这样的技术，使得用户在虚拟世界中除了能拥有听觉和视觉之外，还拥有了触觉。

元宇宙在沉浸式体验方面有如下几种模型。

1. 元宇宙景区

元宇宙沉浸式景区就是以旅游景区为基础，加上AR技术，通过景区演艺与景区业态进行创新融合,如图 6-5 所示,营造出具有沉浸式体验效果的旅游新模式。

图 6-5　沉浸式景区

沉浸式景区把传统旅游景区视为一个大剧场,充分利用灯光、音响、舞美、机械、置景、多媒体、特效、AR 等旅游演艺技术手段,把景区的导游、安保、保洁、讲解员、商户等全部人员也作为剧场的演员,结合 AR 里的虚拟人物和形象,实现"商业经营就是情景体验、日常工作就是演艺表演、游客游园就是沉浸体验"的全员沉浸和全业态沉浸方式。

2. 元宇宙发布会

对于科技机构而言,每年的科技发布会无疑是年度的盛典,但是新冠肺炎疫情的出现使得科技发布会难以如期进行。在这样的背景下,通过科技元宇宙把自身的技术和发布会结合起来变成了一种展示科技的能力。

2020 年 5 月,加州大学伯克利分校利用元宇宙技术在《我的世界》虚拟空间复制了整个校园,并在其中举行毕业典礼。典礼当天,加州伯克利的毕业生们在《我的世界》中共同参加了一次难忘的"虚拟"毕业典礼,整个毕业典礼包含了校长致辞、学位授予、抛礼帽等环节,取得了轰动的效果。

2021 年 4 月份,NVIDIA 公司举办线上峰会,CEO 黄仁勋在自己家进行线上直播及演讲,视频里的 CEO 在自家厨房进行厨具操作和演示。但是,三个月后,2021 年 8 月 12 日,英伟达表示,在其 4 月份举行的发布会上,CEO 的演讲中有 14 秒是由数字合成的"假人"代为出镜的,不仅如此,这 14 秒的环境也是虚拟的。这一宣布,全球哗然。因为这表明,经过三个月几十亿人的反复视频播放中,元宇宙的视频技术跟真实拍摄的效果几乎已经达到肉眼不可区分的程度了。画面中 CEO 的厨房、标志性的皮衣,甚至他的表情、

动作、头发……全都是合成出来的。那么，随之而来，所有业界人员会思考，是不是下一场在线发布会，就根本不需要真实的拍摄内容了，只要采用元宇宙仿真技术，就可以达到真人拍摄的沉浸感了。

3. 元宇宙博物馆

中国大运河博物馆重塑大型沉浸式古代场景，让观众置身于前朝的历史情境中。他们设计了"知识展示＋密室逃脱"的互动体验，让观众在游戏的过程中获得良好的文化教育体验；打造360度多媒体剧场，让观众在多维的空间中接受文化的传承。技术使博物馆的文化教育和娱乐体验达到最佳融合。其中，舟楫模型展览展示空间，通过互动屏、AR增强现实等多媒体交互技术展现古代舟楫的卓越风姿，打造"活起来"的展示空间。通过重塑大型古代舟楫，还原古代城市特色场景，打造虚实结合的古代大型沉浸式体验剧场。

总之，当我们进入元宇宙中，并且以第一人称视角探索和体验元宇宙世界时，深度沉浸式体验是元宇宙得以高速发展的重要因素。

6.4 低延迟

元宇宙要求高同步低延迟，从而让元宇宙的用户群体能够实时、流畅地"生活"在元宇宙里。

6.4.1 低延迟的定义

延迟是指计算机系统或通信网络中从发送端到接收端发送一个数据的往返所需的时间，或者说是指输入和响应之间的延迟。

在网络连接的情况下，过长的延迟可能会降低用户体验。比如必须在网页前等待五分钟才能打开的场景。延迟对于视频会议、虚拟现实、游戏和远程设备控制等实时应用程序尤为重要。用户对视频滞后、界面卡顿显然是难以忍受的。

根据独立第三方网络测试机构 Open Signal 的测试数据，4G 的时延会达到近 100ms，这样的时延仅仅能满足视频会议、线上课堂等对时延要求不高的场景里的互动需求，对于元宇宙场景，则会造成严重的影响。比如说，当用户在元宇宙里体验远程高速驾驶场景的时候（用户远程操作汽车），貌似不起眼的 0.1s 延迟，都有可能造成汽车毁损的后果。

6.4.2 元宇宙低延迟需求

低延迟在元宇宙里是有实际的应用场景需求的。

1. 医疗元宇宙

通过计算机技术,以遥感、遥测、遥控技术为依托,充分发挥大医院或专科医疗中心的医疗技术优势,对医疗条件较差的边远地区、海岛或舰船上的伤病员进行远距离诊断、治疗和咨询。

可以设想这样一个场景:医生正在进行远距离手术,当远处机器人的刀不小心切开一条血管,应该马上进行止血操作,如果是低延迟的系统,那么可能在一两毫秒内就可以止住血了。但是如果因为延迟过大,当刀不小心切开一条血管,那么可能需要经过延迟的时间 t_1 后,本地的医生才能通过视频发现手术刀的失误,而且在他发送一个远程止血命令后还要延迟时间 t_2 后才能生效,于是机器人需要经过 t_1+t_2 后才能成功止血。对于患者来说,如果一次简单动作处理都可能会引入一个等待时延的话,那么在动大手术的情况下是绝不可接受的,因为一个响应不及时可能就是生命的代价。

2. 工业元宇宙

工业元宇宙本质是通过开放的、全球化的工业级网络平台把设备、生产线、工厂、供应商、产品和客户紧密地连接和融合起来,高效共享工业经济中的各种要素资源,从而通过自动化、智能化的生产方式降低成本、增加效率,帮助制造业延长产业链,推动制造业转型发展。

在工业元宇宙里也可以设想这样的一个场景:假定一条流水线上有两台机械臂代替工人进行流水线作业。机械臂 A 在流水线的上游,机械臂 B 在流水线的下游,A 工位完成的产品到 B 做下一个处理,如果 A、B 和系统都是低延迟的,那么 A 处理完后,系统马上通知 B 处理,整个过程是非常流畅的,整体流水线的效果就非常完美。但是假如系统和 A、B 都有一个随机的时延,那么这个时候系统将会有非常多的不确定因素,于是 B 和 A 不得不相互等待对方的处理结果,这样就会导致产量大幅度降低。

3. 游戏元宇宙

云游戏是以云算力为主要核心的游戏方式,在云游戏的运行模式下,所有游戏的运算和渲染都在服务器端运行,并将渲染完成的游戏画面压缩后通过网络传送给用户。在客户端，用户的游戏设备不需要任何具备算力的处理器和显卡，只需要基本的视频解压能力就可以了。云计算（Cloud Computing），是一种基于互联网的计算方式，通过这种方式，云端的算力可以实时按需提供给计算机和其他设备，达到资源的最大化利用。

游戏交互的体验取决于网络通信延迟，传统网络游戏仅需从云端传输游戏状态数据，而云游戏则必须大量传递图像数据和现实数据，其数据量是现有传统网络游戏的上百倍甚至上千倍，对网络延迟更为敏感，当网络通信质量较差时，玩家会直接感受到卡顿现象，从而感觉游戏体验质量降低了。

当前在普通电脑或者手机设备上，一秒钟30帧画面是游戏帧数下限（玩家可以接受的帧数下限），两帧之间有33ms的时间（1秒/30帧）。如果云游戏也要求为30帧运行，为了让玩家几乎感受不到延迟，那么从操作到画面反馈的延迟至少要小于33ms，也就是说服务器端的"计算+网络数据的传输"延迟至少要小于16ms，云游戏才能保证用户体验感。

6.4.3 如何实现低延迟

5G和WiFi6/WiFi7都是实现低延迟的方法之一，下面以5G为例来展开说明。

5G技术近两年开始进入发展期，而这项技术正好对应了低延迟。随着技术的高速发展，相信不久的将来我们就能感受到元宇宙低延迟带来的真实感。

当说端到端时延时，即指的UE（手机）发送数据包到互联网服务器的往返时延（RTT）。

在做端到端测试时，数据包从手机（电脑或者智能设备）→基站→网络回传（光缆线路）→核心网→光缆传输→互联网服务器，然后再返回手机（电脑或者智能设备）。

1ms是5G网络的端到端的时延要求，为了实现这样的低延迟，其实有很多工作需要进一步去做，包括网络传输带宽的加速、端侧的快速响应。比如，Intel正在努力让每个人在1ms的时间里获得1Petaflop算力、1PB数据，相信这在未来会为元宇宙的技术实现提供更多的助力。

作为低延迟系统，有两个比较重要的参数指标：吞吐量和响应率（当然还有其他更多指标）。吞吐量表达了系统在单位时间内所处理的请求量；而响应率则表达了单次请求所消耗的单位时间。这两个指标基本能判断出一个交易系统是否"足够快"。如何提高吞吐量和响应率的讨论是更深层次和更技术层面的讨论，本书暂时不进一步展开讨论。

最后，毫秒级延迟应用领域涵盖远程制作、数字孪生、高级 XR 等，往往需要非常高的视频质量和超低延迟，要做到较好的低延迟互动媒体服务，还需要低延迟传送协议、实时图像渲染以及基础 ICT 网络技术整体的演进。如工程是在线上，还需要结合平台特性重构编码实现架构，细化编码各工具性能与延迟关系，技术实现上当前仍然存在巨大技术挑战。

6.5 多元化

多元化（Variety）是元宇宙的一大特征，对于元宇宙的多元化，学术上尚没有统一的定义和认知。2021 年 3 月 10 日，号称"元宇宙第一股"的"Roblox DPO"上市，其招股书中首次写入元宇宙概念，并列出其应具备的八大特征：Identity（身份）、Friends（朋友）、Immersive（沉浸感）、Anywhere（随时随地）、Variety（多元化）、Low Friction（低延迟）、Economy（经济）、Civility（文明）。这也是多元化特性被首次提出，如图 6-6 所示。

图 6-6　Roblox 多样性定义

从大概念上来说，多元化可以泛指元宇宙提供的多种丰富内容，包括玩法、道具、美术素材等。元宇宙具有超越现实的自由与多元，多样主要体现在内容上，包括模组工具、体验内容数量，需要充分发挥用户的探索与创造能力。

6.5.1　元宇宙多元化定义

多元化在学术上是特性不同的对象组合，业务的多元化指非相关、跨行业、多品类的业务组合，比如烟草品牌红塔山做地板、空调品牌春兰做汽车、家电品牌海尔做医药。社会的多元化指性别、种族、民族的不同组合；学习的多元化指跨学科。多元化可以体现如下。

（1）虚数演唱会：美国著名流行歌手 Travis Soot 在游戏《堡垒之夜》（*Fortnite*）中举办了一场虚拟演唱会，全球 1280 万游戏玩家成为虚拟演唱会观众。

（2）虚拟教育：孩子们在沙盘游戏《我的世界》和 Roblox 创造属于自己的空间和世界。

（3）虚拟金融：CNBC 报道"元宇宙"的地产浪潮，投资"元宇宙"资产基金的设立，全方位"元宇宙"资产和财富模式正在兴起。

（4）学术活动虚拟化：全球顶级学术会议 ACAI 在《动物森友会》（*Animal Crossing Society*）上举行研讨会。

（5）虚拟创作：Roblox 影响了整个游戏生态，吸引的月活跃玩家超亿人，创造了超过 1800 万个游戏体验。

正因为有着多元化的特性，人们在元宇宙里很快可以随时随地切换身份，穿梭于真实和虚拟世界，任意进入一个虚拟空间和时间节点所构成的"元宇宙"，在其中学习、工作、交友、购物、旅游。

6.5.2　元宇宙多元化特性

在笔者看来，多元化特性对于元宇宙而言，至少包含四个领域的多元化：时空上的多元化、体验上的多元化、设备上的多元化和内容上的多元化。

1. 时空上的多元化

从时空性来看，元宇宙是一个空间维度上虚拟而时间维度上真实的数字世界；从真实性来看，元宇宙中既有现实世界的数字化复制物，也有虚拟世界的创造物；从独立性来看，元宇宙是一个与外部真实世界既紧密相连，又高度独立的平行空间；从连接性来看，元宇宙是一个把网络、硬件终端和用户囊括进来的永续的、广覆盖的虚拟现实系统。元宇宙不是一个新的概念，它更像是一个经典概念的重生，是在扩展现实（XR）、区块链、云计算、数字孪生等新技术下的概念具化。

2. 体验上的多元化

在元宇宙里，体验是多元化的，至少包含如下不同的体验场景。

（1）游戏体验：元宇宙将越来越具有沉浸感，更适应空间位置感，更具社交性、互动性，并由各种不同的创作者共同精心打造。

（2）社交体验：元宇宙将使人类能够更为真实地进行社交（比如虚拟社区），而不仅仅是通过传统的 App 软件进行社交。

（3）直播体验：立体直播会更适合展示游戏和教学，随着元宇宙内的直播变得立体化，直播将会更具有沉浸感和社交性。

（4）健身体验：健身再也不用去健身房了，VR 将健身带入了元宇宙，并使其更具互动性和社交性。未来甚至可以采用全息虚拟人身边陪伴健身的方式实现私人教练服务。

元宇宙的多种技术，使得不同的用户在不同的元宇宙场景里有更多真实的用户体验。

3. 设备上的多元化

硬件设备决定了人们如何登录"元宇宙"。而元宇宙里的软件内容则决定了能在"元宇宙"里做什么。

也正因为如此，出现了三种不同的硬件设备。

第一种是手机，对于初始阶段的"元宇宙"来说，手机毫无疑问是访问元宇宙最通用的工具。手机在当前社会几乎是人手一部，以这样一个人人具备的工具作为元宇宙的入口，是元宇宙低成本铺开的重要方式。

第二种是触觉手套，这款手套解决了"如何接触元宇宙"的难题：当用户在元宇宙里拿起一个物体时，用户能通过手套感觉到它已经在手里了。

第三种是 VR 眼镜、VR 头盔等。作为元宇宙的启蒙硬件，很多人是通过 VR 眼镜和 VR 头盔认识元宇宙的。市面上有众多的 VR 设备，整个市场依旧不温不火地持续了好些年。但是，我们非常坚信，未来它们的性能也都将越来越好，有更强大的传感器、更长的电池寿命、更复杂/更多样化的触觉、更丰富的屏幕、更清晰的摄像头等，让整个元宇宙的体验越来越好。

4. 内容上的多元化

元宇宙有一个不容忽视的概念：UGC——用户生成内容。

UGC概念在元宇宙第一股"Roblox"平台中已经有所体现。

Roblox，由机器人（Robots）和方块（Blocks）合并而来。它不是一款游戏，而是一个社区、一个平台。

Roblox融入了UGC概念，玩家可在游戏平台中进行在线创作。用户既是玩家，也是创作者。通过玩家的自主创作，Roblox内部就衍生了无数个游戏世界。

元宇宙的形成亦是如此，玩家的创造力是元宇宙多元化发展的不竭动力。

6.5.3 元宇宙多元化未来

元宇宙最终将搭建一个完整运行的经济、跨越实体和数字的世界。我们现在的数字资产、虚拟内容、IP和数字货币都可以在元宇宙内继续流通使用。而且，在元宇宙世界里，不但继承了所有物理世界的特性，还在物理世界的基础上进一步具备完整的自我驱动和迭代能力。

科技发展日新月异，正如互联网仅仅发展半个世纪，就已经将全球63%的人类联系在一起。科技的发展是滚动加速的，随着5G、AR、VR、MR等技术和终端设备的不断迭代，元宇宙的发展变化速度可能会远远超出人们的预期，多界面、全感官沉浸式人机交互的新网络连接形态，将有望迅速成为主流。

对于内容或者平台搭建者来说，能够建立一个集社交、娱乐、广告、电子商务等功能于一体的沉浸式虚拟世界，其商业价值将随着用户价值链的延展而呈现几何级数的提升。

6.6 随时随地

随时随地，顾名思义，这一要素要求人类在未来具有能摆脱时空限制，具备随时随地进入元宇宙的能力。

电影《阿凡达》里的杰克·萨利必须得躺到特定的容器里，然后通过线路把他的思想注入阿凡达的脑子里，然后才能操纵阿凡达的身体，进入到元宇宙（纳美星）。电影《黑客帝国》里的尼奥，则需要回到飞船里，利用飞船上的插口插入脑后，然后意识就可以进入母体，而意识可以利用母体中的公用电话返回大脑以回到真实世界。两部电影虽然都属于科幻性质的天马行空，但是都有一个前提，即需要在特定地点借助某种媒介才能实现进出元宇宙的操作，

明显没有达到元宇宙的随时随地进入的特征。

要实现随时随地进入元宇宙,需要有技术上的加持才行。大概有如下几个领域技术的增强。

1. 随时随地的强网络连接

对于元宇宙的随时随地连接,只有随时随地的强网络连接特性才能保证用户在任何地方均能以稳定而高速的网络性能进入元宇宙空间。

在网络时延方面,为了保证用户在任何一个地方都能在元宇宙中实现 XR 和触感业务协同、全息感知通信等技术的目标,前提是保证任何一个地点都实现 1ms 端到端时延。

元宇宙用户还需要能随时接入网络并确保移动性 QoE,业务需要即时响应计算处理并提供 QoS 保障。

全息通信、AR/VR、元宇宙等业务的发展,对网络提出了一系列新的要求与挑战,面向 6G 的未来网络将有巨大前景。确定性、可编程、云化、一体化安全也将成为未来网络的重要发展趋势,未来将从承载、管控、业务等方面,全方位提升网络能力。

2. 随时随地的广硬件支持

随时随地的硬件支持能够保证用户在任何想要的时间都能够切换物理世界和真实世界。

脑机接口当前还不是元宇宙的主流,在短时间内也还没看到成为主流的机会。普通的 VR/AR/MR 设备则还需要大量的体验优化,但不管怎么说,一个能够支持随时随地特性的元宇宙硬件入口,应该包含如下特性:

一是硬件设备需要达到低功耗。因为当前的一些设备电池消耗得比较快,相关设备还没有办法做到长时间低功耗待机,很多 VR、AR、触觉手套等智能接入设备还没有办法实现长时间工作的形式,从而降低了 VR/AR/ 触觉手套的可携带性。

二是硬件设备的算力需要达到足够算力。在处理算力需求方面,中国工程院院士刘韵洁认为,元宇宙相关技术需要依靠超强算力,如达到 AR/VR 算力为 3900 EFLOPS、区块链算力为 5500 EFLOPS、AI 算力为 16000 EFLOPS 级别才能处理连续长周期、突发短周期的智能元宇宙服务(学术上对此尚无统一明确的定义,但是毫无疑问,提升算力能力对于整体的体验服务是很有帮助的)。

三是硬件设备需要达到便利携带。一个元宇宙的入口级硬件要做到便利携带,体积足够小,且重量也不是太过于有压力,比如手机,重量一般在200g以内,尺寸小巧,放在口袋或者包里就可以随身携带。未来元宇宙的入口级产品也要达到这样的尺寸重量,才能做到随身携带,才能满足随时随地可以登录的入口级特性。

3. 随时随地的高软件能力

提到高软件能力,不可避免要提到泛在网络空间的概念。随着元宇宙的网络空间从面向信息的互联网扩展到了数字孪生的互联泛在网络空间,传统的软件计算模式已经不能满足网络空间大数据分析处理的需要。

(1)空间的扩展:元宇宙泛在网络空间需要实现自适应性的智能网络,将各种有线和无线网络与物联网、互联网、传感网等进行融合,利用海量的传感器、智能处理设备等终端以及运行于其上的软件、服务和应用,实现在任何时间、任何地点的安全有效连接。

(2)大数据要求:元宇宙泛在网络空间大数据迫切需要大量个人、研究机构和企业等相互合作,在保护各自知识产权、数据隐私与所有权的基础上,进行综合的协同计算,这势必要求整个元宇宙泛在空间的大数据处理能够实现规模大、数据类型多、速度快、数据的准确性和可信性、有价值等特点。

(3)信息的打通保护:大数据尤其是物联网数据、传感器数据和移动应用数据一般属于不同的个人、组织或机构所有。考虑到隐私保护、所有权和安全保密等原因,当前大数据"信息孤岛"比比皆是。这和元宇宙的理念相违背,元宇宙要求数据和知识集中到某个数据中心进行统一的存储、搜索、分析和挖掘。在数据分析处理和挖掘方面,很难出现单独的一个机构能够独自解决当前泛在网络空间大数据分析处理面临的信息孤岛问题,这就使得元宇宙迫切需要在保护各自知识产权的基础上进行合作,让世界上的数据和算力能够协同计算,满足元宇宙泛在网络空间大数据分析处理的需要。

除此之外,在元宇宙泛在缓存需求方面,元宇宙中的内容预测及分发、视觉触觉回放等功能要求实现全网泛在缓存以配合业务计算处理,在此不做太多赘述。

总之,未来的元宇宙是一个可以随时随地进入的世界,只要用户拥有一

个入口级设备,这个入口级设备可大可小,那么元宇宙可以通过任何一个入口级设备连接到元宇宙,并且可以实时同步用户喜欢的设置,元宇宙里的任何资源,都会跟着用户的身份认证信息走,等效于用户可以把元宇宙的家带向任何地方。

随时随地特性对于元宇宙是有很多扩展特性的,例如,元宇宙健身房支持用户随时随地利用碎片化时间健身,通过体感设备和检测指标与教练在线互动;用户通过虚拟身份可以加入虚拟社群,用户随时可以与健身爱好者交流健身经验和健身常识。再如,元宇宙演唱会允许用户突破物理限制,随时随地与歌手互动,欣赏歌手的服装道具和舞台效果。用户能够随时利用元宇宙的演出门票 NFT、虚拟道具、数字周边事物,进行更多的元宇宙体验。最后,元宇宙旅游允许用户以数字化方式在数字空间里对物理空间进行建模,并将其放入云端展示,用户只需要随时随地戴上 VR 眼镜便能够来一场"说走就走"的旅行,各种讲解和仿真式的互动更是帮助用户获得元宇宙虚拟现实的良好体验。

6.7 经济系统

元宇宙想要成为和物理世界并行的虚拟数字世界,就需要具有跟现实世界相同作用的独立经济系统,每个人都将拥有属于自己的元宇宙虚拟数字资产。

元宇宙的数字资产不同于一般游戏世界的装备、皮肤或者金币,数字资产不仅适用于某一个游戏场景,还能在元宇宙所有的世界场景里流通,甚至可以和现实货币相互兑换。元宇宙这种独特的经济体系打破了物理世界与数字世界的壁障,使得物理世界和数字世界更紧密地结合在一起。

2022 年 3 月 2 日,全国政协委员、佳都科技董事长刘伟表示,元宇宙作为新兴事物,更需要政府带头示范、引导,使其从发展初期就走上赋能实体产业、壮大数字经济的正确道路,建议由政府主导打造"元宇宙中国"数字经济体,开辟数字经济新领域,引导虚拟世界与现实世界紧密联系。尽快组织论证、统筹规划,出台"元宇宙中国"的顶层设计方案。同时,明确牵头和监管部门,整体立项、分期分层推进"元宇宙中国""元宇宙城市"及其他增强现实、虚拟现实等项目建设。此外,探索建立虚拟经济规则体系,推动完善数字资产确权、交易、隐私保护等方面的配套法规,规范虚拟数字经济的运行。

也就是说,经济系统不仅仅是元宇宙里一个必不可少的元素,甚至可以是在元宇宙发展之前就独立存活的形态。

6.7.1 经济系统分类

1. NFT

最近被炒得火热的 NFT 就是元宇宙的虚拟数字资产之一。

NFT（Non-Fungible Token）即非同质化代币，是用于表示数字资产（包括 JPG 和视频剪辑形式）的唯一加密货币令牌，可以买卖。文艺作品在 NFT 化后，将被以数字形式保存起来，在产品 NFT 化后，产品所有权将更加明确，而产品交易则可以被透明地追溯。NFT 的出现保障了原创者的权益，也加速了数字产品的流通。NFT 可以应用于数字文创、艺术品、收藏品、游戏道具、影音作品等众多领域，可以 JPG、PDF、GIF 等不同格式存在。

加密朋克（一个个小头像），是历史上第一个 NFT 数字藏品项目。

2018 年，一只叫作 Dragon 的加密猫的 NFT 交易价格超过 100 万元人民币。后来，NFT"彩虹猫"也卖出 60 万美元的高价。

2021 年 3 月，*Everydays—The First 5000 Days*——一幅由 5000 幅图像组成的艺术作品，在佳士得最终以 6934 万美元成交，约合人民币 4.5 亿元。

当前的 NFT 技术已经涉及艺术藏品、品牌 IP、人物版权、歌曲和影视等。

说到 NFT，离不开关键技术——区块链。区块链使得每一个 NFT 都具有唯一性、不可篡改性、可追溯性，重塑了用户的所有权。同时，区块链也是实现元宇宙去中心化管理的关键，个人的资产归个人管制，实现了用户之间的直接交易。

万物即是资产，资产即可 NFT。相信随着越来越多的资产以 NFT 的形式呈现，版权被侵权的乱象将被进一步遏制，版权保护将得以实现，而数字资产变现效率将进一步提高。最终将迎来一个真实、可信、安全、公平的美好数字世界。

2. Fungible Tokens

Fungible Tokens 主要指的是可以代替的物品，比如数字货币"比特币"，它能够和其他同类型的虚拟货币进行交换，这种类型的虚拟货币在元宇宙的世界中可以作为类似于各个国家的通行货币一样的作用，使其在日常的元宇宙生活中来进行交易流通。

虚拟货币作为可交易的资产类别，在部分领域有了进展，在部分领域则受到了限制。

在支持者看来，货币的本质是信仰共识。"比特币"等虚拟货币在全球范围内有众多支持者，比如2021年年初比特币价格曾翻了一番，狗狗币涨了近50倍，SHIBA币年内涨了60多万倍……这种涨幅远超市场同期所有重要股指、大宗商品和房价。与此同时，市面上太多炒币造富故事的渲染，让越来越多的人相信虚拟货币"去中心化"是传统货币体系的对抗，这种宣传进一步推高了很多人对于虚拟货币的"信仰"。

在反对者看来，首先，"比特币"等虚拟货币的价格剧烈波动，暴涨之后暴跌，受一些消息的影响非常大，用风声鹤唳来形容都不为过。2021年5月，比特币等虚拟货币突然出现崩盘式大跌，跌幅令圈内人一片哀号。当时，比特币的价格从2021年4月的历史高点下跌，下跌幅度最多接近五成。此外，虚拟货币所强调的"去中心化"，不仅说明它是不受政府监管的一种货币，而且也表明，它作为一种加密资产，根本不对应某个机构的负债，也不对应清偿能力。这与货币是国家中央银行的负债、由法律和国家信用支持其清偿力是不一样的。作为一种"货币"，价格波动巨大，它的价格没有一个"锚"，是无法成为有用的记账单位。再次，比特币这类虚拟货币本身既没有任何实际价值，也没有政府和央行的信用背书，也不是可信的储值品。正因如此，少有国家真正认可比特币等虚拟货币是真正的货币。最后，虚拟货币匿名、去中心化机制、加密算法、无国界便携等特征，使其具备脱离现实世界的法律监管与道德规范的可能性，成为助长灰色乃至黑色经济，充当洗钱、赌博、色情、行贿、逃税、逃避外汇管制及其他违法犯罪的工具。

在未能有效解决上述风险与问题之前，中国对虚拟货币的监管态势不会放松。根据剑桥大学的一项统计，2021年5月，中国比特币挖矿算力排名全网第一；6月，中国算力骤降；7月，中国算力"功能性归零"，算力外迁至美国、俄罗斯、柬埔寨等地。这从一个方面说明了中国对虚拟货币的态度。与此对应的是，美国算力升至全球第一。美国对虚拟货币监管也不是完全放开，但由于缺乏统一立法和一站式监管，目前美国财政部、证券交易委员会、商品期货交易委员会等部门还是各自为政的状态，还未在法令层面上达成统一策略。在可见的未来，业界有望能提出行之有效的策略。

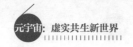

6.7.2 经济系统展望

元宇宙作为一个新的孪生世界,需要有相应的经济系统作为元宇宙里所有人与人之间等价交互的基础支撑,就像现实世界中一样。在元宇宙中,同样也需要商品,商品当然就会有价值,有价值就需要有衡量价值的尺度。元宇宙商品都是虚拟的,是数字商品。元宇宙商品的定义、价值衡量标准、价值交换方式都不同于现实世界。

元宇宙的经济体系里,包含数字创造、数字资产、数字市场和数字货币等四个领域。通过数字创造,形成数字资产,通过数字资产的产权,建立数字市场,进行数字产权交易转移,交易转移过程中,通过数字货币来进行。这样,基于这四个核心要素,就可以完整构建一个可持续发展的良好的元宇宙经济体系。

6.8 数字文明

李录先生的著作《文明、现代化、价值投资与中国》里提到"人类利用自身与环境中的资源在生存发展中所创造出来的全部成果,意在计量人类和其最接近的动物祖先之间拉开的距离","文化用来区分不同地区、不同人群之间的区别,而文明则是用于描述人类发展的共性,并区别人类与动物祖先。"

6.8.1 元宇宙文明

人类科学技术的每一次进步,人们认识世界的水平就会提升,改造世界的能力也相应实现新的飞跃,从而使人类文明上升到新的层次。当前,随着数字经济的快速发展,人类社会的政治、经济、文化都带上了独有的数字痕迹,人类明显进入数字文明。我们有理由相信,随着元宇宙的发展,元宇宙文明将会蓬勃发展起来。

数字技术带来了数字文明,它是一个基于计算机、互联网、人工智能、区块链、大数据、云计算、物联网等数字技术综合起来的人类文明。

而元宇宙时代,人类的文明水平将会进一步发展。

如果把当前的文明水平视为数字文明的初级阶段,那么元宇宙文明将是数字文明的高阶形态。在这个阶段,数字世界将和物理世界以数字孪生的形式共存相容。

在《元宇宙：开启未来世界的六大趋势》中提到："每一次人类文明的演进，往往会经历新技术、新金融、新商业、新组织、新规则、新经济、新文明七个阶段。从新技术的创新和应用开始，构建相匹配的新金融体系，并孕育新的商业模式，从而跨越鸿沟、实现普及，进一步催生新的组织形态，推动制定新的规则，进而重塑形成新的经济体系，最终引领社会走向新的文明形态。"

人类文明已经是古老的存在，而数字文明还在飞速地发展。人类什么时候能构筑起元宇宙的文明，就什么时候跻身真正的"元宇宙时代"。

6.8.2 元宇宙文明等级

元宇宙的文明随着元宇宙的发展而呈现不同等级的阶段，当前尚无共同的标准，有学者按照如下要求给出元宇宙文明的分级策略。

（1）一级元宇宙文明：这一阶段，人们会利用 VR/AR/MR/人工智能、脑机接口、大脑级仿生芯片、超级量子计算机等技术去打破现实世界与虚拟世界的壁垒，实现物理世界与数字世界的融合。当前人类的元宇宙文明就处于这一阶段。

（2）二级元宇宙文明：这一阶段，人类能够有效操纵量子及量子世界，这样就有机会彻底打通物理世界和数字世界，也就是说人类肉体可以同时在物理世界与虚拟世界自由穿梭。这个阶段听起来超越了当前科技水平几十年，但是科技是呈指数级高速发展的，也许这一阶段来得会比预想中的更快，只要人类对于量子的研究达到更新的一个层次，那么这一阶段就会尽快到来。

（3）三级元宇宙文明：这一阶段，人类文明能够有效利用黑洞或者虫洞，并改造黑洞或者虫洞为现实世界与虚拟世界的入口和桥梁，人类文明能打造物理世界的平行世界，人类从精神和肉体上实现永生。为了实现这个目标，人类对于宇宙黑洞和时间虫洞的研究需要更加彻底，甚至在永生的伦理认识上达到一个高度后，才能顺利迎接这一级别宇宙文明的到来。

（4）四级元宇宙文明：这一阶段，人类文明能够不依赖物理介质，人类大脑潜能大幅度提升，并能够有效利用 Majorana 费米子、希格斯玻色子、引力子、磁单极、暗物质完成"粒子世界"的操控，通过大脑意识完成人类宇宙、元宇宙的穿梭。在这一阶段，人们甚至可以选择永远生活在元宇宙中，选择彻底放弃肉身，在元宇宙中让自己的生命和创造继续持续进行。

（5）五级元宇宙文明：这一阶段，每个人类都能通过自身大脑直接进入粒子世界并且穿梭在现实世界和元宇宙之间，可以自由建立或关闭属于自己的元宇宙，每个普通人类都有可能成为某个元宇宙的主宰者。到了这个时候，人类的肉体只是人类意识的一个阶段载体，意识可以在肉体甚至可以在某种人造介质里保存，同时可以在各种不同的介质之间自由切换。在这样的社会文明下，人们对物质的需求将会大幅降低，对精神的需求将会远超对物质的需求，整个人类的文明将会大幅度提升。

从当前元宇宙的发展水平来说，我们正在处于第一级元宇宙文明的发展阶段。从技术上，我们还要针对脑机接口、大脑级仿生芯片、超级量子计算机进行努力探索和突破，才能顺利实现第一级元宇宙文明。

6.8.3 元宇宙文明的未来

文明随着科学技术的进步和人类素质的提高而在不断进化，纵观人类发展史，文明的演变经历了古文明、近代工业文明、现代信息文明，未来会进一步向元宇宙文明等演化，每一次文明的演变都是一个由量变到质变的过程。因此，发展科学技术成为推动元宇宙文明最重要的途径。为了这个目标，人类社会要具备能够促进发展科学技术氛围的土壤，要调动一切积极因素，为科技进步做贡献。

元宇宙文明演变的未来，要么使人类越来越好，社会制度越来越合理，为了人类的延续打下坚实的基础；要么使人类越来越糟，破坏环境、毁灭自然，最后导致全人类的灭亡。我们推动元宇宙文明的过程中，目的就是力求使人类文明永远存在下去，只有这样，才能在推进元宇宙文明的过程中不忘初心，保持理性，人类文明延续的希望才会越来越大。

任何事物都有一个产生、发展和灭亡的过程，元宇宙文明也不会逃脱这样的历史规律。但是人类之所以是人类，关键是人类的主观能动性，在预见到文明衰退和灭亡之前，能够利用人类的科学技术水平及应用能力去提前做出准备。如果元宇宙文明始终能在各种危险变化之前找到出路，那么元宇宙文明的演变过程是无限的。但是反过来，如果人类对元宇宙文明过于乐观，不充分抓紧时间，努力推动科学技术的进步与发展，不能产生一个有效合理的制度来保证元宇宙的发展，那么有可能给元宇宙带来灭顶之灾。因此，元宇宙文明的演变需要人类社会的有识之士共同努力去打造和维护。

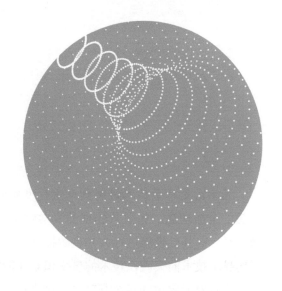

第 7 章
元宇宙的基础设施

元宇宙是基于技术进展到一定程度后必然出现的概念,而不是一个凭空设想的全新理念。想要从物理的真实宇宙构建出一个良好体验的元宇宙,势必要对一些基础设施进行大幅度的提升。从连接性能的提升,到算力的演进,再到显示技术的突破,技术的量变积累才能实现质变的飞跃。

本章对元宇宙的各个基础设施维度进行分析探索。

7.1 5G/6G通信

5G/6G属于网络通信技术范畴,在元宇宙中经常提到的"随时随地"(随时随地登录元宇宙,不受限制)、"低延迟"特点,都需要低延迟的5G网络作为基础,甚至将以后研发的6G/7G网络作为提升的方向。

简单地说,1G可以提供通话服务,2G可以提供文本信息服务,3G可以提供图片等多媒体服务,4G可以提供视频类服务,5G和6G则可以提供更高速视频服务(比如VR或者8K视频)。

7.1.1 5G技术

5G即第五代移动通信技术(5th Generation Mobile Communication Technology)是具有高速率、低时延和大连接特点的宽带移动通信技术,它包含增强移动宽带(eMBB)、超高可靠低延迟通信(uRLLC)和海量机器类通信(mMTC)等特性。5G的整体技术示意图如图7-1所示。

对于手机、智能设备都可以借助5G通信模组连接到同一个5G基站或者不同的5G基站。而不同的5G基站连接到机房,机房和机房之间以光缆连接起来。

5G 的 eMBB 特性代表高数据带宽，相对于 4G 好比是高速公路和羊肠小道的区别。高速公路上可以同时并排跑几辆大卡车，并且车速还很快；但是羊肠小道只能跑一辆车，而且还因为坑坑洼洼，导致车速提升不上去。5G 的网速理论值可达 10Gb/s，是 4G 平均网速（63Mb/s）的 100 多倍。基于它的特性，可以使得文件的下载速度更快（比如，高清电影下载在几秒之内就可以完成），在线观看视频画质更高（1080p、4K、8K 都可以支持），多媒体服务体验更加良好（虚拟现实浸入式体验）。当然，也可以实现在现有相同数据速率下支持更多用户同时在线或单个用户时延大幅降低的功能。

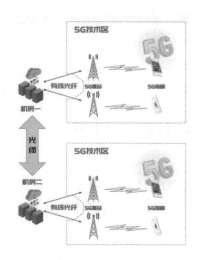

图 7-1　5G 技术示意图

对于 5G 的 uRLLC 特性是什么呢？假定一个场景,高明的手术医生在美国，病人在中国，因为疫情，手术医生没法到中国来，只有采用远程操作机械臂来进行手术。医生远程操作机械臂的时候需要看现场的手术情况进行及时调整，切开皮肤发现出血了需要马上止血，但是因为普通网络的时延比较大，远程的医生需等 1～2 秒才看到出血的图像，再延迟 1～2 秒才能实现止血的动作。假如采用 5G 模组，那么毫秒级别看到出血的图像，再延迟毫秒执行止血的动作，这短短的时延节省对于此类急救生命的场景非常重要，而 5G 基本解决了时延的问题。

而 5G 的 mMTC 又是什么呢？我们提到物联网万物互联的时候，当连一个灯泡都要连上网的时候，这个时候会发生什么呢？大家可能有过在演唱会上，人一多，无法连网或者打电话，因为每个基站的接入是有限的。5G 则可以支持每平方公里接入 100 万个设备，是 4G 的 10 倍。

截至 2023 年 6 月底，我国累计建成 5G 基站超 293 万个，电信业务总量同比增长 17.1%，信息通信业呈现蓬勃发展态势，用户更多，应用更广。目前，5G 基站总量占全球 60% 以上，5G 网络已覆盖所有地级市城区、超过 98% 的县城城区和 80% 的乡镇镇区。

5G 的推广，除了基站的部署之外，还需要 5G 模组在智能设备上的大量应用才能真正推广。生产 5G 模组的厂商有华为、深圳高新兴物联、深圳广和通、深圳美格智能、上海移远通信等公司。但是，当前 5G 模组还存在模组费用较高的问题（基本都在 1000 元以上），也大大限制了 5G 设备的推广使用。随着技术的迭代改善，相信在不久的将来，5G 模组也能够下降到接近 4G 模组的成本范围，这个时候相信整个 5G 生态会有一个极大的提升。

7.1.2　6G技术

在 5G 尚还有发展空间的同时，华为等多家高科技企业开始投入大量资金进行 6G 技术的研发，并且在这一领域内进展神速，引发了全球关注。

对于 6G 通信技术，顾名思义，是 5G 之后的新一代通信技术，它除了拥有 5G 技术的所有优点之外，还将拥有 4G 技术的广覆盖范围、卫星通信的全球连接与 WiFi 的便捷连接等优势。

但应该说明的是，6G 技术刚刚进入预研阶段，离商用还有一段距离。根据之前经验，从"2013 年 4 月，工信部、发展改革委、科技部共同支持成立 IMT-2020（5G）推进组，作为 5G 推进工作的平台"到"2021 年，我国已建成 5G 基站超过 115 万个"，足足经历了八年时间。那么同样可以预测，中国起码也要 5 年后才能用上 6G 技术，而在这之前，中国还将继续大力推进 5G 网络建设和智能设备的推广。

任何一代通信技术的升级都不会等到当前一代完成后才开始研究，越早介入去研究下一代，越早参与通信标准的制定，那么就越有发言权。根据高通所公布的财报数据显示，在 2019 年，高通的专利费业务营收高达 45.91 亿美元，净利润更是高达 29.54 亿美元，利润率高达近 65%。中国在 6G 专利领域只要处于领先地位，在未来的竞争中就会占据更大的优势。

应该说，全球范围内 6G 的研究刚起步，整体技术路线还未清晰，目前主要有相关行业组织在愿景目标、应用场景、潜在关键技术等方面进行了一些探索和研究。总体看，6G 总体愿景可以认为是基于 5G 愿景的进一步扩展和升级。虽然技术方向仍然出于标准的制定中，可以肯定的是，6G 将具有更加泛在的连接、更大的传输带宽、更低的端到端时延、更高的可靠性和确定性以及更智能化的网络特性。

虽然 6G 的很多具体的里程目标点还未敲定，但是有如下信息还是明确的。

（1）6G 频谱需求预计在 2023 年年底的世界无线电通信大会上正式讨论，2027 年年底有可能完成 6G 频谱分配。频谱的分配对于各个行业的影响是巨大

的，直接影响到一代产品的规划和重定义。

（2）预计 6G 标准完成的时间点在 2028 年上半年，2029 年将会有 6G 的产品上市。基于这个时间轴，各个与通信行业相关的企业会提前投入研发力量，储备相关的专利和技术知识产权。

7.1.3　5G/6G 助力元宇宙

元宇宙的基本逻辑是将物理世界模型化，映射到虚拟空间中，进行仿真、预测、决策、计算，最终反馈到物理空间，来影响真实的物理世界。

在数字孪生空间，要在实时互联的网络空间里实现日常的生活或工作场景，必然离不开强大的网络能力和算力支撑。5G/6G 的大带宽、低时延、广连接的特性为元宇宙提供了坚实的网络基础。

在网络及运算技术领域，5G/6G 的建设将有效解决元宇宙用户进入的问题。其中，云游戏极有可能作为重量级应用大范围落地。未来，云游戏技术可以将游戏的内核运行和渲染运算过程都迁移到云端来完成，将输出结果返回给用户终端（用户终端只需要一个显示器或者手机），用户只需要一个简单的显示设备便可以进行良好的体验，这就使得元宇宙未来进行大范围渗透变得切实可行。

在虚拟游戏世界里，人们可以去任何现实生活中不能去的地方，去做现实生活中可能不敢做的事情，依靠自己天马行空的想象力去改变世界的一切。而"5G/6G+XR"将为人们打开元宇宙的入口。

数字孪生已成为各行业转型发展的重要技术。2020 年 11 月，工信部中国电子技术标准化研究院正式发布《数字孪生应用白皮书（2020 版）》，针对数字孪生技术热点、使用场景、应用领域等进行了分析，包括智能水务、智能医疗、智能交通、智能养老、智能园区、智能农业等领域的应用和发展。另外，物联网、大数据、人工智能、云计算的发展，促使数字孪生技术在各个地方政府发展中被不断应用，各级地方政府也已经在大力促进"5G+"的示范项目，并以各个示范项目推广到对应的行业应用中去。相信经过一段时间的孕育，各个领域在短时间内能享受到 5G 应用带来的红利。

5G/6G 技术也会重塑商业格局。未来，可能出现线上预约车位协助司机快速停车，AR 寻车帮助车主反向寻车，等等，通过高速网络，结合人物模型的"云端孪生 + 大屏人机交互"，很多商业领域将会出现新的商业模式，进一步打造线上线下打通的运营方案。

随着 5G/6G 网络技术的日益成熟，网络能力的不断提升，将反过来不断反哺数字孪生的建设，"5G/6G+ 数字孪生"的应用场景将在人们的创造下更加丰富多彩，而在数字孪生技术的作用下，元宇宙才能更真实地映射整个现实世界，更细节地构建数字化世界，才能提供和物理世界联动的良好体验。在不久的将来，元宇宙不会仅仅是我们当前看到的 AR/VR/XR，而是更有广泛的想象空间的形态，甚至比阿凡达更进一步的用户体验。

7.2　IPv6全面实现

IPv6 是英文"Internet Protocol Version 6"（互联网协议第 6 版）的缩写，是互联网工程任务组（IETF）设计的用于替代 IPv4（Internet Protocol Version 4）的下一代 IP 协议，其地址数量号称可以为全世界的每一粒沙子编上一个地址。

7.2.1　IPv6背景

提到 IPv6 的背景，就不能避开 IPv4。在网络上，如果用户要将一台计算机连接到 Internet 上，就需要向因特网服务提供方 ISP（Internet Service Provider）申请一个 IP 地址。IP 地址是用来标识一台设备的一组数字，这组数字就称为 IPv4。IPv4 地址由 32 位二进制数值组成，但为了便于用户识别和记忆，采用了"点分十进制表示法"。采用了这种表示法的 IP 地址由 4 个点分十进制整数来表示，每个十进制整数对应一个字节。IPv4 地址的范围从 0.0.0.0 到 255.255.255.255，因此地址空间中只有 4 294 967 296 个地址。随着地址不断被分配给最终用户，IPv4 地址不足问题也暴露出来，严重地限制了互联网的发展。

IPv6 把 IP 地址由 32 位增加到 128 位，从而能够支持更大的地址空间，计算下去，可以做到在地球表面每平方米有一个 IPv6 地址（还有另外一种说法，号称可以给地球上每粒沙子分配一个 IP），这对于地球上的 60 亿人口和 500 亿物联网终端而言，绰绰有余。IPv6 的使用，不仅解决了网络地址资源数量的问题，而且也解决了多种接入设备连入互联网的障碍。

7.2.2　IPv6的优势

IPv6 相对于 IPv4 的优势还是比较明显的。

（1）路由和寻址的能力。IPv6 把 IP 地址由 32 位增加到 128 位，能够支持更大的地址空间，使 IP 地址在可预见的将来都能满足使用。此外，IPv6 地址的编码采用分层分级结构，加快了寻址的速度。

（2）报头的简化。IPv6 在数据报的报头里，降低了包处理和报头带宽的开销。虽然 IPv6 的地址是 IPv4 地址的 4 倍。但报头只有它的 2 倍大。

（3）对可选项更大的支持。IPv6 的可选项放在一个个独立的扩展头部，这跟 IPv4 还是不一样的，这大大改变了路由性能。IPv6 放宽了对可选项长度的要求（IPv4 的可选项总长最多为 40 字节），并可根据需要增加新选项。这也为 IPv6 的很多新的特点提供了支持。

（4）QoS（Quality of Service，服务质量）功能。IPv6 可对数据报进行流量控制，满足不同的应用对吞吐量、时延、可靠性和抖动的不同要求，提升了 QoS 能力。

（5）身份验证和保密。在 IPv6 中，支持身份验证、数据一致性和保密性的安全性功能。

（6）安全机制（Internet Protocol Security，网络安全层协议）。IPv4 的 IPSec 是可选的，而 IPv6 通过必选 IPSec，集成了虚拟专用网（VPN）的功能，可以更容易实现更为安全的虚拟专用网。

（7）加强了对移动设备的支持。IPv6 支持移动设备，允许移动终端在切换接入点时保留相同的 IP 地址。

（8）支持无状态自动地址配置，简化了地址配置过程。无须提供 DNS 服务器。

7.2.3 IPv6对元宇宙的帮助

IPv6 对元宇宙的意义如下：

（1）万物互联时代，当大量的物理设备都要在数字孪生或者元宇宙里有一个映射模型的时候，IPv6 为每个物理设备提供了独立的 IP 地址，一块桌子、一本书、一个橡皮，都可以借助 IPv6 在元宇宙映射出来一个物模型。而 IPv6 的大地址空间能力为元宇宙与物理世界的一一映射提供了技术基础。

（2）高速互联及低延迟的能力。对于元宇宙来说，元宇宙需要反作用于物理真实世界，需要快速而及时的网络连接。比如，在元宇宙里通过摄像头看到物理世界的真实内容，摄像头数据流需要高速传输。另外，元宇宙里实现决策内容后，通过机械臂去操作物理世界的实际物品，命令到执行也需要快速而实时，这也是 IPv6 能赋予元宇宙的特性之一。

（3）IPV6 还可以带来更好的互联网体验。大家使用安全性比较高的 App 的时候，当 WiFi 与数据连接切换时，因为 IP 地址发生变化，而出于安全因素的考虑，相关 App 的状态就会发生变化，禁止继续进行下一步操作，在操作到一半的时候出现这样的变故，相信很多人都会哭笑不得。但是又有多少人会停下来在一个地方静止着把事情做完再迈开脚步呢？这在节奏逐步加快的当前社会是不可想象的。好消息是，移动 IPv6 协议改变了这样的限制，在 IPv6 地址发生变化的情况下，根据 IPv6 协议，原本的连接也不会发生变化，用户仍然可以继续往下操作相关的操作，而不用担心自己是刚刚离开房间还是在高速公路上飞驰，甚至不用担心是否会在移动和联通的网络中切换。

7.2.4　IPv6 的当前进展

IPv6 在技术层面得到了非常有力的支持，但可惜的是，IPv6 的覆盖面还相当不够。业界的常见操作系统中，只有 75% 左右的节点默认安装 IPv6 协议栈；此外，虽然绝大多数网络设备都支持 IPv6 协议，但大多数的家庭 WiFi 默认还是使用 IPv4，默认使用 IPv6 地址的 WiFi 不到 20%。在应用领域上，IPv6 Bing、雅虎、淘宝等很多网站或者 App 都宣布永久支持 IPv6，但是由于 IPv6 终端用户数量不足，目前的互联网还是以 IPv4 为主。

根据国家 IPv6 发展监测平台提供的报告，自《推进互联网协议第六版（IPv6）规模部署行动计划》印发以来，IPv6 互联网活跃用户保持高速增长，已从 2019 年 1.65 亿的活跃用户数，增长至 2022 年上半年的 6.441 亿，增幅达到 290.36%。IPv6 互联网活跃用户占比，也从 2019 年的 19.32%，增长至 63.71%，IPv6 推广取得明显成效。如图 7-2 所示，IPv6 互联网活跃用户是指通过互联网应用统计得出的，中国内地具备 IPv6 网络接入环境，已经获得 IPv6 地址，且在近 30 天内有使用 IPv6 协议访问网站或移动互联网应用（App）的互联网用户，数量达到亿级，是多个互联网应用统计结果的平均值，直接反映我国整体 IPv6 网民规模。IPv6 互联网活跃用户占比是反映我国 IPv6 互联网活跃用户占全部互联网网民的比例。当前，我国互联网网民规模已突破 10 亿人次，位居全球第一。我国的 IPv6 互联网活跃用户还有很大的发展空间。

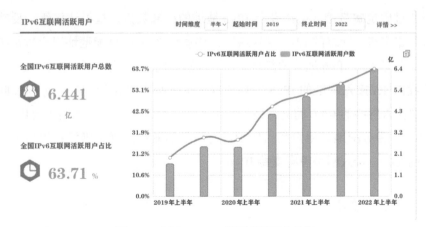

图 7-2 全国 IPv6 互联网活跃用户总数

如图 7-3 所示，IPv6 终端活跃连接数是指基础电信运营商统计得出的，已经获得 IPv6 地址，且在 30 天内具备有效 IPv6 流量记录（不包含 Ping 和域名解析流量）的固定和移动终端数量，规模达亿级，能够反映我国基础网络 IPv6 支持情况。IPv6 终端活跃连接占比反映我国 IPv6 终端活跃连接占全部终端数量的比例。当前，我国固定和移动终端规模超过 16 亿人次，位居全球第一。

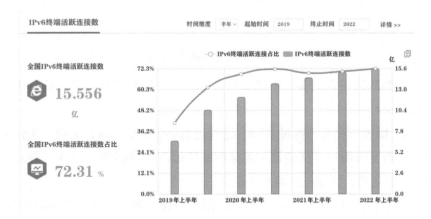

图 7-3 全国 IPv6 互联网活跃用户总数

如图 7-4 所示，IPv6 宽带分配地址用户数是指基础电信运营商统计得出的，已经从网络侧获取到 IPv6 地址的固定和移动的终端数量，规模达亿级，直接反映我国宽带接入网络的 IPv6 支持情况。IPv6 宽带分配地址用户数占比指已经分配 IPv6 地址的固定和移动宽带用户占全部宽带用户的比例。直接反映我国接入网络和终端设备的 IPv6 支持情况。固定网络 IPv6 分配地址用户数是指我国通过固定宽带接入网络获得 IPv6 地址的终端数量,规模达亿级,反映我国家庭宽带接入网络的 IPv6 支持情况。移动网络 IPv6 分配地址用户数是指我国 LTE 终端获取 IPv6 地址的终端数量(规模达亿级),不包含 2G 和 3G 终端,反映我国 4G 接入网络的 IPv6 支持情况。IPv6 分配地址用户数,可以反映我国带宽接入网络的 IPv6 的支持情况。IPv6 宽带分配地址用户数逐年稳步增加,但 IPv6 宽带分配地址用户数占比则没有明显的变化,可见仍然有相当大比例的终端设备、接入网络没有支持 IPv6。

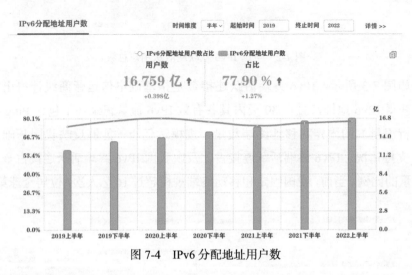

图 7-4　IPv6 分配地址用户数

相关的数据还有很多,不在此赘述。从以上这些数据,可以总结出一些相关的结论。

(1)国家正在大力推进 IPv6。通过近几年来的进步可以看出,无论是活跃用户还是宽带用户、终端设备还是网站应用,对 IPv6 的支持率、普及率已经得到大幅提高。这是一个可喜的现象。

(2)当前的 IPv6 还不能满足上网需求,与 IPv4 的体验相比仍然有所不足。根据《推进互联网协议第六版(IPv6)规模部署行动计划》所制定的目标,到 2025 年,我国 IPv6 网络规模、用户规模、流量规模要位居世界第一位,网络、应用、终端全面支持 IPv6,全面完成向下一代互联网的平滑演进升级,形成全球领先的下一代互联网技术产业体系。

7.3 AIoT芯片

"AIoT"即"AI+IoT",是人工智能技术(AI)与物联网(IoT)的融合。物联网感知物理世界的数据,人工智能技术处理、分析这些数据并进行相应的决策意见,两项技术相互促进发展。

7.3.1 AIoT芯片分类

AIoT芯片主要分为感知类芯片、传输类芯片和运算类芯片三大类。

(1)感知类芯片为AIoT产品的基础部件,包括RFID芯片、NFC芯片、各种传感器芯片、摄像头芯片、车载雷达芯片、毫米波雷达芯片等,主要用于信息获取和数据提取。

(2)传输类芯片是AIoT产品进行信息传输的网络类芯片,主要包括局域网芯片(比如WiFi芯片、蓝牙芯片)、低功耗广域网芯片(LoRa芯片)、蜂窝网芯片(NB芯片、CAT1芯片)等无线通信类芯片。

(3)运算类芯片是AIoT产品进行运算决策的运算类芯片,主要包括云端加速芯片(用于服务器)和端侧加速芯片(用于普通的AIoT物联网产品)等。

在AIoT芯片占比方面,传感器芯片占AIoT总体价值的10%左右,模组/智能终端占AIoT总体价值的15%左右,通信服务芯片占总体价值的10%左右,平台服务占比约为10%,而软件开发/系统集成/增值服务/应用服务则占比达到55%。但是随着AIoT行业的逐步发展,AIoT产品的总量会呈现指数级的增长,未来传感器芯片、通信服务类芯片和运算类芯片的比重还会进一步飙升(参考数据是,2020年全球AIoT的终端连接数首次超过非AIoT的连接数,AIoT发展进入全新时刻。根据IoT Analytics的数据,从2010年到2020年,全球所有设备连接数CAGR为9.39%,这一增速主要由AIoT设备贡献。2020年全球AIoT连接数达到117亿个,超过非AIoT连接数的99亿个)。

因为AIoT芯片涉及的范围太广,本节就仅限于对AIoT运算类芯片进行分析,后文如果没有特别提及,AIoT芯片专指AIoT运算类芯片。

就技术上而言,AIoT芯片不是具体某种芯片的特定称谓,而是一类芯片的统称,这类芯片都具备一定的算力。市场常见的AIoT芯片包含CPU、GPU、FPGA和DSP等交叉组合而成的芯片。

1. CPU

中央处理器（CPU），是电脑、手机或者 IoT 设备中的核心组件，其功能主要是解释二进制指令以及处理软件中的数据。通常，CPU 对设备中的所有硬件资源（如存储器、输入输出单元）进行控制调配，执行通用运算。

对于 CPU 而言，影响其性能的指标主要有主频、CPU 的位数、CPU 的缓存指令集、CPU 核心数和 IPC（每周期指令数）。这些数值越高，代表 CPU 的性能越好，但是一个芯片的整体性能绝不是仅仅取决于表面的一些参数，更重要的是整体架构的设计，本文不对其进行深入展开。

目前市场上主流的芯片架构有 x86、ARM、RISC-v 和 MIPS 四种，四种架构的对比见表 7-1。

表 7-1 主流芯片架构对比

序号	架构	特点	代表性的厂商	运营机构	发明时间
1	X86	性能高，速度快，兼容性好	英特尔、AMD 等	英特尔	1978 年
2	ARM	成本低，功耗低	华为、展锐等	英国 ARM 公司	1983 年
3	RISC-V	模块化，极简，可拓展	平头哥、赛昉等	RISC-V 基金会	2014 年
4	MIPS	简洁，优化方便，高拓展性	龙芯等	MIPS 科技公司	1981 年

因为通用型 CPU 的应用范围比较广，下面就以瑞芯微的 RK3588 来说明一下通用型 CPU 的相关场景。RK3588 工艺制程 8nm，4 个 A76 大核和 4 个 A55 小核，6TOPS NPU AI 算力。

场景 1：安防监控场景。RK3588 具备 32 路 1080p 解码能力，与 22nm 的 RK3568 形成高低搭配组合，进军 NVR 后端 SoC 赛道。

场景 2：车载应用。RK3588 具备 6TOPS AI 算力，可以在智能座舱方案中应用到。

场景 3：算力应用。8 核 ARM 架构，可以在云终端、一体机、PC、服务器里得到应用。

2. GPU

图形处理器（Graphics Processing Unit，GPU），又称显示核心、视觉处理器、显示芯片，是一种专门在个人电脑、工作站、游戏机和一些移动设备（如

平板电脑、智能手机等）上做图像和图形相关运算工作的微处理器。

GPU 采用了数量众多的计算单元和超长的流水线，但只有非常简单的控制逻辑并省去了 Cache，这就使得它在并行运算的时候非常有效率。于是业界开始将应用程序中计算密集部分的工作负载转移到 GPU 上运行，慢慢地，GPU 开始成为算力芯片的一个重要分支，而其中的王者就是英伟达（NVIDIA）芯片。

NVIDIA 公司在 1999 年发布 Geforce256 图形处理芯片时首先提出 GPU 的概念。从此 NVIDIA 显卡的芯片就用 GPU 来称呼。而近几年，NVIDIA 芯片不单在 GPU 芯片的市场份额里占有重要的份额，更进一步在 GPU 的 AI 应用上闯出独特的方向，在车载等产品中占有难以撼动的重要位置。

3. FPGA

FPGA（Field Programmable Gate Array）是一种可编程器件，它一开始是作为专用集成电路（ASIC）领域中的一种半定制电路而出现的，原本用于在芯片制造过程中的一种验证工具。

从芯片器件的角度讲，FPGA 芯片包含数字管理模块、内嵌式单元、输出单元以及输入单元等基本单元，通过可编程的开关把这些基本模块组成各种复杂的电路。换句话说，FPGA 有点像可以任意组合的乐高积木，内部包含一些标准模块，通过编程的方式实现积木块的重组而形成各种功能。它的这个特性使得它的性能介于专用的 AI 芯片和 CPU 之间，也成为 AIoT 芯片的另外一个分支。

比较流行的 FPGA 厂商有 Xilinx 公司（海外公司，截至本书发稿，Xilinx 公司已经被 AMD 收购）和安路科技（国内公司）等。

4. DSP

DSP（Digital Signal Processing）即数字信号处理技术，而 DSP 芯片即指能够实现数字信号处理技术的芯片。该芯片的内部一般采用程序和数据分开的哈佛结构，具有专门的硬件乘法器，广泛采用流水线操作，提供特殊的 DSP 指令，可以用来快速地实现各种数字信号处理算法。

与 CPU 芯片相比，DSP 可以在一个指令周期内完成一次以上的乘法和加法运算，可以同时访问数据和指令，可以并行执行多个操作等，使得它的计算性能远远高于 CPU，这也让它成为 AIoT 算力芯片的分支之一。

TI（德州仪器）、ADI等公司的DSP芯片都是行业内比较常用的DSP芯片。

5. 专用AI芯片

AI芯片是用于运行AI算法的专用处理器（ASIC芯片），与上述芯片种类相比，AI芯片可以认为是通过牺牲一定通用性，用来换取AI算法的大幅度提升的特定芯片。

以挖矿机AI ASIC芯片为例，为了将挖矿的SHA256算法运行到极致，整个ASIC芯片会向这个算法的运行特性上去设计，确实获得远远超过GPU或者CPU性能的专用芯片，但是这样的芯片有可能无法执行其他计算任务，甚至无法挖非SHA256算法的其他区块链货币。当然，本案例是一个非常极端的案例，仅为了说明情况。

AI芯片公司这两年在资本和市场的催化下，涌现出很多公司，寒武纪、地平线等公司都获得市场不同程度的认可。

7.3.2　元宇宙与AIoT芯片

元宇宙与AIoT芯片是应用场景与基础设施的关系。AIoT芯片算力的提升，能够帮助构建更为快速准确的模型，达到物理世界在元宇宙迅速建模的加速功能。

元宇宙将成物联网2022年发展重点之一，主要是因为新冠肺炎疫情的到来大大提升了非接触与数字转型需求。物联网智库创始人彭昭表示，"元宇宙的内涵逐渐从社交向产业转移，这是物联网应把握的机遇。AIoT领域创造的很多元宇宙应用已经诞生，包括导航、智能楼宇、智慧城市等。对于物联网来说，元宇宙不仅有用，而是已经在用了。元宇宙的架构是七层，其中基础设施层包含物联网、5G、AI，它是进入元宇宙的钥匙"。在彭昭的《2022年AIoT产业全景图谱报告》一书中也说明，AIoT企业可参与元宇宙中的各个环节，元宇宙势必将带动AIoT技术和产品的应用，为其提供更广阔发展空间。

不久的将来，将会有如下趋势：一是5G基站数量大幅度增加，5G组网能力得到飞快提升；二是投资行业开始意识到互联网行业到了瓶颈，加上国家政策的正确引导，接下来资金流动方向会进一步往硬核科技上倾斜；三是整个社会的升级，包括用户层面的消费升级和企业的工业化升级。天风证券副总裁、研究所所长赵晓光也明确说明，元宇宙先进入社交娱乐赛道，再用未来10年

进入全真互联网,例如工业物联网等方面。

但是,在兴奋的同时,也要有最坏的准备。正如中国信通院云计算与大数据研究所所长何宝宏提到,"在 20 多年研究互联网的历程中,经历了一代又一代的'下一代互联网',其中有成功的也有失败的。元宇宙只是其中一个历程,并不会成为互联网的尽头,元宇宙的实现不仅仅要靠理念,还需要明确的技术达成时间点"。IDC 最新研究报告亦指出,由于当前技术背景、创作水平、政策要求的诸多限制,2022 年元宇宙相关动向将温和推进。

7.4 VR/AR/MR设备

VR 又称虚拟现实,也称灵境技术或人工环境。它是利用计算机模拟产生一个三维的虚拟空间,提供使用者身临其境的感觉,可以个人意识沉浸到虚拟的世界。

AR 又称增强现实,也被称为混合现实。它是利用多项组合技术,将虚拟的信息与真实的世界(真实的环境和虚拟的物体)实时地叠加到同一个画面或空间形成一个半虚拟半真实世界的体验。

MR 又称混合现实,它的概念和 AR 有点像。有一种说法,AR 是把虚拟的东西叠加到真实世界,而 MR 则是把真实的东西叠加到虚拟世界里。对比场景时,比较出名的 AR 游戏有 *Pokemon Go*,在街道上出现动画宠物,让游戏玩家去抓取。而在 MR 场景里,比如说,消费者只要戴上 MR 设备,设备上的摄像头将故障产品拍成三维的虚拟图像同步给厂商的售后技术人员,售后技术人员看到的就是非常真实的现场情况,他在判断出问题后能直接给出修理建议(比如说以动画图标的形式或者是动画工具的形式出现在产品的对应位置),在三维的虚拟实体上把每一步都指点出来,消费者只要照着做就能够实现复杂电器的维修。

正如科幻作家史蒂文森 1992 年创作的科幻小说《雪崩》所描述:"戴上耳机和目镜,找到连接终端,就能够以虚拟分身的方式进入由计算机模拟与真实世界平行的虚拟空间。"而智能眼镜就是耳机和目镜相结合的产物。在可见的未来,智能眼镜将会是元宇宙非常重要的入口,成为连接数字世界和物理世界的大门。两年来,还没消退的新冠肺炎疫情减少了民众的线下活动,而线上活动迎来井喷式的增长。线上问诊、远程办公、线上采购、电商等领域加大了元宇宙化，人们已经刻意或者不自觉地通过元宇宙的方式来适应这个物理世界的变化。畅销书《人类简史》作者尤瓦尔·赫拉利对疫情的看法是，人们将不仅记住新冠肺炎本身，而是"哦，就是从那时开始，世界完全数字化了"。

对于 VR 设备，它是纯虚拟场景，主要涉及的装备有：位置跟踪器、数据手套、动捕系统、数据头盔等。

而 AR/MR 则是现实场景和虚拟场景的结合，相对于 VR 设备，增加了摄像头的功能。

7.4.1 智能眼镜的类型和用途

如图 7-5 和图 7-6 所示，VR 眼镜是全封闭式的，通过内部的小投影屏显示图片内容给消费者体验。AR/MR 眼镜是开放式的，在一侧有投射到视网膜上的微型投影仪投射虚拟的物体到眼睛视网膜上与真实看到的实际物体叠加起来，形成 AR/MR 效果。业界多把这类设备称为头显，本文为了简化概念，统称为智能眼镜。

图 7-5　VR 智能眼镜

图 7-6　AR/MR 智能眼镜

当前的智能眼镜已经有一些成熟样品。

Google 的 Pico 是一款 VR 智能眼镜，它可以应用于比如教学行业，在学术海洋中经常会出现某些抽象的概念和文字，通过动画或者生动形象的演示图将概念具体展示出来，这对提高教学质量有着很大的帮助。

微软的 HoloLens 实际上就是一款 AR 智能眼镜，它可实现真实世界与三维虚拟事物交互的能力。比如说，石油公司可以利用它创建一个钻井平台的 3D 数字孪生方案，用于培训、可视化操作等元宇宙概念。

虚拟现实也好，增强现实也好，混合现实也好，都是通过计算机技术和 VR/AR/XR 设备产生的一个真实与虚拟组合的、可人机交互的环境。元宇宙对沉浸式、逼真体验要求高，普通的 PC、手机设备达不到还原真实世界的性能体验，只有具备3D显示、大视场角、直观体感交互的智能眼镜设备才有望成为现实世界与元宇宙的硬件入口。

2020年，马化腾在腾讯内部首次提出了"全真互联网"概念，他表示："一个令人兴奋的机会正在到来，移动互联网十年发展，即将迎来下一波升级，我们称之为全真互联网。"AR/VR/XR等新技术、新的软硬件都是"全真互联网"的关键组成要素。

正如前文所述，智能眼镜是元宇宙的基础硬件设备。IDC数据显示，2021年第一季度全球VR智能眼镜出货量同比增长52.4%，长期来看VR智能眼镜市场增长依然十分强劲，IDC的报告预计全球出货量将于2025年增长至2860万台，五年复合年增长率（CAGR）为41.4%，如图7-7所示。

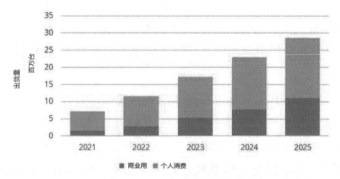

图7-7 IDC智能眼镜预测

资料来源：IDC2021.

智能眼镜随着元宇宙的发展，整体的市场需求量也会越来越大。

7.4.2 智能眼镜的困境

当前的智能眼镜还没有大规模使用，主要存在如下困境。

（1）智能眼镜相关技术及人才欠缺，导致企业整体竞争力不足，也缺乏相应的品牌竞争。需要在行业标准、行业方向和商业模式等方面进行改进，建立相应的行业人才培养机制，为行业发展创造良好的环境。

（2）智能眼镜硬件不足、内容不足、成本高、应用场景不够等是硬伤，导致还未能形成大规模的消费级产品。CPU、GPU、FPGA和ASIC的算力和功耗，都会影响着智能眼镜的用户体验。业界尚没有针对智能眼镜的专用芯片，如果芯片行业针对智能眼镜开发出功耗低且性能优秀的芯片，那将会对智能眼镜的硬件体验有非常优秀的提升。

（3）用于人机交互的语音识别技术、用于识别图像的图像识别技术等还不够完善，也使得智能眼镜的应用体验受到很大的限制。

此外，消费者的市场教育和接受程度也是一个问题，目前在身边还比较少有人使用到智能眼镜，导致智能眼镜产品没有太多的关注度。和手表、手机相比，智能眼镜戴在头部还是有点太明显和引人注目了。加上一般智能眼镜的外形都不太好看，作用也不多，几乎和手表类似的功能，成本却要高很多，也限制了智能眼镜的发展。

7.4.3　智能眼镜的前景

从智能产品的历史发展经验，可以大胆预想：下一代智能眼镜一定会往更时尚、独立而不依赖手机、集成多种微型传感器、实现嵌入式 AI 技术以及低延迟边缘计算系统的方向演进，只有这样的智能眼镜才能承载成为元宇宙入口的重要使命。

LaSAR 属于 IEEE 工业标准和技术组织（IEEE-ISTO）下面的一个组织，该组织针对新兴技术进行扶持和推广。LaSAR 正在构思一系列影响智能眼镜可用性和便利性的因素，包括"眼框"大小、视野、分辨率范围、延迟和功耗。比如说，他们认为眼罩是光学系统设计中比较重要的参数。以双筒望远镜来举例说明，观看者通过调整双筒望远镜，使得目镜与瞳孔之间的距离相适应。同样的，对于 AR 智能眼镜，为了考虑瞳孔之间的距离变化，保证好的用户体验，智能眼镜需要一个大于 10mm×10mm 的眼罩，这才能满足大多数人的正常需求。此外，视野是显示虚拟图像的范围。对于智能眼镜的应用，FOV（Field of View，视场角）在 30°～40°的范围内一般是足够了。想进一步提升沉浸感的话，比如 MR，就需要有更高的 FOV（需要超过 80°）。当然，智能眼镜也可以接受较小的视野，因为理论上只有与用户的直接视野相关的信息才是有用的，其他信息则没有特别价值。另一方面，对于 MR 来说，可以在物理世界中放置逼真的虚拟物体，并且拥有宽广的视野，允许用户移动他的头来与虚拟物体互动。如何根据场景设计合理的智能眼镜，是一个需要考虑折中的选择。

智能眼镜的应用前景非常广阔。在工业领域，可以减少人力支出，提高效率，达到降本增效的效果；在军事安防领域，可以进一步提升军队的作战能

力和执法效率；在应急抢险领域，可以有效进行抢险应急处置的沟通及决策判断。除此之外，智能眼镜在医疗、交通、电力、营销、管理、培训、娱乐、教育、艺术、体育、旅游、购物、社交、餐饮等领域也都有非常可观的想象空间。

根据 TrendForce 集邦咨询研究显示，2022 年 AR/VR 装置出货量将上升至 1419 万台，年增长率 43.9%，增长动能来自疫情增加远距互动需求，以及 Oculus Quest 2 压价策略，Microsoft HoloLens 2（MSFT.US）和 Oculus Quest 2（FB.US）市场占有率分别在 AR、VR 产品中居首位。

中信证券认为，元宇宙的发展，将带来 VR/AR 硬件及产业链的投资机遇，VR/AR 等下一代科技硬件渐进式增长将成元宇宙未来 3～5 年三大发展主线之一。另外，在未来 5 年，VR/AR 硬件年销量有望增长至 5000 万台，如果硬件技术进一步突破，中长期销量规模有望达上亿，目前仍处于硬件和内容探索期。

国盛证券指出，VR/AR 产业在经历 2016—2019 年的低谷期后，2020 年实现稳步发展，海外消费级 VR 市场逐步打开。

西部证券分析指出，中期看，若考虑到 VR 与 AR 不断融合，手势识别等现实交互的技术加深，使用场景有望拓展至办公等领域，在产品应用上，XR 设备有望部分替代平板 / 电脑的使用，预计全球年出货量将达 1 亿台以上；更进一步，随着技术进步，XR 能做到足够轻薄、长续航和良好的交互体验的话，XR 设备将取代智能手机，年出货量达到 10 亿台以上的规模，成为现实世界与元宇宙的桥梁。

7.5 空间地理制图

元宇宙具有两种地理空间，一种是由算法生成或者提前设置的纯虚拟的地图，另一种是与现实世界完全一致的映射关系的数字孪生地图。数字孪生元宇宙通过地理数据、空间参考允许人们在真实世界和数字世界之间进行切换移动。提到数字孪生空间的时候，很容易联想到一个词：空间地理制图。

7.5.1 空间地理制图的定义

空间地理制图主要是空间相关的技术，通过地图的形式展现空间位置和空间数据。空间地理制图还有另外一个名称叫地理信息系统（Geographic

Information System 或 Geo-Information System，GIS），有时又称为"地学信息系统"。空间地理制图的学术定义是，它是一种特定的十分重要的空间信息系统。在计算机硬、软件系统支持下，对整个或部分地球表层（包括大气层）空间中的有关地理分布数据进行采集、储存、管理、运算、分析、显示和描述的技术系统。

7.5.2　空间地理制图对元宇宙的意义

元宇宙几大支撑技术里就包含空间地理制图。空间地理制图是元宇宙的基础底座，是将物理世界映射到数字世界的一种方式。打通空间地理制图和游戏引擎，游戏引擎就可以随意调用 GIS 空间里的真实三维地理空间数据，实现了真实世界和虚拟世界的融合，去实现元宇宙与真实物理世界的一一映射，那么在游戏里就可以实现在游戏和真实之间自由切换。

空间地理制图可以应用到工程测绘、移动互联网、军事、水务、燃气、物流、公安、消防、地震、交通、农业等多个领域。元宇宙需要建立虚拟的、孪生的世界，需要把真实的物理空间映射到虚拟空间，这就需要三维空间地理制图实现地理空间映射。毫不夸张地说，空间地理制图是元宇宙的基础。它可以为元宇宙提供技术、数据和模型，同时还有虚拟地址空间和地理资源信息。

当然，元宇宙也可以反过来推动空间地理制图的发展。元宇宙可以让空间地理制图人员像设计师一样制作空间地理效果图；还可以推动 VR/AR 等设备和三维技术快速发展，有利于空间地理制图应用构建，比如微软的模拟洋流的变化。

7.5.3　空间地理的学科融合

空间地理制图技术可以和各门学科进行跨界融合。它能与人工智能、虚拟现实及城市管理等进行跨界融合，城市各个业务部门都会涉及空间地理制图技术，数字城市开发用到了空间地理制图技术，流域管理应用也用到了空间地理制图技术，空间地理制图技术在评价水资源规划方案和进行复杂的水资源管理决策等方面也发挥重要作用。

GIS 技术在跨界融合时，有三个特点。

一是新地图。在物联网时代，信息是时时刻刻刷新的，地图数据是活的，主要形式为高精度导航地图，可以同时满足机器人、导航、无人车、无人机的

需求。当地图出现因为交通管制或者别的原因而引起的道路变化时,地图会动态地对路径进行相应的重新规划。

二是新系统。GIS 技术是"云管边端"协同的系统。"端"侧物联网对物理世界的数据进行在线实时采集;"边"就是边缘智能,对数据进行边缘智能分析;"管"就是管道,涉及网络通道的搭建,比如 5G 服务;"云"就是常说的云服务,可以将各种数据汇集到云端进行更为复杂的分析提取。

三是新服务。随着元宇宙概念的发展,GIS 技术不仅可以服务政府和企业,还可以服务普通的消费者。GIS 技术通过服务于普通民众,服务城市里的每一个领域,服务于现实世界的具体物体,服务的边界已经远远超过我们能想象的范畴。

1. 与农业的结合应用

GIS、元宇宙与农业的结合还是有相当的应用前景和价值的。

应用一:农业远程运维。新冠肺炎疫情期间,当农业操作很复杂(比如说嫁接技术),需要特别专业的农业专家时,可以采用元宇宙技术模拟,现场人员戴智能眼镜,技术专家远程视频查看现场的操作情况。技术专家以自己的专业经验根据视频远程给出指点意见,而现场人员则根据这些指点意见进行对应的实际农业操作。同样,需要对农业复杂设备培训时,也可以利用元宇宙进行远程虚拟操作。在元宇宙中,设备摆放在操作工的面前,会发生各种各样的随机故障。操作工只有通过这类操作,才能获取相应的实际操作证书,上岗就业。

应用二:农业仿真。比如蔬菜叶面上模拟出现了病虫害,普通的农业工人在没有经验的情况下可能不知道怎么操作。利用 GIS 和元宇宙可以模拟病虫害未来的规模和趋势,让普通的农业工人在元宇宙里学习如何进行农事处理,甚至可以模拟不同类型的病虫害,让农业工人能够识别蔬菜现在得了什么病害。

GIS 在农业里的应用机会非常多,在此仅是针对局部应用进行抛砖引玉。

2. GIS 与工业的结合应用

同样,工厂在结合 GIS 和元宇宙方面也可以有相当的应用。

应用一:工厂远程协作。华菱湘钢的工程师通过亮风台公司提供的 AR 眼镜具备的 AR 远程通信与实时标注等功能克服了新冠肺炎疫情带来的不良影响,与中、德、奥三地专家进行远程无障碍沟通协作,顺利地实现跨国远程装配的工作。"AR 配电运维系统"以可视化方式将作业指导书内容配置导入,现场的新员工以佩戴 AR 眼镜的方式,扫描设备二维码就能看到该设备的相关作业指导内容,按照提示一步步地规范操作。设备的图片、文字、PDF 文件等都可以正常显示出来,包括设备上的任意按钮也能显示出对应的文字说明,极大地提高了人员现场作业规范水平以及工作效率。

应用二:AR 教学。罗克韦尔公司应用 AR 技术,创造性打破培训测试僵局。他们借助 GIS 和元宇宙平台解决一些基本问题,通过 AR 系统的操作测试来证明他们确实理解了接线图,比如应该用什么颜色、什么尺寸、什么材质的线来完成接线图所要求的线路连接。系统可以提示多种可能的方式来帮助培训人员理解和完成测试过程。新手员工通过这样一个教学系统,可以在不接触现场设备的情况下,快速地实现操作经验的积累,大大减少新入员工培训的成本。

工业的应用也只是冰山一角,肯定还有更多的应用尚待挖掘,在此不做进一步展开。

3. GIS 与城市的结合应用

近年来,元宇宙和 GIS 结合,也在城市管理方向出现了可喜的突破。

城市管理方向包含很多领域。城市管理的智慧环卫可以基于 GIS 和元宇宙,采用物联网技术与移动互联网技术,对环卫管理所涉及的人、车、物、事进行全流程的实时管理,合理设计规划环卫管理模式,提升环卫作业质量,降低环卫运营成本,用数字评估和推动垃圾分类管理实效。未来优化到一定程度后,可以更进一步规划环卫的路径,提升环卫的运作效率,提升整体环卫的运营水平。城市管理的智慧交通监控系统里,可以通过元宇宙和 GIS 呈现仿真度相当高的交通信号灯控制下实时车辆行驶的场景,搭配上可控制的天气环境切换模式,可以模拟在各种天气下的路口运行状态;实现了路口摄像头的监控状态,点击路口的每个摄像头可以查看此摄像头监控范围内路口的实时运行,提供仿真和实景两种状态的切换;添加了许多实时数据的监控面板,对接真实接口数据起到实时路口监控的最大效益化。管理人员虽然身处办公室,但是可以对全市的交通监控进行元宇宙的管理,真正做到"运筹帷幄之中,决策千里之外"。此外,城市的水务结合 GIS,实现防汛救灾工作的及时安排、及时布置、及时抢险、及时救援。GIS 和元宇宙结合，可以在元宇宙中对海量的 POI 数据、交通流量数据、规划数据、现状数据等进行多样化的可视化展示。根据收集的降雨量信息，推演洪水的到达时间，对小区百姓和水库工作人员等做好提醒，进一步可以对整体下水道的管控排险进行实时化控制。

空间地理制图技术的跨界融合有时也会失败，但只要敢去尝试，总体来说，空间地理制图技术的未来拥有无限可能。

7.5.4　空间地理的挑战

通过对跨界融合的不断探索，能发现 GIS 技术的跨界融合之路并非坦途，其主要面临着软硬件结合和 GIS 知识服务两个方面的挑战。

在 GIS 软硬件结合挑战方面，GIS 技术的产业链可分为上中下游。目前中游的基础软件做得比较扎实，下游的应用也在各个领域有了长足的发展。但上游的装备却看起来与 GIS 企业没有直接关系。这也是 GIS 领域急需破局的一个方向。

虽然有挑战，但整体来说，GIS 技术未来的发展前景还是很值得期待的。毕竟业界现在存在大量需求，这些需求不断推着 GIS 技术往前发展，无论是国家主导的新基建建设，还是未来的元宇宙建设，都离不开 GIS 技术。

7.6　全息投影技术

全息投影技术（Front-projected Holographic Display）也称虚拟成像技术，是利用干涉和衍射原理记录并重现物体真实的三维图像的技术。

全息投影的工作原理一般分为两步。第一步是记录物体光波信息，也就是拍摄过程。被摄物体在激光照射下形成漫反射式的实际光束，另一部分激光作为参考光束。把实际光束和参考光束的全部信息都记录下来，形成一张全息图，或称全息照片。第二步是再现全息信息，也就是成像过程。全息图再现的图像立体感强，具有真实的视觉效应。全息图的每一部分都记录了物体上各点的光信息，所以理论上它的每一部分都能再现原物体的整个图像。

7.6.1　全息技术的实现

全息技术可细分为光全息技术、数字全息技术、计算全息技术、微波全息技术、反射全息技术、声全息技术等，我们常说的全息技术一般指光全息技术。

当前的全息技术主要为以下几种。

（1）空气投影技术：将图像投射在水蒸气液化形成的小水珠上，由于分子震动不均衡，可以形成 3D 效果。

（2）激光束投射实体技术：利用氮气和氧气在空气中产生化学反应变成灼热的浆状物质，并在空气中形成短暂的 3D 图像。

（3）360 度全息显示：将图像投影在高速旋转的镜子上从而实现三维图像。

（4）边缘消隐技术：将画面投射到全息膜上，再利用暗场来隐藏起全息膜，从而形成图像悬浮在空中的效果。

（5）旋转 LED 显示技术：通过 LED 的高速旋转来实现平面成像，观察者可以透过灯条看到物体，从而感觉画面悬浮在空中，实现类似 3D 的效果。

本节主要以全息膜为例来展开探讨。

如图 7-8 所示，光通过透明膜形成衍射光后形成全息投影成像。

如图 7-9 所示，激光通过分束镜后分成两束光分别投射到不同的平面镜上，一束经过扩束镜后形成参考光束，另外一束光照射到物体上形成实际光束。两束光在全息干板（全息底片）上叠加并记录下来，形成全息照片。

图 7-8　全息投影成像原理

而成像过程则跟图 7-9 正好相反，全息图的衍射广播形成一个复杂的光栅，光栅里包含原始的立体图像信息，起到复原整个 3D 图像的效果。

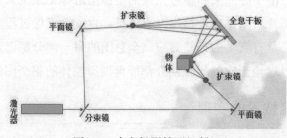

图 7-9　全息投影拍照机制

7.6.2 全息技术的解决方案

（1）360度全息投影展示柜：360度全息投影系统简称360全息，也称360度全息成像、三维全息影像、全息三维成像。它由透明材料（玻璃或者透明有机板）制成的四面锥体，通过四个视频源在锥体上边或者下边投射到锥体中的特殊棱镜上，根据光学原理，汇集到一起后形成具有真实维度空间的立体影像。360度全息投影系统主要是由柜体、分光镜面、成像锥体、图像投影和图像处理器五部分组成，对产品进行实拍和构建三维模型，再用电脑数字处理制作成360度旋转动画，通过图像投影设备将动画投射到分光镜面上，再折射到四个面的成像锥体上边，形式360度立体成像，参观者可以裸眼看3D幻影立体显示特效。

（2）投幕式全息投影成像：采用光源折射45度成像在幻影全息膜上，进而形成全息影像。如图7-10所示，迈克·杰克逊的图像被投影到45度的全息膜上，全息膜反射到用户的眼睛后，在视网膜侧形成全息膜后成像的效果。最终融合成虚拟人和真实人的舞台互动体验。

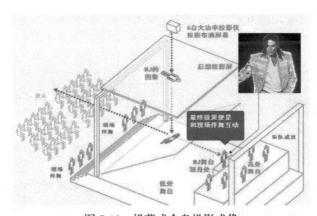

图7-10 投幕式全息投影成像

7.6.3 全息技术的供应商

1. 德州仪器DLP Pico全高清投影系统

德州仪器（TI）系统采用DLP Pico™ 0.47英寸TRP全高清1080p显示芯片组，支持配件投影仪、无屏幕显示、交互式显示、可穿戴设备（包括头戴式显示）、标牌、工业和医疗显示等投影显示应用。显示芯片组由DLP4710（0.47

1080p）DMD、DLPC3439 显示控制器和 DLPA3005 PMIC/LED 驱动器组成，如图 7-11 所示。

图 7-11　德州仪器 DLP Pico 全高清投影系统

2. 奇景光电 LCOS 反射式影像显示处理单元

奇景光电（Himax）将滤色片与 LCOS 微型显示器整合，成功地以 LED 白光作为光机光源，降低一般微投影光机的复杂度与成本，同时有效简化制造流程。该公司已开发一系列能满足市场各种需求的 color-sequential LCOS，从内嵌式 0.22"到高亮度 0.45"的应用，如图 7-12 所示。

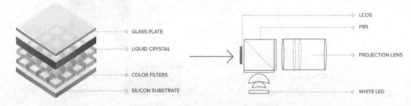

图 7-12　奇景光电工作原理

未来，随着全息技术走向成熟，微纳加工技术和材料的升级，以及其他技术（如 5G、VR/AR、AI）的赋能，包括内容服务的增多，全息市场之门将进一步开启，全息显示将更加丰富地运用到生活各处。

7.6.4　全息技术的应用场景

全息投影技术已经有了一定的发展，应用到很多领域。比如明星演唱会等。2013 年周杰伦演唱会上，虚拟邓丽君的出现掀起了演唱会最高潮，运用的就是全息投影技术。

在当前信息来源大幅度增长的时代，传统的单实体物品或文字图片展现

已不能吸引民众的注意力，但是利用全息投影技术可以生动形象地再现历史事件的发生全过程。比如，让已经成为历史的事件或人物再次活灵活现地出现在人们视野里，这对于信息的传递和媒体的传播无疑是革命性的突破。

全息技术可以应用的领域很多，在此仅以打造元宇宙全息博物馆为例来说明。

（1）博物馆可以运用全息成像技术展示具体物品和历史事件。苏州博物馆的"宝藏虎丘"展厅运用全息成像系统构建出一个半透明空间，通过对文物的三维扫描和模型重构，将动态影像悬浮在中心部位，360度无死角展示苏博一级文物"五代秘色瓷莲碗"，游客们可以通过各个角度观察到悬浮在空中的文物全息影像，在增加展览观赏性的同时也使观众对馆藏文物有了更清晰的认识。"走进汉阳陵"项目则是利用全息投影技术讲述历史故事的成功案例。影视厅中利用全息投影技术形成四幕历史场景，演示时，汉景帝时期的古代文物和兵俑、宦官俑逐一地"复活"成汉景帝、王皇后以及宫女、宦官、甲士等，游客们可以在朝堂上体验天子临朝时的威武庄严，可以跟着王皇后看看她怎样从一个农家女子成长为王后，如何从村姑成为贵妇人。

（2）博物馆也可以在空旷处投射3D全息投影图，实现人与虚拟人的互动，让参观的游客直接参与到历史故事的环节里去，让游客更有沉浸感体验。博物馆还可以通过多媒体互动形式如签名留言触摸感应系统、墙面投影互动等来提升用户体验。此外，还通过摄像头等捕捉设备对参与者进行捕捉拍摄，使参与者与屏幕之间产生紧密结合的互动效果。比如，手臂挥舞就可以播放翻书的效果，等等。

随着元宇宙理念的推广，越来越多的商家会采用3D全息投影的模式来推广它们的产品和商业模式。

7.6.5 全息技术的发展瓶颈

全息投影前进的道路上还有多个技术难点需要突破。

（1）360度的视觉覆盖区域。全息投影技术如果能具备360度保真，并且可以智能化感应到观众与自身的距离，根据观众的距离远近来调节画面，那么就可以使全息投影的逼真度进一步提升，让人产生元宇宙的沉浸感。

（2）保证真实的音效。必须要采取沉浸式的声音效果，在不同的方向或声场，用户所听到的效果都有所不同，才能够形成元宇宙的良好体验。

（3）硬件上要实现高效的内存分配和超强图像处理能力。要保证全息平台运作正常稳定，需要有足够的算力来支撑。一个可行的方法是实现 CPU 和 GPU 内存共享，而且随着元宇宙拟真度的提升，算力的需求也会随之水涨船高。

随着全息投影技术逐步地完善，在元宇宙中的应用一定会越来越广泛。一旦全息投影硬件设备的成本大幅度降低并且安装及携带便捷性大幅度提升，那么全息投影技术将不仅仅用于舞台，而是进入普通民众的生活场景里，在民众的日常生活中都能够体验到全息投影和元宇宙带来的极为便利的交互体验。

未来，我们坚信，全息投影技术一定能进一步突破传统的声、光、电的局限，将绝美而精致的画面呈现在消费者面前，让消费者畅游在虚拟与现实融合的元宇宙世界。

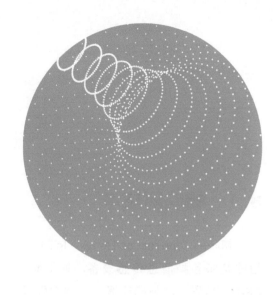

第 8 章
元宇宙的核心技术

8.1 物联网技术

物联网（Internet of Things，IoT）即"万物相连的互联网"，又称传感网。指的是将各种信息传感设备，如射频识别（Radio Frequency Identification，RFID）装置、红外感应器、全球定位系统、激光扫描器等装置与互联网连接起来形成一个可以实现智能化识别和可管理的网络。也可以理解为，在物理世界的实体中部署具有一定感知能力、计算能力和执行能力的各种信息传感设备，通过网络设施实现信息传输、协同和处理，从而实现广域或大范围的人与物、物与物之间信息交换需求的互联。物联网依托多种信息获取技术，包括传感器、射频识别、二维码、多媒体采集技术等。

8.1.1 物联网的发展阶段

（1）萌芽导入期（1982—2008 年）：1982 年美国卡内基梅隆大学的一个程序员发明了互联网可乐自动售卖机，这是可追溯的最早的物联网设备。1999 年美国召开的移动计算和网络国际会议中首次提出"物联网"的概念。2008 年第一届国际物联网大会举行，物联网设备数量首次超过人口数量。在这阶段主要是物联网相关概念的导入和早期物联网设备的连接。

（2）技术沉淀期（2018—2016 年）：2013 年谷歌眼镜发布，物联网和可穿戴技术发生革命性的进步。到 2016 年左右物联网产业生态各种要素已经具备。在这个时期，主要是一些传感、通信等技术试错和沉淀。微机电系统（Microelectro Mechanical Systems，MEMS）传感的普遍使用，通信技术由 WiFi1 上升到 WiFi6，2G 升级到 5G，一些新的物联网应用如可穿戴、智能家居等火爆出现。

（3）市场验证期（2016年至今）：2016年以来，物联网产业链上的各种要素已经基本完善，2017—2018年物联网对于国民经济产业变革的规模效应初显。2018—2019年是市场对物联网技术市场验证的开启之时，当前，技术、政策和产业巨头的推动对于物联网产业的发展依然重要，但是不可忽视的是市场需求因素的影响正在迅速增强。

8.1.2 传感技术

1. 传感技术是国家信息化的标志

传感技术是关于从自然信源获取信息，并对之进行处理（变换）和识别的多学科交叉的现代科学与工程技术，它涉及传感器（又称换能器）、信息处理和识别的规划设计、开发、制/建造、测试、应用及评价改进等活动。传感器能够感知物联网本身及其外部运行的环境。传感技术同计算机技术与通信一起被称为信息技术的三大支柱。传感技术是衡量一个国家信息化程度的重要标志。目前，传感器朝着智能化方向发展，智能传感器与嵌入式传感器逐渐代替了传统的传感器。

2. 传感器分类

（1）按被测量的量分类，可分为力学量、光学量、磁学量、几何学量、运动学量、流速与流量、液面、热学量、化学量、生物量等传感器。这种分类有利于选择、应用传感器。

（2）按照工作原理分类，可分为电阻式、电容式、电感式、光电式、光栅式、热电式、压电式、红外、光纤、超声波、激光传感器等。这种分类有利于研究、设计传感器，有利于对传感器的工作原理进行阐述。

（3）按敏感材料分类，可分为半导体传感器、陶瓷传感器、石英传感器、光导纤维传感器、金属传感器、有机材料传感器、高分子材料传感器等。这种分类法可分出很多种类。

（4）按照传感器输出量的性质分为模拟传感器、数字传感器。其中数字传感器便于与计算机联用，且抗干扰性较强，例如脉冲盘式角度数字传感器、光栅传感器等。传感器数字化是今后的发展趋势。

（5）按应用场合不同分为工业用、农用、军用、医用、科研用、环保用和家电用等传感器。若按具体应用场合，还可分为汽车用、船舰用、飞机用、宇宙飞船用、防灾用等传感器。

（6）根据使用目的的不同，又可分为计测用、监视用、位查用、诊断用、控制用和分析用等传感器。

（7）以人类的五感划分为五大类，分别为视觉传感器（光敏）、听觉传感器（声敏）、嗅觉传感器（气敏）、味觉传感器（化学）以及触觉传感器（压敏、温敏、流体传感器）。由于触觉是接触、滑动、压觉等机械刺激的总称，而大部分生物的触觉器遍布全身，而且种类不一，因此通过皮肤的感知的触觉只能定性而无法定量，因此触觉传感器的技术难度远远高于一般传感器。

3.物联网形成产业聚集区

未来随着工业互联网、智能制造、人工智能等战略的实施，加上各级政府将加速推动智慧城市建设、智能制造、智慧医疗发展，将为传感器市场及企业带来更好的发展机遇，企业也正逐步向创新化、智能化、规模化的方向快速发展。

产业聚集效应明显，企业发展多走务实路线。经过近几年的发展，目前，我国传感器产业已形成长三角、珠三角、东北、京津等产业聚集区。业内人士表示，随着业内公司的兼并重组，产业格局将进一步走向聚集。

8.1.3 射频识别技术

射频识别（RFID）技术是一种非接触的自动识别技术，其基本原理是利用射频信号和空间耦合（电感或电磁耦合）或雷达反射的传输特性，实现对被识别物体的自动识别。RFID 系统至少包含电子标签和阅读器两部分。电子标签是射频识别系统的数据载体，电子标签由标签天线和标签专用芯片组成。电子标签依据频率的不同可分为低频电子标签、高频电子标签、超高频电子标签和微波电子标签。依据封装形式的不同可分为信用卡标签、线形标签、纸状标签、玻璃管标签、圆形标签及特殊用途的异形标签等。物联网通过识别系统所发出的射频信号来得到数据信息，无须人工，借助计算机就可以实现。RFID 主要用于检测与控制目标物体，能够满足用户的各种需求。

据中国 RFID 产业联盟数据显示，目前，我国标签及封装产品市场在 RFID 系统中所占的比重最大，未来软件和系统集成的规模会进一步提高。

2020 年，标签及封装市场的比重约为 32%，系统集成服务占 31%，读写机具占 22%，软件占 15%。

虽然 RFID 在国内起步比较晚，但需求有快速发展趋势。2013 年，我国 RFID 的市场规模突破 300 亿元，规模增速达到 35.0%，随后市场平稳上升；2019 年，中国整体宏观环境遇冷，下游需求受到影响，市场增速有所下降，但整体仍保持上升势头，市场规模在 1100 亿元左右。2020 年，基于 RFID 技术的物联网应用不断丰富，与移动互联网的结合不断深入，应用领域不断广泛，RFID 市场规模继续保持高速增长，2020 年末我国 RFID 市场规模突破 1200 亿元。长期来看，新冠肺炎疫情过后，中国整体经济向好的趋势将不会改变，预计 2021—2025 年年均复合增长率仍然维持在 12% 左右，主要的增长动力来源于社保卡和健康卡项目、交通管理、移动支付、物流与仓储、防伪、金融 IC 卡迁移等细分领域。前瞻初步估算到 2026 年我国 RFID 的市场规模将接近 2500 亿元。

8.1.4 二维码技术

1. 条形码技术是一个维度的数据

在二维码出现之前，大行其道的还得是条形码（一维码），比如超市收银员扫的那个黑白条就是条形码。条形码是将宽度不等的多个黑条和空白，按照一定的编码规则排列，用以表达一组信息的图形标识符。常见的条形码是由反射率相差很大的黑条（简称条）和白条（简称空）排成的平行线图案。条形码可以标出物品的生产国、制造厂家、商品名称、生产日期、图书分类号、邮件起止地点、类别、日期等许多信息，因而在商品流通、图书管理、邮政管理、银行系统等许多领域都得到广泛的应用。

条形码技术（Bar Code Technology，BCT）是在计算机的应用实践中产生和发展起来的一种自动识别技术。它是为实现对信息的自动扫描而设计的，是实现快速、准确而可靠地采集数据的有效手段。条形码技术的应用解决了数据录入和数据采集的瓶颈问题，为物流管理提供了有利的技术支持。

条形码技术的核心内容是通过利用光电扫描设备识读这些条形码符号来实现机器的自动识别，并快速、准确地把数据录入计算机进行数据处理，从而达到自动管理的目的。

2. 二维码是两个维度的数据

相比于只在一个维度上携带信息的条形码，二维码在水平、垂直两个维度上都携带了数据。二维码，也叫 QR（Quick Response Code）码，在 1994 年，这个类似于一个正方形马赛克的图片由日本 DENSO WAVE 公司发明——两位程序员为了追踪汽车零部件而设计。而现在，应用更为广泛的是由美国人设计的 pdf417、datamatrx，其中的 pdf417 是由留美华人王寅敬博士发明的。现在日常生活中二维码随处可见，比如扫码加好友、扫码关注公众号、扫码付款。二维码是在一维码基础上演变而来的，在设计上改善了一维条码低密度信息、存储容量较小、必须依赖数据库和通信网络等缺点，具有信息容量大、密度高、纠错能力强、存储信息范围广、译码可靠性高、保密防伪性强、信息传输效率高等优势，已发展成为信息传播的重要载体和入口。移动通信技术的迅速发展将二维码技术应用推向了一个新高潮，极大地改善了人们的生活方式。如图 8-1 所示为条形码和二维码。

图 8-1　条形码和二维码

3. 二维码的基本结构

（1）位置探测图形、位置探测图形分隔符、定位图形：用于对二维码的定位，对每个 QR 码来说，位置都是固定存在的，只是大小规格会有所差异。

（2）校正图形：规格确定，校正图形的数量和位置也就确定了。

（3）格式信息：表示改二维码的纠错级别，分为 L、M、Q、H。

（4）版本信息：即二维码的规格，QR 码符号共有 40 种规格的矩阵（一般为黑白色），从 21×21（版本 1），到 177×177（版本 40），每一版本符号比前一版本每边增加 4 个模块。

（5）数据和纠错码字：实际保存的二维码信息和纠错码字（用于修正二

维码损坏带来的错误）。如图 8-2 所示为二维码的基本结构。

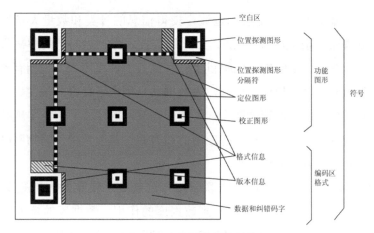

图 8-2　二维码的基本结构

8.1.5　网络与通信技术

物联网技术需要用到近程通信技术（也叫近距离通信或短距离通信（Near Field Communication，NFC））和远程传输技术（long-range transmission）。近程通信技术包括蓝牙（Bluetooth）、无线局域网 802.11（Wi-Fi）和红外数据传输（IrDA）。同时还有一些具有发展潜力的近距无线技术，如 ZigBee、超宽频（Ultra WideBand）、WiMedia、DECT、无线 1394 和专用无线系统等。远程传输技术包括互联网的组网、网关等技术，远距离（几十公里，甚至数百公里）的数字信号传输，可采用带有调制解调器的调频、调相或调幅的传输设备来实现，并可利用已有的电话线等作为传输线。如传输距离只有几百米或几公里，就不需要调制解调器的传输模式，可采用数字信号直接传输的方法，其传输速度、误码率等性能优于采用调制解调器的传输方式。尤其是近距离（几公里以内）点对多点的数据传输，采用数字信号直接传输的方法更具优势。

物联网平台包括设备管理平台、连接管理平台、应用使能平台、业务分析平台、态势感知及风险处置平台等。物联网平台安全标准主要包括平台通用安全、平台安全防护、平台交互安全、平台安全监测、平台测试评估等。传感器网络通信技术主要包括 IP 互联网、2G 到 6G 移动通信、卫星通信等技术。目前来说，以 IPv6 为核心的新联网的发展，将会成为物联网快速传送通道。

8.1.6 数据的挖掘与融合技术

物联网从感知层到应用层的过渡，使得信息的种类和数量大量增加，这给数据的处理带来很大困难。P2P、云计算等技术为上述问题的解决带来了有效方法。云计算的出现给物联网提供了一种高效的计算模式，它拥有安全可靠的数据处理中心，服务快捷、便利，为数据共享创造了良好的条件。云平台可以促进互联网和物联网的智能融合，是实现物联网的核心，它是实现智慧地球的必要信息技术之一，是一种支持应用的新方式。基于云平台的物联网数据挖掘技术的模式分为以下五个层次。

（1）物联网数据接入层：物联网接入层起到了实现数据的采集与关键数据的提取，并且将关键数据传输到数据库的作用。数据库的接入层包括了 GPS 传感终端、视频传感终端、RFID 传感终端、无线传感器等传感终端。它通过这些传感终端监控现实对象，采集监控对象的状态和相关数据将它发送到相应的云计算节点。云平台对数据进行处理，提取关键的数据并传输到数据库。

（2）物联网数据集成层：数据库中的数据是根据不同的主题来组织的，存储的数据面对多数据源，可以从历史的观点来提供信息，经过转换后的数据集成层为数据的挖掘提供了数据环境。

（3）数据挖掘平台层：它是物联网数据挖掘模式中的核心结构，它提供给数据挖掘阶段所需的各个模块。它实现各种任务过程中算法的并行化，将用户需要的结果挖掘出来并返给业务控制层，完成对数据的挖掘。

（4）业务控制层：这一个层次是通过业务逻辑实现对各种业务流程的控制。物联网根据用户提交不同的业务请求，来控制数据挖掘层的多个模式完成数据挖掘任务，最后将挖掘结果反馈给交互层。

（5）交互层：这是物联网数据挖掘的最后一步，是提供用户与系统的数据接口。用户可以登录系统，查看保存各种数据输出的结果。

基于云平台的物联网数据挖掘技术的应用，就是从一个海量的、不完整的、随机的实际应用数据中，挖掘出其中潜在的有用信息和知识，根据有用信息和知识来制订出符合实际的各种计划。

8.2 数字孪生技术

数字孪生技术在越来越多的企业中得到了广泛的应用，特别是从产品销售转向产品服务捆绑销售的企业，或者作为服务销售的企业。随着元宇宙技术成熟度的提高，数字孪生技术将得到更加广泛的应用，今后也将有更多企业使用数字孪生技术优化流程，决定数据驱动以及修订新产品、新服务和业务模式。从长远来看，要释放数字孪生技术的所有潜力，必须将数据与整个生态系统相结合。

8.2.1 数字孪生的内涵

1. 物理世界的仿真复制

数字孪生（Digital Twin，DT），是美国密歇根大学的 Dr. Michael Grieves 教授在 2002 年首次提出的技术概念，就是通过一个数字模型来监控物体的实时状态，当时被称为镜像空间模型。2011 年 3 月，美国空军研究实验室首次明确提到了数字孪生。数字孪生是以数字化方式创建物理实体的虚拟实体，借助历史数据、实时数据以及算法模型等，模拟、验证、预测、控制物理实体全生命周期过程的技术手段。简单地说，数字孪生就是对真实存在的物理系统的数字化虚拟复制。数字孪生中的双胞胎，并不是完全一样的两个个体，更确切地说，是两个系统。一个系统存在于现实的物理世界，另一个系统存在于虚拟的计算机世界，并且通过智能技术，使得存在于虚拟世界的系统也能以一种直观的方式让人类感知与触碰。物理世界是由千亿级的各类物体构成，所以在虚拟世界中的仿真即是对各类物体数据化的仿真，即数字孪生。

2. 数字孪生是持续、动态仿真

传统设计建模中采用的计算机辅助设计（Computer Aided Design，CAD）技术也可以设计出产品的模型，但数字孪生技术与之相比最大的特点在于：它是对物理实体对象（姑且称为"本体"）的动态仿真。也就是说，数字孪生体不是如镜子反映的静态世界，而是持续、动态的，更不像 CAD 设计的产品模型。而且，本体和孪生体之间，可以建立全面的实时或准实时联系。数字孪生体变动的依据是来自物理本体上面传感器反馈的数据，以及本体运行的历史数据、本体的实时状态，还有外界环境条件，这些都会一一对应到数字孪生体上。

3. 对不可预测性进行全面测量

数字孪生的真正力量以及它如此重要的原因在于它可以提供物理世界和

数字世界之间近乎实时的全面联系。由于产品或过程的真实世界与数字世界之间的交互性,数字孪生可能会提供更丰富的模型,从而对不可预测性进行更真实、全面的测量。由于廉价、强大的计算功能,这些互动式测量结果可以使用现代的大规模处理体系结构和先进的算法进行分析,以进行实时预测反馈和离线分析,实现基本的设计和流程更改,而这些更改几乎是当前方法无法实现的。如图 8-3 所示为飞机的数字孪生。

图 8-3　飞机的数字孪生

8.2.2　数字孪生的运作机理

数学孪生的运作机理如下。

(1)收集物理世界实时数据:首先通过 IoT 物联网平台,实现设备接入、设备管理、检测运维功能,基于实时传感工作条件或环境位置等多元数据的采集,孪生体可全面、精准、动态反映物理对象的状态变化,包括外观、性能、位置、异常等。

(2)云端数据处理分析:这些组件连接到基于云的系统,该系统接收并处理传感器监控的所有数据。根据现实业务和其他关联数据进行分析。

(3)仿真模组构建:基于海量数据接入,通过建模技术、立体合成技术、交互技术、集成三维地理信息及三维空间统计、高分辨率 3D 图像等技术,模拟现实中的虚拟环境。

(4)可视化呈现:结果通过虚拟仿真技术进行可视化呈现,突出显示数字化双胞胎模型和物理世界模拟在一个或多个维度中的性能的不可接受的差异。如图 8-4 所示为数字孪生的运作机理。

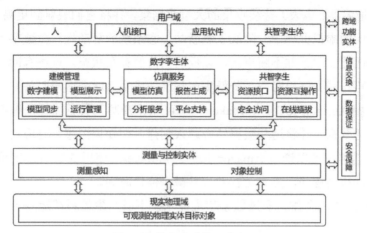

图 8-4 数字孪生的运作机理

8.2.3 数字孪生技术价值

数字孪生技术有如下价值。

（1）提高可靠性：数字孪生技术用于生产研发阶段的产品虚拟原型设计时，通过物联网实现实时性能仿真或设计测试，确保产品质量后再投资购买实体原型。这样可以大大减少原来传统产品设计中将产品投入生产所需的迭代次数，减少产品缺陷并缩短上市时间。数字孪生的使用可以通过监控和模拟来提高产品和工艺的可靠性和可用性，优化改进生产流程；可以通过预测故障进而降低生产过程中的事故风险，并确保生产目标不受安排维护、维修和订购更换零件的影响；可以通过分析定制模型提供持续改进，并通过实时性能测试确保产品质量。

（2）降低试错成本：物理世界运载着人类庞大的生态系统，不能出现一丝差错，更不可允许不犯错。就像"人生没有彩排，每一天都是现场直播"。社会的发展也一样，过去的每一天每一分钟都会成为历史。如何运用技术手段提高或者改善物理世界的运行？数字孪生技术可以在不改变原有物理世界的前提下，1：1复刻出与之对应的虚拟数字世界，在虚拟世界中可以"看到"物理世界的每一角落，并且可以在虚拟世界中进行各种创新性尝试与改革，这样就可以预先计算出某种决策在现实生活中的可行性，进而大大降低试错成本，并且可以持续进行优化，使得决策运用到物理世界中时会更加科学。

（3）降低维护成本：数字孪生技术集成了由智能传感器（如智能照明、

摄像头、恒温器、电表）持续收集的大量数据集，并将它们映射到更易于分析、测量和理解的虚拟世界中，降低了物联网生态系统的复杂性。在数字世界和物理世界之间建立联系并不断更新，以反映当前的存在状况。这将有助制定有效的业务策略，减少停机时间，降低生产和维护成本，增强客户服务并缩短上市时间。例如 Amazon IoT TwinMaker 公司可以让开发人员更加轻松地汇集来自多个来源的数据，并将这些数据结合起来创建一个知识图谱，对现实世界环境进行建模。客户可以通过 Amazon IoT TwinMaker，使用数字孪生来构建反映现实世界的应用程序，提高运营效率并减少停机时间。

（4）跨领域合作：通过数字孪生技术，不断产生的系统运营数据能够实现随时可用，轻松地跨企业、跨行业、跨领域共享，从而实现不同地域、不同市场主体之间的交流与协作，改善沟通和更高效地制定决策。同时在企业内部也可以实现研发、施工、生产、物流、销售和市场营销等不同部门之间共享相同的数据，以帮助企业做出更科学的决策。

8.2.4　数字孪生的应用

数字孪生具有将虚拟空间和物理实体紧密融合的特点，在 5G 技术下，数字孪生技术已广泛应用于各类场景，以设计、监控类场景为主。智慧城市、工业 4.0 和自动驾驶行业是先进数字孪生技术使用较多的行业，也是众多科技巨头重点布局的行业。美国工业互联网联盟将数字孪生作为工业互联网落地的核心和关键。德国工业 4.0 参考架构将数字孪生作为重要内容。在我国，数字孪生城市已成为各地政府推进智慧城市建设的主流模式选择，产业界也将其视为技术创新的风向标、发展的新机遇，数字孪生应用已在部分领域率先展开。

1. 工业互联网

数字孪生目前主要运用于工业中，在工业领域，通过数字孪生技术，将大幅推动产品在设计、生产、维护等环节的变革。以"数字化、标准化、智能化"为发展方向，通过三维可视化建模、大数据、物联网技术与企业管理深度融合，设计覆盖多业务领域的智能化安全生产监督管理体系，建设覆盖工厂生产管理全业务、全层级、全过程的智慧工厂数字孪生体平台。在 5G 时代，随着新一代信息技术与实体经济的加速融合，工业数字化、网络化、智能化演进趋势日益明显，将催生一批制造业数字化转型新模式、新业态，数字孪生日趋成为产业各界研究热点，未来发展前景广阔。

目前洛克希德·马丁公司视数字孪生为未来国防工业6大顶尖技术之首，美国GE公司已为每个引擎、每个涡轮、每台核磁共振，创造了一个数字孪生体，通过这些拟真的数字化模型，在虚拟空间调试、试验，以让机器的运行效果达到最佳。

通过数字孪生技术，不仅能够对工厂设备进行监测，实现故障预判和及时维修，还可以实现远程操控，远程维修，极大降低运营成本，提高安全性。

2. 医疗健康监测

未来通过各种新型医疗检测和扫描仪器以及可穿戴设备，可以完美地复制出一个数字化身体，并可以追踪这个数字化身体每一部分的运动与变化，从而更好地进行健康监测和管理。但同时，时刻监测反馈所带来的心理暗示是否会影响人类健康又会成为新课题。在个人的健康监测与管理方面，通过数字孪生可以更清楚地了解身体的变化，对疾病做出及时预警。

通过5G等传输技术，远程医疗也将更为普及。目前全国首例基于5G的远程人体手术——帕金森病"脑起搏器"植入手术成功完成，这对实现优质医疗资源下沉、自动诊疗有着重要意义。

3. 智慧城市管理

未来，无人机群将为城市提供基于图像扫描的城市数字模型，街道、社区、娱乐、商业等各功能模块都将拥有数字模型。通过构建城市物理世界、网络虚拟空间的一一对应、相互映射、协同交互的复杂巨系统，在计算机世界再造一个与之匹配、对应的孪生城市，实现城市的全要素数字化和语义化、全状态实时化和可视化、管理决策协同化和智能化。随着城市数字模型的扩充与发展，数字孪生技术将覆盖城市的每条电力线、变电站、污水系统、供水和排水系统、城市应急系统、Wi-Fi网络、高速公路、交通控制系统等所有看见或看不见的地方。

目前中国的雄安新区定位为绿色、智能的数字孪生城市。其市民服务中心以实践"数字孪生"理念为指引，深度融合应用互联网、云计算、大数据技术，从基础设施智能化、物联网平台、块数据平台、多场景智能应用等各领域，实现物理空间与虚拟数字空间交互映射、融合共生，正在建立起国际领先、中国特色的智慧生态示范园区。

4. 古建筑修复

数字孪生是现代建筑管理软件和工具向整体、全环境平台的重要转型。建筑环境中的数字孪生技术标志着数字化新时代的到来，标志着向数据支持决策的战略转变，以提高成本、运营效率、环境影响和人类体验。通过数字孪生技术可以对现有重要建筑特别是古代建筑进行数字复刻，一旦古建筑出现意外或需要修复时即可按照数字孪生体进行修复或重建。

2019年4月15日傍晚，法国的巴黎圣母院发生火灾，其塔尖倒塌，建筑损毁严重。经过500多名消防员的扑救，16日凌晨火势得到控制。巴黎消防队负责人表示，这座建筑主体结构幸存，但三分之二的屋顶被毁。人们在叹息人类文明损毁的同时，修复工作也立刻展开。从目前来看，恢复巴黎圣母院的信息比较丰富，包括各种平面图像、3D图像等。而更为重要的是，美国瓦萨学院的艺术历史学家安德鲁·塔隆（Andrew Tallon）在2014—2015年，曾通过激光扫描仪创建了一个完美无瑕的巴黎圣母院的数字模型。通过这个数字模型不仅建立起巴黎圣母院的三维图像，同时能够揭示其他难以察觉的结构问题。巴黎圣母院已经在虚拟世界中得到永生，数字模型或许也能够帮助巴黎圣母院的修复，让其"重生"。通过数字模型，越来越多的人认识到数字孪生技术的应用价值。

8.3 大数据技术

8.3.1 大数据的内涵

大数据（Big Data，巨量数据集合）包括以公众互联网、社交媒体、政府数据库、地理空间数据、电子商务等方式形成的商业数据库、电子文献、各类调查以及其他具有即时性的数据源。全球范围内，运用大数据推动经济发展、完善社会治理、提升政府服务和监管能力正成为趋势，发达国家相继制定实施大数据战略性文件，大力推动了大数据的发展和应用。目前，我国互联网、移动互联网用户规模居全球第一，拥有丰富的数据资源和应用市场优势，大数据部分关键技术研发取得突破，涌现出一批互联网创新企业和创新应用。

大数据是以容量大、类型多、存取速度快、价值密度低为主要特征的数据集合，正快速发展为对数量巨大、来源分散、格式多样的数据进行采集、存储和关联分析，从中发现新知识、创造新价值、提升新能力的新一代信息技术和服务业态。

大数据需要特殊的技术，以有效地处理大量不同类型的数据。适用于大数据的技术，包括大规模并行处理（MPP）数据库、数据挖掘、分布式文件系统、分布式数据库、云计算平台、互联网和可扩展的存储系统。

8.3.2 大数据的四大特征

1. 容量大

上千万的摄像头、十亿部的智能电话、几十亿次的网页搜索和社交网络上的对话产生了巨大的数据，其中包括公共安全、公共卫生、商业活动、经济走势等信息。数十亿的处方、海量的生物、遗传信息带来健康医疗大数据。无数次的科学实验和观察产生从天文到地理、从物理到化学的科学大数据。海量数据的收集促进了大数据时代的到来。

数据存储最小的基本单位是 bit，按顺序给出所有单位：bit、Byte、KB、MB、GB、TB、PB、EB、ZB、YB、BB、NB、DB。

它们按照进率 1024（2 的十次方）来计算：

1 Byte = 8 bit

1 KB = 1024 Bytes = 8192 bit

1 MB = 1024 KB = 1 048 576 Byte

1 GB = 1024 MB = 1 048 576 KB

1 TB = 1024 GB = 1 048 576 MB

1 PB = 1024 TB = 1 048 576 GB

1 EB = 1024 PB = 1 048 576 TB

1 ZB = 1024 EB = 1 048 576 PB

1 YB = 1024 ZB = 1 048 576 EB

1 BB = 1024 YB = 1 048 576 ZB

1 NB = 1024 BB = 1 048 576 YB

1 DB = 1024 NB = 1 048 576 BB

截至目前，人类生产的所有印刷材料的数量是 200PB，而历史上全人类总共说过的话的数据量大约是 5EB。当前，典型个人计算机硬盘的容量为 TB 量级，而一些大企业的数据量已经接近 EB 量级。2020 年产生的数量增至 60ZB（1ZB 相当于 10 亿 GB）。

2. 多样化

数据的多样性将数据分为结构化数据和非结构化数据。结构化数据也称为行数据，是由二维表结构来逻辑表达和实现的数据，严格地遵循数据格式与长度规范，主要通过关系数据库进行存储和管理。与结构化数据相对的是不适于由数据库二维表来表现的非结构化数据，包括所有格式的办公文档、XML、HTML、各类报表、图片和音频、视频信息等。支持非结构化数据的数据库采用多值字段和变长字段机制进行数据项的创建和管理，广泛应用于全文检索和各种多媒体信息处理领域。相对于以往便于储存的以数据库/文本为主的结构变化数据，非结构化数据越来越多，包括网络日志、音频、视频、图片、地理位置信息等。这些多类型的数据对数据的处理能力提出了更高要求。

3. 速度快

速度快是大数据区别于传统数据挖掘的最显著特征。根据 IDC（国际数据公司）的报告，预计 2025 年，全球数据使用量将达到 175ZB。在如此海量的数据面前，处理数据的效率就是企业的生命。"运算速度"是评价计算机性能的重要指标，其单位应该是每秒执行多少条指令。

1946 年诞生的 ENIAC，每秒只能进行 300 次各种运算或 5000 次加法运算，是名副其实的计算用的机器。此后的 50 多年，计算机技术水平发生日新月异的变化，运算速度越来越快，每秒运算已经跨越了亿次、万亿次级。2002 年 NEC 公司为日本地球模拟中心建造了一台"地球模拟器"，每秒进行的浮点运算次数接近 36 万亿次。十年之后，即 2012 年 6 月 18 日，国际超级电脑组织公布最新的全球超级电脑 500 强名单，美国超级电脑（超级计算机"红杉"）重夺世界第一宝座。"红杉"持续运算测试达到每秒 16 324 万亿次，其峰值运算速度高达每秒 20 132 万亿次，令其他计算机望尘莫及。

4. 低价值密度

价值密度的高低与数据总量的大小呈反比。大数据就是一个海量的数据，在海量数据中很多数据并不一定有应用价值，真正有价值的数据总量可能很少，而且还可能隐藏在海量的没有价值的数据之中，但通过对海量数据利用一系列的科学分析处理之后，有用的数据就会被分析出来。因此数据量越大，

有应用价值的数据比例相对就会越低。

8.3.3 数据分析与大数据分析

1. 数据分析

数据分析是指用适当的统计分析方法对收集来的大量数据进行分析，提取有用信息进行详细研究和概括总结。进行数据分析时除掌握基本数据处理及分析方法以外，还应掌握高级数据分析及数据挖掘方法（多元线性回归法、贝叶斯、神经网络、决策树、聚类分析法、关联规则、时间序列、支持向量机、集成学习等）和可视化技术。

2. 大数据分析

大数据分析指无法在可承受的时间范围内用常规软件工具进行捕捉、管理和处理的数据集合，是需要新处理模式才能具有更强的决策力、洞察发现力和流程优化能力的海量、高增长率和多样化的信息资产。进行大数据分析需要熟练掌握 Hadoop 集群搭建；熟悉 NoSQL 数据库的原理及特征，并会运用在相关的场景；熟练运用 Mahout、Spark 提供的进行大数据分析的数据挖掘算法，包括聚类（k-means 算法、Canopy 算法）、分类（贝叶斯算法、随机森林算法）、主题推荐（基于物品的推荐、基于用户的推荐）等算法的原理和使用范围。

3. 数据分析与大数据分析的不同

在维克托·迈尔-舍恩伯格及肯尼斯·库克耶编写的《大数据时代》中，大数据分析指不用随机分析法（抽样调查）这样的捷径，而采用所有数据进行分析处理，因此不用考虑数据的分布状态（抽样数据是需要考虑样本分布是否有偏，是否与总体一致），也不用考虑假设检验，这一点也是大数据分析与一般数据分析的一个区别。大数据分析与一般数据分析最核心的区别是处理的数据规模不同。

8.3.4 大数据分析流程

大数据分析是一个复杂的流程，大致可以分为以下几个步骤。

1. 数据采集

数据采集，是指从传感器和其他待测设备等模拟和数字被测单元中自动采集信息的过程。数据采集系统是结合基于计算机的测量软硬件产品来实现灵

活的、用户自定义的测量系统。

数据采集的目的是测量电压、电流、温度、压力或声音等物理现象。大数据的采集是指利用多个数据库来接收发自客户端（Web、App 或者传感器形式等）的数据，并且用户可以通过这些数据来进行简单的查询和处理工作。比如，电商会使用传统的关系数据库 MySQL 和 Oracle 等来存储每一笔事务数据，除此之外，Redis 和 MongoDB 这样的 NoSQL 数据库也常用于数据的采集。在大数据的采集过程中，其主要特点和挑战是并发数高，因为有可能同时会有成千上万的用户进行访问和操作，比如火车票售票网站和淘宝，它们并发的访问量在峰值时达到上百万次，所以需要在采集端部署大量数据库才能支撑。如何在这些数据库之间进行负载均衡和分片需要深入地思考和设计。

2. 数据清洗

数据清洗是对数据进行重新审查和校验的过程，目的在于删除重复信息、纠正存在的错误，并提供数据一致性。通过数据分析技术对数据进行探索性研究，包括无关数据的剔除（数据清洗）与寻找数据的模式，探索数据的价值所在。数据清洗从名字上也看得出就是把"脏"的"洗掉"，指发现并纠正数据文件中可识别的错误的最后一道程序，包括检查数据一致性、处理无效值和缺失值等。因为数据仓库中的数据是面向某一主题的数据的集合，这些数据从多个业务系统中抽取而来而且包含历史数据，这样就避免不了有的数据是错误的，有的数据相互之间有冲突，这些错误的或有冲突的数据显然是我们不想要的，称为"脏数据"。按照一定的规则把"脏数据""洗掉"，这就是数据清洗。而数据清洗的任务就是过滤那些不符合要求的数据，将过滤的结果交给业务主管部门，确认是否过滤掉还是由业务主管部门修正之后再进行抽取。不符合要求的数据主要包括不完整的数据、错误的数据、重复的数据三大类。数据清洗与问卷审核不同，录入后的数据清理一般是由计算机而不是人工完成。

3. 数据建模

数据模型是抽象描述现实世界的一种工具和方法，是通过抽象的实体及实体之间联系的形式，来表示现实世界中事务的相互关系的一种映射。在这里，数据模型表现的是实体和实体之间的关系，通过对实体和实体之间关系的定义和描述，来表达实际的业务中具体的业务关系。数据建模（Data Modeling）是为要存储在数据库中的数据创建数据模型的过程。数据建模在概念上包括三个部分：①数据对象（Data Object）；②不同数据对象之间的关联（The associations between different data objects）；③规则（Rules）。

数据建模有助于数据的可视化和数据业务的实施。数据模型可确保命名约定、默认值、语义、安全性和一致性，同时确保数据质量。

数据模型强调的是数据的选择和数据的组织形式，不关注需要对数据执行的操作。数据模型就像架构师设计的架构，它有助于为数据构建概念模型并且设置数据中不同项之间的关联。

4. 数据分析

是大数据处理流程的核心步骤，通过数据采集环节，就已经从异构的数据源中获得用于大数据处理的原始数据，用户可以根据自己的需求对这些数据进行分析处理，比如数据挖掘、机器学习、数据统计等，数据分析可以用于决策支持、商业智能、推荐系统、预测系统等。通过数据分析即能够掌握数据中的信息。

5. 数据可视化

大多数人对统计数据了解甚少，基本统计方法（平均值、中位数、范围等）并不符合人类的认知天性。最著名的一个例子是"Anscombe 四重奏"，根据统计方法看数据很难看出规律，但通过可视化方法，规律就看得非常清楚。可视化还可以有效增强人的记忆力，我们经常说的"一图胜千言"就是可视化对生活的影响。比如图 8-5 所示的四组 y 与 x 数据关系，如果只通过数据很难看出二者的关系，但通过散点图就会一目了然。

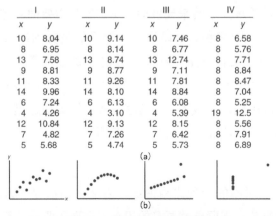

图 8-5　数据分析可视化图

在技术上，数据可视化最简单的理解，就是数据空间到图形空间的映射。一个经典的可视化实现流程，是先对数据进行加工过滤，转变成视觉可表达的形式，然后再渲染成用户可见的视图（View）。如图8-6所示，从左侧的数据转化为右侧的图形就更容易让人理解。

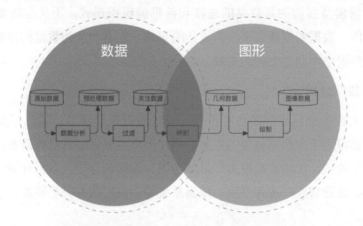

图8-6　数据空间到图形空间的映射

8.4　云计算技术

8.4.1　云计算概述

1. 云计算的内涵

云计算（Cloud Computing）是基于互联网的相关服务的增加、使用和交付模式，通常涉及通过互联网来提供动态易扩展且主要面对虚拟化的资源。

对云计算的定义有多种。现阶段广为接受的是美国国家标准与技术研究院（NIST）的定义：云计算是一种按使用量付费的模式，这种模式提供可用的、便捷的、按需的网络访问，进入可配置的计算资源共享池（资源包括网络、服务器、存储、应用软件、服务），这些资源能够被快速提供，只需投入很少的管理工作或与服务供应商进行很少的交互即可。

2. 理解云计算

云是网络、互联网的一种比喻说法。为什么会需要"云"？传统的应用正在变得越来越复杂：需要支持更多的用户，需要更强的计算能力，需要更加

稳定安全，等等。而为了支撑这些不断增长的需求，企业不得不去购买各类硬件设备（服务器、存储、带宽，等等）和软件（数据库、中间件，等等），另外还需要组建一个完整的运维团队来保障这些设备或软件的正常运作，这些维护工作包括安装、配置、测试、运行、升级以及保证系统的安全等。我们会发现支持这些应用的开销变得非常巨大，而且费用会随着应用的数量或规模的增加而不断提高。这也是为什么即使是在那些拥有很出色IT部门的大企业中，仍在不断抱怨他们所使用的系统难以满足自身的需求。而对于那些中小规模的企业，甚至个人创业者来说，相关软件产品的运维成本就更加难以承受了。

云计算是一种提供资源的网络，使用者可以随时获取"云"上的资源，按需求量使用，并且可以看成是无限扩展的，而不再像以前那样每个企业或个人都需要购买、安装很多硬件设备和软件系统。在收费模式上，云计算和水电等公用事业非常类似，"云"就像自来水厂，我们可以随时接水，并且不限量，按照自己家的用水量，付费给自来水厂就可以，而不用每家每户或者每个人都需要建设一个水厂。对云计算的使用者（主要是个人用户和企业）来讲，云计算将会在用户体验和成本这两方面给他们带来很多非常实在的好处。

3. 云计算的核心

云计算不是一种全新的网络技术，而是一种全新的网络应用概念。云计算的核心概念就是以互联网为中心，在网站上提供快速且安全的云计算服务与数据存储，让每一个使用互联网的人都可以使用网络上的庞大计算资源与数据中心。云计算甚至可以让用户体验每秒10万亿次的运算能力，拥有这么强大的计算能力甚至可以模拟核爆炸、预测气候变化和市场发展趋势。用户通过台式电脑、笔记本电脑、手机等方式接入数据中心，按自己的需求进行运算。

4. 我国云计算发展迅速

我国是云计算市场增长最快的国家，其中阿里云、腾讯云和华为云位列国内市场前三。随着全社会的数字化转型，云计算的渗透率大幅提升，市场规模持续扩张，我国云计算产业呈现稳健发展的良好态势。2019年我国云计算整体市场规模达1334亿元，同比增长38.6%。2020年，我国云计算市场呈爆发式增长，云计算整体市场规模达2091亿元，同比增长56.7%。2021年中国云计算市场规模达到3102亿元，同比增长48.4%。未来，我国云计算市场仍将保持快速增长趋势。

8.4.2 云计算的主要特点

云计算的特点如下:

(1) 大规模、分布式。"云"一般具有相当的规模,一些知名的云供应商如谷歌、亚马逊、IBM、微软、阿里等都有上百万级的服务器规模。而依靠这些分布式的服务器所构建起来的"云"能够为使用者提供前所未有的计算能力。

(2) 虚拟化。云计算都会采用虚拟化技术,用户并不需要关注具体的硬件实体,只需要选择一家云服务提供商,注册一个账号,登录到它们的云控制台,去购买和配置所需要的服务(比如云服务器、云存储、CDN,等等),再为自己的应用做一些简单的配置,就可以让应用对外服务了,这比传统的在企业的数据中心部署一套应用要简单方便得多。而且用户可以随时随地通过 PC 或移动设备来控制自己的资源,就好像云服务商为每一个用户都提供了一个 IDC (Internet Data Center) 一样。

(3) 高可用性和扩展性。知名的云计算供应商一般都会采用数据多副本容错、计算节点同构可互换等措施来保障服务的高可用性。基于云服务的应用可以持续(7×24 小时)对外提供服务,另外"云"的规模可以动态伸缩,来满足应用和用户规模增长的需要。

(4) 按需服务,更加经济。用户可以根据自己的需求来购买服务,甚至可以按使用量来进行精确计费。这能大大节省 IT 成本,而资源的整体利用率也将得到明显的改善。

(5) 安全。网络安全已经成为所有企业或个人创业者必须面对的问题,企业的 IT 团队或个人很难应对那些来自网络的恶意攻击,而使用云服务则可以借助更专业的安全团队来有效降低安全风险。

8.4.3 云计算的类型

云计算包括以下类型:

(1) 私有云,即企业内部基础架构、桌面、应用程序和数据的统称,由企业防火墙后面的 IT 人员按需交付。私有云的优势很多,灵活交付服务,提供自服务,可精细化地跟踪使用情况,同时允许企业对自己的基础架构有很强的控制力,具有更高的安全性。

（2）公共云，即场外多租户基础架构、存储和计算资源以及 SaaS 应用和数据的统称，通常由外部服务提供商按需提供。

（3）行业云（社区云），是指云服务仅由一组特定的云服务客户使用和共享的一种云部署模型。这组云服务客户的需求共享，彼此相关，且资源由组内云服务客户控制或云服务提供商控制。社区云可由社区里的一个或多个组织、第三方或两者联合拥有、管理和运营。社区云可在云服务客户的场内或场外。行业云局限于有共同关注点的行业内客户，这些共同关注点包括但不限于：业务需求、安全需求、政策符合性考虑等。

（4）混合云，多指的是"云融合"，这在企业用户当中越来越普及。私有云与公共云紧密集成在一起时就形成了混合云，其使 IT 有更多的灵活性，用户可以选择将应用放在哪里运行，在成本和安全性之间进行平衡。之所以出现这种融合，一个原因是私有云的成本逐渐降低并越来越灵活，另一个原因是公共云越来越安全、透明。

8.4.4　云服务的层次

在服务方面，主要以提供用户基于云的各种服务为主，共包含三个层次：第一个层次是 Software as a Service，软件即服务，简称 SaaS，这层的作用是将应用主要以基于 Web 的方式提供给客户；第二个层次是 Platform as a Service，平台即服务，简称 PaaS，这层的作用是将一个应用的开发和部署平台作为服务提供给用户；第三个层次是 Infrastructure as a Service，基础设施即服务，简称 IaaS，这层的作用是将各种底层的计算（比如虚拟机）和存储等资源作为服务提供给用户。从用户角度而言，这三层服务之间的关系是独立的，因为它们提供的服务是完全不同的，而且面对的用户也不尽相同。但从技术角度而言，云服务这三层之间的关系并不是独立的，而是有一定依赖关系的，比如一个 SaaS 层的产品和服务不仅需要使用到 SaaS 层本身的技术，而且还依赖 PaaS 层所提供的开发和部署平台，或者直接部署于 IaaS 层所提供的计算资源上；PaaS 层的产品和服务也很有可能构建于 IaaS 层服务之上。

1. SaaS

SaaS 是最常见的，也就是最先出现的云计算服务，在 SaaS 模式下，用户只要接上网络，通过浏览器就能直接使用在云端上运行的应用，并由 SaaS 云供应商负责维护和管理云中的软硬件设施，同时以免费或者按需使用的方式向用户收费，所以用户不需要顾虑类似安装、升级和防病毒等琐事，并且免去初期高昂的硬件投入和软件许可证费用的支出。

SaaS 的前身是 ASP（Application Service Provider），其概念和思想与 SaaS 相差不大。最早的 ASP 厂商有 Salesforce.com 和 Netsuite，其后还有一批企业跟随进来，这些厂商在创业时都主要专注于在线 CRM（客户关系管理）应用，但由于那时正值互联网泡沫破裂的时候，而且当时 ASP 技术本身也并不成熟，缺少定制和集成等重要功能，再加上当时欠佳的网络环境，使得 ASP 没有得到市场的热烈欢迎，从而导致大批相关厂商破产。但在 2003 年后，在 Salesforce 的带领下，惨存的 ASP 企业喊出了 SaaS 这个口号，并随着技术和商业两方面的不断成熟，使得 Salesforce、WebEx 和 Zoho 等国外 SaaS 企业得到了发展，而国内诸如用友、金算盘、金碟、阿里巴巴和八百客等企业也加入到 SaaS 的浪潮中。

由于 SaaS 产品起步较早，而且开发成本低，所以在现在的市场上，SaaS 产品不论是数量，还是类别，都非常丰富，而且也出现了多款经典产品，其中最具代表性的莫过于 Google Apps，中文名为"Google 企业应用套件"，提供包括企业版 Gmail、Google 日历、Google 文档和 Google 协作平台等在内的多个在线办公工具，目前已经有超过两百万家企业购买了 Google Apps 服务，它具有使用简单、支持公开协议、安全保障、初始成本低等优点。

2. PaaS

在 PaaS 模式下，用户可以在一个提供 SDK（Software Development Kit，软件开发工具包）、文档、测试环境和部署环境等内容的开发平台上非常方便地编写和部署应用，而且不论是在部署，还是在运行的时候，用户都无须为服务器、操作系统、网络和存储等资源的运维而操心，这些烦琐的工作都由 PaaS 云供应商负责。而且 PaaS 在整合率上非常惊人，比如一台运行 Google App Engine 的服务器能够支撑成千上万的应用，也就是说，PaaS 是非常经济的。PaaS 主要面向的用户是开发人员。

第一个 PaaS 平台诞生于 2007 年，是 Salesforce 的 Force.com，通过这个平台不仅能使用 Salesforce 提供的完善的开发工具和框架来轻松地开发应用，而且能把应用直接部署到 Salesforce 的基础设施上，从而能利用其强大的多租

户系统。接着，在 2008 年 4 月，Google 推出了 Google App Engine，从而将 PaaS 支持的范围从在线商业应用扩展到普通的 Web 应用，也使得越来越多的人开始熟悉和使用功能强大的 PaaS 服务。和 SaaS 产品百花齐放相比，PaaS 产品以少而精为主，其中比较著名的产品有 Force.com、Google App Engine、Windows Azure Platform 和 Heroku。Windows Azure Platform 是微软推出的 PaaS 产品，并运行在微软数据中心的服务器和网络基础设施上，通过公共互联网来对外提供服务，它由具有高扩展性的云操作系统、数据存储网络和相关服务组成，而且服务都是通过物理或虚拟的 Windows Server 2008 实例提供的。还有，其附带的 Windows Azure SDK（软件开发包）提供了一整套开发、部署和管理 Windows Azure 云服务所需要的工具和 API。

和现有的基于本地的开发和部署环境相比，PaaS 平台具有友好的开发环境、丰富的服务、精细的管理和监控、伸缩性强、多住户（Multi-Tenant）机制、整合度高和经济性好等优点。

3. IaaS

在 IaaS 模式下，用户可以从供应商那里获得所需要的计算或者存储等资源来装载相关的应用，并只需为其所租用的那部分资源进行付费，而同时这些基础设施烦琐的管理工作则交给 IaaS 供应商来负责。和 SaaS 一样，类似 IaaS 的想法其实已经出现了很久，比如，过去的 IDC（Internet Data Center，互联网数据中心）和 VPS（Virtual Private Server，虚拟专用服务器）等，但由于技术、性能、价格和使用等方面的缺失，使得这些服务并没有被大中型企业广泛地采用。2006 年年底 Amazon 发布了 EC2（Elastic Compute Cloud，灵活计算云）IaaS 云服务，由于 EC2 在技术和性能等多方面的优势，使得这一类型的技术终于得到业界广泛认可和接受，其中就包括部分大型企业，比如著名的纽约时报。最具代表性的 IaaS 产品和服务有：Amazon EC2、IBM Blue Cloud、Cisco UCS 和 Joyent。IBM Blue Cloud（"蓝云"）解决方案是由 IBM 云计算中心开发的业界第一个，同时也是在技术上比较领先的企业级云计算解决方案。该解决方案可以对企业现有的基础架构进行整合，通过虚拟化技术和自动化管理技术，来构建企业自己的云计算中心，并实现对企业硬件资源和软件资源的统一管理、统一分配、统一部署、统一监控和统一备份，也打破了应用对资源的独占，从而帮助企业享受到云计算所带来的诸多优越性。

IaaS 服务与传统的企业数据中心相比，具有免维护、成本低、伸缩性强等优点。

8.4.5 元宇宙离不开云计算

元宇宙的"沉浸感""低延迟""随时随地"特性不仅对 VR/AR 硬件技术和网络传输系统提出了很高的要求，还取决于高性能的云边计算能力和流媒体技术。

2021 年亚马逊云科技全球大会期间，亚马逊云科技不仅推出了众多新服务和功能，还宣布了一系列合作，其中包括元宇宙公司 Meta 宣布深化与亚马逊云科技的合作，将亚马逊云科技作为其战略云服务提供商。Meta 使用亚马逊云科技可靠的基础设施和全面的功能，补充其现有的本地基础设施，并将使用更多亚马逊云科技的计算、存储、数据库和安全服务，获得云端更好的隐私保护、可靠性和扩展性。Meta 将在亚马逊云科技上运行第三方合作应用，并使用云服务支持其收购的已经在使用亚马逊云科技的企业。Meta 还将使用亚马逊云科技的计算服务来加速 Meta AI 部门人工智能项目的研发工作。另外，亚马逊云科技和 Meta 双方还将合作，帮助客户提高在亚马逊云科技上运行深度学习计算框架 PyTorch 的性能，并助力开发人员加速构建、训练、部署和运行人工智能和机器学习模型的机制。

元宇宙一定是云计算可以大量赋能的一个领域。元宇宙本身需要的就是计算、存储、机器学习等，这些都离不开云计算。比如 Epic Games 是一个开发元宇宙游戏 Fortnite《堡垒之夜》的公司，全球拥有 3.5 亿用户，它的工作负载几乎全部都跑在亚马逊云科技上。元宇宙里面融合了大量技术，而这些技术的背后就是云计算。元宇宙的世界必然会产生超级大的数据量，这些数据都离不开底层平台，而云一定是最佳的平台。

8.5 人工智能技术

人工智能（Artificial Intelligence）是研究、开发用于模拟、延伸和扩展人的智能的理论、方法、技术及应用系统的一门新的技术科学。人工智能是计算机科学的一个分支，它企图了解智能的实质，并生产出一种新的能以与人类智能相似的方式做出反应的智能机器，该领域的研究包括机器人、语言识别、

图像识别、自然语言处理和专家系统等。除了计算机科学以外,人工智能还涉及信息论、控制论、自动化、仿生学、生物学、心理学、数理逻辑、语言学、医学和哲学等多门学科。人工智能学科研究的主要内容包括知识表示、自动推理和搜索方法、机器学习和知识获取、知识处理系统、自然语言理解、计算机视觉、智能机器人、自动程序设计等方面。

人工智能发展的关键技术从语音识别到智能家居,从人机大战到无人驾驶,其"演化"给人类社会上的一些生活细节,带来了一次又一次的惊喜,未来更多智能产品依托的人工智能技术会发展成什么样呢?人工智能技术关系到人工智能产品是否可以顺利应用到人类的生活场景中。在人工智能领域,普遍包含了机器学习、知识图谱、自然语言处理、人机交互、计算机视觉、生物特征识别等六项关键技术。

8.5.1 机器学习

机器学习(Machine Learning)是一门涉及统计学、系统辨识、逼近理论、神经网络、优化理论、计算机科学、脑科学等诸多领域的交叉学科,研究计算机怎样模拟或实现人类的学习行为,以获取新的知识或技能,重新组织已有的知识结构使之不断改善自身的性能,是人工智能技术的核心。基于数据的机器学习是现代智能技术中的重要方法之一,研究从观测数据(样本)出发寻找规律,利用这些规律对未来数据或无法观测的数据进行预测。传统上如果想让计算机工作,给它一串指令,然后它会遵照这个指令一步步执行下去。有因有果,非常明确,但这样的方式在机器学习中行不通。机器学习根本不接受输入的指令,相反,它接受输入的数据!也就是说,机器学习是一种让计算机利用数据而不是指令来进行各种工作的方法。这听起来非常不可思议,但结果上却是非常可行的。从广义上来说,机器学习是一种能够赋予机器学习能力以此让它完成直接编程无法完成的功能的方法。但从实践的意义上来说,机器学习是一种通过利用数据,训练出模型,然后使用模型预测的方法。

首先需要在计算机中存储历史数据。接着将这些数据通过机器学习算法进行处理,这个过程在机器学习中叫作"训练",处理的结果可以被我们用来对新的数据进行预测,这个结果一般称为"模型"。对新数据的预测过程在机器学习中叫作"预测"。"训练"与"预测"是机器学习的两个过程,"模型"则是过程的中间输出结果,"训练"产生"模型","模型"指导"预测"。

机器学习与人类思考的类比如图 8-7 所示。

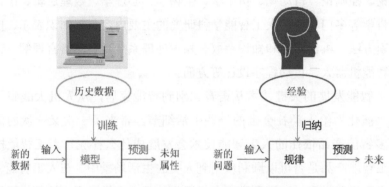

图 8-7　机器学习与人类思考的类比

从范围上来说，机器学习跟模式识别、统计学习、数据挖掘是类似的，同时，机器学习与其他领域的处理技术的结合，形成了计算机视觉、语音识别、自然语言处理等交叉学科。因此，一般说数据挖掘时，可以等同于机器学习。同时，我们平常所说的机器学习应用，应该是通用的，不仅仅局限于结构化数据，还有图像、音频等应用。随着大数据时代各行业对数据分析需求的持续增加，通过机器学习高效地获取知识，已逐渐成为当今机器学习技术发展的主要推动力。大数据时代的机器学习更强调"学习本身是手段"，机器学习成为一种支持和服务技术。如何基于机器学习对复杂多样的数据进行深层次的分析、更高效地利用信息成为当前大数据环境下机器学习研究的主要方向。所以，机器学习越来越朝着智能数据分析的方向发展，并已成为智能数据分析技术的一个重要源泉。

8.5.2　知识图谱

知识图谱是通过将应用数学、图形学、信息可视化技术、信息科学等学科的理论与方法，与计量学引文分析、共现分析等方法结合，并利用可视化图谱形象地展示学科的核心结构、发展历史、前沿领域以及整体知识架构，达到多学科融合目的的现代理论。它把复杂的知识领域通过数据挖掘、信息处理、知识计量和图形绘制显示出来，揭示知识领域的动态发展规律，为学科研究提供切实的、有价值的参考。本质上讲知识图谱是结构化的语义知识库，用于以符号形式描述物理世界中的概念及其相互关系。其基本组成单位是"实体—关系—实体"三元组,以及实体及其相关属性值,实体间通过关系相互联结,构成网状的知识结构。通俗地讲,知识图谱就是把所有不同种类的信息连接在一起而得到的一个关系网络,提供了从"关系"的角度去分析问题的能力。信息是指外部的客观事实。比如,这里有一瓶水,它现在是 7 摄氏度。知识是对外部客观规律的归纳和总结。比如,水在零度的时候会结冰。

知识图谱包含以下三层含义。

(1)知识图谱本身是一个具有属性的实体通过关系联结而成的网状知识库。从图的角度来看,知识图谱在本质上是一种概念网络,其中的节点表示物理世界的实体(或概念),而实体间的各种语义关系则构成网络中的边。由此,知识图谱是对物理世界的一种符号表达,详见图 8-8。

(2)知识图谱的研究价值在于,它是构建在当前 Web 基础之上的一层覆盖网络(Overlay Network),借助知识图谱,能够在 Web 网页之上建立概念间的联结关系,从而以最小的代价将互联网中积累的信息组织起来,成为可以被利用的知识。

(3)知识图谱的应用价值在于,它能够改变现有的信息检索方式,一方面通过推理实现概念检索(相对于现有的字符串模糊匹配方式而言);另一方面以图形化方式向用户展示经过分类整理的结构化知识,从而使人们从人工过滤网页寻找答案的模式中解脱出来。

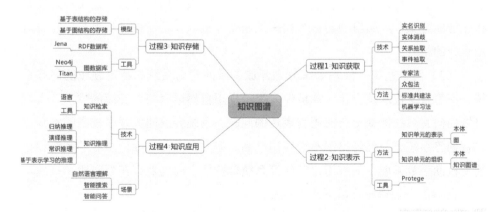

图 8-8 知识图谱

知识图谱可用于反欺诈、不一致性验证、组团欺诈等公共安全保障领域,需要用到异常分析、静态分析、动态分析等数据挖掘方法。特别地，知识图谱在搜索引擎、可视化展示和精准营销方面有很大的优势，已成为业界的热门工具。但是，知识图谱的发展还面临很大的挑战，如数据的噪声问题，即数据本身有错误或者数据存在冗余。随着知识图谱应用的不断深入，还有一系列关键技术需要突破。

8.5.3 自然语言处理

自然语言处理是计算机科学领域与人工智能领域中的一个重要方向，研究能实现人与计算机之间用自然语言进行有效通信的各种理论和方法，涉及的领域较多，主要包括机器翻译、语义理解和问答系统等。

（1）机器翻译。机器翻译技术是指利用计算机技术实现将一种自然语言翻译为另外一种自然语言的过程。基于统计的机器翻译方法突破了之前基于规则和实例翻译方法的局限性，翻译性能取得巨大提升。基于深度神经网络的机器翻译在日常口语等一些场景的成功应用已经显现出了巨大的潜力。随着上下文的语境表征和知识逻辑推理能力的发展，自然语言知识图谱不断扩充，机器翻译将会在多轮对话翻译及篇章翻译等领域取得更大进展。

（2）语义理解。语义理解技术是指利用计算机技术实现对文本篇章的理解，并且回答与篇章相关问题的过程。语义理解更注重对上下文的理解以及对答案精准程度的把控。随着 MCTest 数据集的发布，语义理解受到更多关注，取得了快速发展，相关数据集和对应的神经网络模型层出不穷。语义理解技术将在智能客服、产品自动问答等相关领域发挥重要作用，进一步提高问答与对话系统的精度。

（3）问答系统。问答系统分为开放领域的对话系统和特定领域的问答系统。问答系统技术是指让计算机像人类一样用自然语言与人交流的技术。人们可以向问答系统提交用自然语言表达的问题，系统会返回关联度较高的答案。尽管问答系统目前已经出现不少应用产品，但大多是在实际信息服务系统和智能手机助手等领域中的应用，在问答系统鲁棒性方面仍然存在着问题和挑战。

自然语言处理面临以下四大挑战：

（1）在词法、句法、语义、语用和语音等不同层面存在不确定性。

（2）新的词汇、术语、语义和语法导致未知语言现象的不可预测性。

（3）数据资源的不充分使其难以覆盖复杂的语言现象。

（4）语义知识的模糊性和错综复杂的关联性难以用简单的数学模型描述，语义计算需要参数庞大的非线性计算。

8.5.4 人机交互

1. 人机交互概念

人机交互，又称人机互动（Human-Computer Interaction 或 Human-Machine Interaction，HCI 或 HMI），是一门研究系统与用户之间的交互关系的学问。系统可以是各种各样的机器，也可以是计算机化的系统和软件。人机交互界面通常是指用户可见的部分。用户通过人机交互界面与系统交流，并进行操作。人机交互主要研究人和计算机之间的信息交换，主要包括人到计算机和计算机到人两部分的信息交换，是人工智能领域重要的外围技术。人机交互是与认知心理学、人机工程学、多媒体技术、虚拟现实技术等密切相关的综合学科。传统的人与计算机之间的信息交换主要依靠交互设备进行，包括键盘、鼠标、操纵杆、数据服装、眼动跟踪器、位置跟踪器、数据手套、压力笔等输入设备，以及打印机、绘图仪、显示器、头盔式显示器、音箱等输出设备。人机交互技术除了传统的基本交互和图形交互外，还包括语音交互、情感交互、体感交互及脑机交互等。

随着计算机技术的发展，操作命令越来越多，功能也越来越强。随着模式识别（如语音识别、汉字识别等）输入设备的发展，操作员和计算机在类似于自然语言或受限制的自然语言这一级上进行交互成为可能。此外，通过图形进行人机交互也吸引着人们进行研究。这些人机交互可称为智能化的人机交互。这方面的研究工作正在积极开展。

2. 人机交互的主要内容

人机交互的主要内容如下：

（1）界面设计的方法和过程。即在给定任务和用户的前提下，设计出最优的界面，使其满足给定的限制，并对易学性和使用效率等属性进行优化。

（2）界面实现方法。如软件工具包和函数库，以及其他各种高效开发方法等。

（3）界面分析和评估技术。

（4）开发新型界面和交互技术。

（5）构建交互相关的描述模型和预测模型。

3. 人机交互的形态

人机交互从广义上讲，就是全社会生态系统的智能化识别；从狭义上讲，3D显示器、视网膜显示器、动作识别、仿生隐形眼镜、第六感技术和体感系统等都是人机交互在不同阶段的发展形态。

第六感技术是一个可佩戴的姿态交互系统，将用户周围的事物与互联网无缝连接在一起，用户可以通过自然手势与电子设备进行输入输出交互。第六感技术以手机系统作为使用平台，在手掌上投影的"键盘"可以根据实际的需要变化，可以输入内容和显示内容；第六感技术还可以从海量的信息资讯中收集识别读物上的信息，并通过关键字在网络上搜索相关内容，让用户全方位地了解信息。

8.5.5 计算机视觉

计算机视觉是使用计算机模仿人类视觉系统的科学，让计算机拥有类似人类提取、处理、理解和分析图像以及图像序列的能力。自动驾驶、机器人、智能医疗等领域均需要通过计算机视觉技术从视觉信号中提取并处理信息。近来随着深度学习的发展，预处理、特征提取与算法处理逐渐融合，形成端到端的人工智能算法技术。根据其解决的问题，计算机视觉可分为计算成像学、图像理解、三维视觉、动态视觉和视频编解码五大类。

目前，计算机视觉技术发展迅速，已具备初步的产业规模。未来计算机视觉技术的发展主要面临以下挑战。

（1）如何在不同的应用领域和其他技术更好地结合。计算机视觉在解决某些问题时可以广泛利用大数据并且已经逐渐成熟甚至超过人类，而在某些问题上却无法达到很高的精度。

（2）如何降低计算机视觉算法的开发时间和人力成本。目前计算机视觉算法需要大量的数据与人工标注，需要较长的研发周期以达到应用领域所要求的精度与耗时。

（3）如何加快新型算法的设计开发。随着新的成像硬件与人工智能芯片的出现，针对不同芯片与数据采集设备的计算机视觉算法的设计与开发也是挑战之一。

8.5.6 AI大模型

2022年年初以来，AI大模型持续推出：ChatGPT、PaLM-E、百度的文心一言、科大讯飞的星火大模型、华为的盘古大模型等，并在多场景下广泛深入地应用，这标志着AI大模型时代已来临。AI大模型是指一个庞大复杂的神经网络，需要通过存储更多的参数来增加模型的深度和广度，从而提高模型的表现能力，参数量从百亿起步，对大量数据进行训练并产生高质量的预测结果，例如ChatGPT模型的参数规模达1750亿，PaLM-E的参数规模更是达到5620亿。

ChatGPT是最早推出的大模型，它由美国OpenAI团队研发创造，OpenAI是由创业家埃隆·马斯克、美国创业孵化器YCombinator总裁阿尔特曼、全球在线支付平台PayPal联合创始人彼得·蒂尔等人于2015年在旧金山创立的一家非盈利的AI研究公司，启动资金10亿美元，OpenAI的创立目标是与其他机构合作进行AI的相关研究，并开放研究成果以促进AI技术的发展。ChatGPT能够通过理解和学习人类的语言来进行对话，还能根据聊天的上下文进行互动，真正像人类一样进行聊天交流。从ChatGPT 1到ChatGPT 4智能化程度不断提升。

8.6 区块链技术

8.6.1 区块链的核心技术

区块链是一种集成技术，区块链是在点对点网络下，通过透明和可信规则构建不可伪造、不可篡改和可追溯的块链式数据结构，实现和管理事务处理的模式，其中事务处理包括但不限于可信数据的产生、存取和使用。为了确保比特币的交易能够在陌生人之间实现可信，日裔美国人中本聪（Satoshi Nakamoto）把分布式记账技术、共识机制技术和密码学技术融为一体，形成区块链技术1.0，而俄罗斯计算机爱好者V神（Vitalik Buterin，以太坊的创始人）又在区块链1.0技术基础上增加了智能合约技术，使区块链技术提升到了2.0时代。以上四项技术的综合使用构成了区块链的集成应用。随着区块链于各行各业的广泛应用，区块链进入3.0时代。

1. 分布式账本

分布式账本（Distributed Ledger Technology）是分布在多个节点或计算设

备上的数据库,每个节点都可以复制并保存一个分类账,且每个节点都可以进行独立更新。从实质上说分布式账本就是一个可以在多个站点、不同地理位置或者多个机构组成的网络里进行分享的资产数据库。在一个网络里的参与者可以获得一个唯一、真实账本的副本。账本里区块发生任何篡改,都会在所有的副本中被反映出来,反应时间会在几分钟甚至是几秒内。在这个账本里存储的资产可以是金融、法律定义上的实体的或是电子的资产。在这个账本里存储的资产的安全性和准确性通过公私钥以及签名的使用去控制账本的访问权,从而实现密码学基础上的维护。根据网络中达成共识的规则,账本中的记录可以由一个、一些或者所有参与者共同进行更新。

分布式记账技术解决了信任成本问题,使得即使是陌生人之间的交易也不一定必须依赖银行、政府、公证处等中心化权威组织,因为数据全部存储在所有节点上。信息还可以复制更多的份数,大到黑客、任何组织和个人都无法操纵的数量级,甚至使得每个使用节点都持有一份信息副本,黑客就算篡改了一处,其他节点的数据仍存在,当需要进行信息核对的时候,只要发现某一处的信息与其他地方不一致,就意味着此处的信息已经被篡改,变得不再可信。这样也解决了消费者权益、财务诚信和交易速度的问题。

因此,对于区块链,首先是一个分布式的公共账本。当然,区块链绝不仅仅是一个分布式的公共账本,还有很多更加重要的价值。分布式账本原理如图8-9所示。

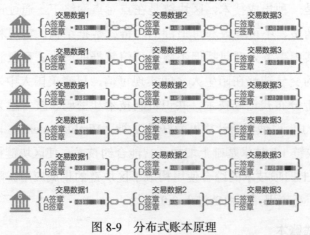

图8-9 分布式账本原理

资料来源:Goldman Sachs Gbbal Investment Research。

2. 共识机制

共识机制是通过特殊节点的投票，在很短的时间内完成对交易的验证和确认。对于一笔交易，如果利益不相干的若干个节点能够达成共识，就可以认为全网对此也能够达成共识。共识机制就像一个国家的法律，维系着区块链世界的正常运转，共识机制还可以在区块链技术应用的过程中有效平衡效率与安全。通常情况下，安全措施越复杂，处理效率越差，因此想要提升处理效率，就必须降低安全措施的复杂程度。

共识机制是区块链技术的核心，它使得区块链这样一个去中心化的账本系统成为可能；而价值载体是区块链技术的潜力所在，它使得区块链技术的应用领域已经超越了以往的数字货币。如果说共识是区块链的基础，那共识机制就是区块链的灵魂。

在区块链上，每个人都会有一份记录链上所有交易的账本，链上产生一笔新的交易时，每个人接收到这个信息的时间是不一样的，有些想要干坏事的人就有可能在这时发布一些错误的信息，这时就需要一个人对所有人接收到的信息进行验证，最后公布最正确的信息。共识机制的类型较多，常用的主要有工作量证明机制、权益证明机制和拜占庭共识机制等。

3. 非对称加密算法

1）非对称加密算法是一种密钥的保密方法

非对称加密（公钥加密）指加密和解密使用不同密钥的加密算法，也称为公私钥加密。非对称加密算法需要两个密钥，即公开密钥（Publickey，简称公钥）和私有密钥（Privatekey，简称私钥）。公钥与私钥是一对的，如果用公钥对数据进行加密，只有用对应的私钥才能解密。因为加密和解密使用的是两个不同的密钥，所以这种算法叫作非对称加密算法。非对称加密算法实现机密信息交换的基本过程是，甲方生成一对密钥并将公钥公开，需要向甲方发送信息的其他角色（乙方）使用该密钥（甲方的公钥）对机密信息进行加密后再发送给甲方，甲方再用自己的私钥对加密后的信息进行解密。甲方想要回复乙方时正好相反，使用乙方的公钥对数据进行加密，同理，乙方使用自己的私钥来进行解密。

另外，甲方可以使用自己的私钥对机密信息进行签名后再发送给乙方；乙方再用甲方的公钥对甲方发送回来的数据进行验签。

甲方只能用其私钥解密由其公钥加密后的信息。非对称加密算法的保密性比较好，它消除了最终用户交换密钥的需要。

非对称密码体制的特点：算法强度复杂、安全性依赖于算法与密钥，但是由于其算法复杂，使得加密解密速度没有对称加密解密的速度快。对称密码体制中只有一种密钥，并且是非公开的，如果要解密就得让对方知道密钥。所以保证其安全性就是保证密钥的安全。而非对称密钥体制有两种密钥，其中一个是公开的，这样就不需要像对称密码那样传输对方的密钥了。这样安全性就高了很多。

2）非对称加密算法工作原理

A要向B发送信息，A和B都要产生一对用于非对称加密算法和解密的公钥和私钥。A的私钥保密，A的公钥告诉B；B的私钥保密，B的公钥告诉A。A要给B发送信息时，A用B的公钥加密信息，因为A知道B的公钥。A将这个消息（已经用B的公钥加密消息）发给B。B收到这个消息后，B用自己的私钥解密A的消息。其他所有收到这个报文的人都无法解密。

3）非对称加密主要应用

假设两个用户要加密交换数据，双方交换公钥，使用时一方用对方的公钥加密，另一方即可用自己的私钥解密。如果企业中有 n 个用户，企业需要生成 n 对密钥，并分发 n 个公钥。假设A用B的公钥加密消息，用A的私钥签名，B接收到消息后，首先用A的公钥验证签名，确认后用自己的私钥解密消息。由于公钥是可以公开的，用户只要保管好自己的私钥即可，因此加密密钥的分发将变得十分简单。同时，由于每个用户的私钥是唯一的，其他用户除了可以通过信息发送者的公钥来验证信息的来源是否真实，还可以通过数字签名确保发送者无法否认曾发送过该信息。非对称加密的缺点是加密速度要远远慢于对称加密，在某些极端情况下，甚至能比对称加密慢上1000倍。

非对称加密（公钥加密）的一个特点是每个用户对应一个密钥对（包含公钥和私钥），它们都是随机生成的，所以各不相同。不过缺点也是很明显的，就是密钥存储在数据库中，如果数据库被攻破密钥就泄露了。

非对称加密体系不要求通信双方事先传递密钥或有任何约定就能完成保密通信，并且密钥管理方便，可实现防止假冒和抵赖，因此，更适合网络通信中的保密通信要求。

4. 智能合约

1）智能合约的内涵

智能合约是一种旨在以信息化方式传播、验证或执行合同的计算机协议。

在现实社会中,有着完善的社会治理体系,但是在社会执行层面,依旧有着很大的提升空间。1995 年,计算机科学家和法律学者尼克·萨博(Nick Szabo)提出了智能合约(Smart Contract)概念,他在发表于自己网站的文章中提到了智能合约的理念,定义为:"一个智能合约是一套以数字形式定义的承诺(promise),包括合约参与方可以在上面执行这些承诺的协议。"简单地说它就是一段计算机执行的程序,满足可准确自动执行即可,类似计算机中的"if…then…"命令。即现实社会中的一些双方达成的协议写成代码交由计算机自动执行该过程,并自动返回结果。这就是人们对"智能合约"最早的想象。

2)智能合约是区块链技术最重要的特性

区块链的智能合约是条款以计算机语言而非法律语言记录的智能合同。智能合约让人们可以与虚拟世界的资产进行交互。当一个预先编好的条件被触发时,智能合约执行相应的合同条款。人类文明已经从"身份社会"进化到了"契约社会",然而人性的弱点让纸质契约的约束力大打折扣。智能合约的出现让物理世界与虚拟世界完美结合,电脑程序成为合约的执行者,将违约和不诚信的可能变为零。

3)智能合约的应用场景

智能合约能应用的场景将非常广泛,譬如房屋租赁、差价合约、代币系统、储蓄钱包、作物保险、金融借贷、设立遗嘱、证券登记清算、博彩发行等。智能合约可能是目前唯一能将"合约"与交易融为一体的技术。智能合约将会引领人们进入可编程经济。

特别是在国际贸易中,最令人头疼的问题是贸易顺逆差、时差和法律差异等问题。区块链现在之所以被广泛应用于跨境支付,是因为智能合约解决了这些问题,只要开始进行交易,智能合约就会被即时触发,就规定的权利与义务严密执行,保证交易的公平、安全。同时智能合约不仅能被用于双方交易,还能被用于多方交易,精简了传统多方交易面临的手续复杂等问题。

8.6.2 区块链基础架构

根据区块链网络中心化程度的不同,分化出三种不同应用场景下的区块链:

(1)所有网络中的节点都掌握在一家机构手中,称为私有区块链。

(2)允许授权的节点加入网络,可根据权限查看信息,往往被用于机构间的区块链,称为联盟区块链或行业链。

(3)全网公开,无用户授权机制的区块链,称为公有区块链。

联盟区块链和私有区块链统称为许可链,公有区块链称为非许可链。

1. 私有区块链

私有区块链简称私有链。自中本聪 2008 年发表《比特币:一种点对点的电子现金系统》以来,比特币系统人人可参与并且去中心化记账的特点成功得到了金融行业的广泛关注。不少金融机构对比特币的底层技术区块链产生了浓厚的兴趣,纷纷开始研究区块链和金融的结合,欧美主流金融机构开始实验区块链技术,来改造自身的业务流程。但在实验区块链技术的过程中,鉴于现实世界的法律合规要求,尤其是政府对于持牌金融机构的了解客户(KYC)及反洗钱(AML)方面的严格要求,比特币这样的透明、共享的公有区块链,不能完全满足。于是,现实需求催促区块链技术的发展,私有区块链应运而生。

在实际的研究过程中,金融行业由于对商业数据的隐私要求、对节点有准入门槛以及对效率的高要求,与公有链上去中心化、效率较低的特性不太相符,于是逐渐出现了相对中心化但效率更高的私有链。

私有链应用大部分集中在企业内部,在企业年度审计等方面发挥着十分重要的作用。而得益于私有链运行安全的特点,私有链在某些特殊行业也有应用,央行发行数字货币就是应用的私有链技术。

目前,不少金融企业都在实地应用区块链技术。例如微众银行,采用区块链技术提升业务的准确性和清算效率,由自己内部控制私钥和全部节点。在数据清算和总结的过程中,数据的有效性得到了很大的保障。

私有链在未来行业中也有十分广泛的应用。传统大型制造公司在全国各城市都有分公司,如果采用私有链的方式,将总部链上的权限下发给各个城市办事处负责人,那么在营销过程中,各个城市办事处的提货数量和分销路径就会展示出来,企业就能够有效地找到窜货地区,合理地维护区域经销商的权益,各分公司的财务情况也会更加透明。在这样的数据基础上来制订区域营销规划,一方面可以清晰地了解产品的流向,减少压货和资源浪费;另一方面可以增强公司内部组织的透明度,强化品牌传播。

2. 联盟区块链

联盟区块链简称联盟链。2009 年比特币诞生后,区块链也随之出现。在

区块链早期,只有公有链的账本,也就是公开透明的账本。但公有链有一个很大的问题,虽然赋予大家同等的权限,但是牺牲了效率。公有链可以去中心化,能够实现公开透明,只是效率相对较低,对比一下中心化的支付方式,假如用微信付款用时是三秒,如果用公有链系统,则需要几个小时甚至更长时间,用户可能就不再会选择用区块链。

公有链还有一个隐私问题,在一些场合,公开能够带来公信力,但是更多的时候,用户可能并不想把相关数据都展现在大家面前。因此,从用户需求的角度来折中技术方案:牺牲部分去中心化,甚至是完全地去中心化,在权限这一关键环节上做出限制,以此来换取效率的提高。依照这样的思路设计而出的链,就是联盟链。

联盟链是介于公有链和私有链之间、实质上仍属于私有链范畴的区块链。联盟链与公有链的差别在于联盟链只对特定的组织团体开放,因此在联盟链中,每个参与者都可以查阅和交易,但不能验证交易,或不能发布智能合约,简单来说,联盟链上的信息对每个人都是只读的,只有节点有权利进行验证或发布交易,这些节点组成了一个联盟。普通用户如果想发布或者验证交易,则需获得联盟的许可。因此,联盟链更像是一种分布式的数据库技术。

3. 公有区块链

公有区块链简称公有链,顾名思义,它是公有的、开放的。在区块链中,公有链是开放程度最高,也是去中心化属性最强的。在公有链中,数据的存储、更新、维护、操作都不再依赖一个中心化的服务器,而是依赖每一个网络节点,这就意味着,公有链上的数据是由全球互联网中成千上万的网络节点共同记录维护的,没有人能够擅自篡改其中的数据。公有链是指全世界任何人都可读取、发送交易且交易能获得有效确认的也可以参与其中共识过程的区块链。

目前全球 400 多个公有链项目的业务范围涵盖了支付、基础设施、支付服务、保险服务、隐私、社交、娱乐、商业服务等共计 65 个领域,其中 71.7% 的公有链项目具有支付功能属性,33.3% 的公有链项目涉及基础设施服务、支付服务、商业服务、隐私服务、娱乐、股权证明、物联网、社交、游戏等领域,应用方向有待持续探索。

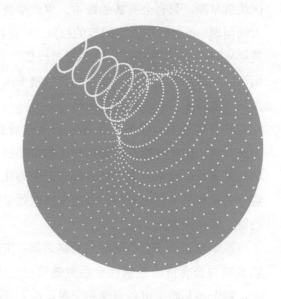

第 9 章
元宇宙内容创造与数字市场

第9章 元宇宙内容创造与数字市场

9.1 内容创造

互联网（World Wide Web，Web）发展到现在基本可以分为三个阶段，Web 1.0 出现于 20 世纪 90 年代至 21 世纪初。当时的互联网是静态、只读的 HTML 页面，用户之间的互联也相当有限。Web 2.0 也被称为读写网络，开始于 2004 年左右，至今也仍然处于 Web 2.0 时代。它由社交媒体网站、博客和在线社区组成，终端用户可以在任何时间实时地交互和协作。Web 3.0 时代还处于初级阶段，其目标是在无中介的读写网络中提供更好的以用户为中心的体验。无论是哪个阶段，内容都是重中之重，包括产品信息、图像图形、音视频产品、游戏、政府服务、信件和传真、电子消费、远程教育和交互式服务、交互式娱乐等。

Roblox 联合创始人 Neil Rimer 曾指出："元宇宙的能量将来自用户，而不是公司。"如果说元宇宙的本质是一张 Web 3.0 时代的互联网，那么元宇宙的构建，就需要大量数字世界的建造师，他们自发地建造数字内容，为元宇宙添砖加瓦。

9.1.1 微博的内容创造

任何一家互联网公司都离不开一个核心问题——流量。得流量者得天下，有了流量才能进行下一步转化，"流量"代表大众的关注点。无论是搜狐、网易、阿里巴巴等门户网站，还是微信、京东等超级 App，以及抖音等新媒体平台，都拥有亿级的流量，并且通过流量来进行产品销售。在只有静态网页的 Web 1.0 时代，这些流量都属于平台，属于公域流量。也就是各大门户网站中用户只能浏览内容，平台中的商家或个人用户只能以付费或活动等方式，在满足平台规

则的原则下获取流量，留存率较低，因为个人没有支配权，只能跟随平台的发展规律顺势而为。例如，音乐创作者可以在音乐平台上发布自己的乐曲，吸引用户收听，然后用户需要通过付费充值会员来下载歌曲，歌手则可以获得收益。

到用户直接交互的 Web 2.0 时代，产生了一种新应用——博客，每一个人都可以创作内容并发布到网上，所有人都能够看到。但不可能每个人都能天天写文章。随着互联网的发展，用户的阅读习惯从 2005 年阅读 800~1000 字的博客，到 2010 年阅读 140 字以内的微博，用户能够接受的字数不断减少。于是微博客应运而生。这是一个基于用户关系进行信息分享、实时传播以及快速获取信息的平台。合适的内容能快速增加粉丝数量、粉丝黏度，为个人带来更大的影响，也可以为企业带来可观的利润。发展到现在为止，140 字对于用户来说也已经有些多了，所以微博内容要尽量简短，最好用户在 1 秒之内就能了解微博的主题内容，并且"新鲜、有趣、有用"。

9.1.2 微信的内容创造

总体来看，微信中的流量属于私域流量，这是相对于公域流量的一种说法，指的是品牌或个人自主拥有的、无须付费的、可反复利用的、能随时触达用户的流量。其中"私"是指个人的、私人的，与公域流量的"公开"相反；"域"是指范围；"流量"则是指具体的数量，如人流数、车流量或者用户访问人数等。私域流量是一个完全属于"你"自己的私人地盘，大到年入上亿元的商家，小到个体经营者。这些流量存在于微信公众号、微信好友、微博、社群、朋友圈、头条号、抖音等社交媒体里，它是一切你可以随时掌控的私人流量池（即私域流量），这个流量池里聚集的是你的粉丝、客户和潜在客户。

微信中无论是公众号还是朋友圈所发的内容是否优质，主要取决于是否对用户有价值。对用户来说，如果看了这篇内容能引发某种思想共鸣，或者能受到一定的启发，那么它就是有价值的内容。有价值的优质内容不仅有利于企业品牌知名度的提升，同时也培养了用户的忠诚度。

对用户来说，图文的排版也非常重要，如果一篇文章都是枯燥的文字，即使都是干货仍然很难让用户在碎片化的时间一直看下去。文字再吸引人或许也不如一张简单的插图，图片不需要太多的文字介绍，就能给人非常直观的感觉，图片包括图表、表格、图解等。当然，图片如果全部聚集在某一段文字下面，或者图片大小、色泽、清晰度等不美观，使用户看起来非常缺乏吸引力，那么这篇文章即使观点独到、题材新颖，也算不上成功。

9.1.3　抖音的内容创造

随着大众的时间碎片化、阅读视频化，使创作优质的短视频变得非常重要。下面以使用最广泛的平台之一抖音为例来介绍。

1. 内容创造

抖音里面每一个用户都可以通过视频的方式创作自己的原创内容，并产生一定的流量，以能帮助其他人获取信息，这成为抖音生态的一部分。只有足够出色的内容，视频才有可能获得更多用户的观看、点赞和评论。因此，在进行短视频内容规划时，需要综合考虑的重要因素包括内容定位、内容质量、内容稳定性等。

2. 内容生态

抖音里面有很多自由开发者开发的抖音辅助工具，可以让非专业抖音内容创作者也能创作出相对专业的作品，进而丰富内容生态。

比如，抖音通过非常容易操作的美颜、特效等工具吸引所有的用户去使用；抖音还通过剪映 App 吸引了一大批专业剪辑师入驻，成为抖音生态的一部分，共同获得价值和收益的转换；抖音还通过懂车帝 App 吸引了一批对汽车感兴趣的达人，他们通过拍车获得收益，成为抖音生态的一部分；抖音还通过团长功能招募了一批对美食感兴趣的达人，他们通过给餐馆做宣传视频引流推广获取收益。另外，抖音生态还有抖音电商平台、抖音巨量大学、星图广告平台，番茄小说平台等。这些都产生了很多新的就业机会、新的工作方式。

抖音生态吸收并培养了一大批脑力劳动者，也就是内容创造者。

3. 算法推荐

抖音之所以让很多用户使用时间越来越长，除了内容生产者（拍视频的人）的作品吸引人以外，更主要原因在于抖音可以对内容消费者（看视频的人）的消费数据进行模型计算，得出消费偏好，进而实现精准推送。

在推荐模型中，点击率、阅读时长、点赞数、评论数、转发量、点赞量都能够用模型直接拟合做预估，这种算法是抖音的核心竞争力。而在公域流量平台中，或者在微信公众号上，如果没有粉丝的话，你发的内容就没有浏览量。

但是抖音完全不同,每一位抖音用户发布的每一个视频,无论质量好坏,抖音都会根据算法给每一个作品分配一个流量池,从几十到上千都有可能。之后,抖音根据每一个作品在流量池中的表现,决定是把该作品推送给更多人浏览,还是仅始于初次流量池中的浏览数量。

抖音算法的另一个体现是根据用户的喜好推送视频内容,让平台流量更加公平,对平台的所有用户都有效,无论是内容生产者还是内容消费者。因此,抖音的算法让每一个有能力产出优质内容的人,得到了跟大号公平竞争的机会。

9.1.4 元宇宙的内容创造

总体来说,元宇宙是让我们虚实融合,体验模拟人生,更好地理解社会,服务现实社会,元宇宙里面的精神生活将是非常丰富的。

1. 人人都是内容创造者

我们可以把元宇宙世界看成一次世界的重构,这个世界是在虚拟的互联网上进行的,将会是现实世界的一个平行世界,我们每一个人都将是这个平行世界的创造者、开垦者!元宇宙从本质上讲,同样也需要流量,从这个角度看,与微博、微信和抖音平台一样需要内容创造,这对于每一个普通人而言都存在着内容创造的机会,生产优质内容就是对元宇宙最好的准备。

与微博、微信和抖音的传播逻辑相比,元宇宙从技术层面上来看并没有太大的革新,但是在内容的形态上有非常大的创新,可能未来会形成一个非常庞大的世界。在元宇宙的世界里,将会有越来越多的内容创造者,因为每一个人都要成为元宇宙平行世界里的造物者,现实中的我们在元宇宙世界里就是造物主!元宇宙里的每一个虚拟人都是现实世界人类的分身,我们以上帝视角在元宇宙里可以体验不同的人生,可以快速模拟现实社会,每一个人的知识面、才能都会被无限放大,成为有智慧的人才,然而这些人才在现实社会中将拥有更多的创造可能。

2. 内容创造大于平台本身

元宇宙是一个包容万象的新世界,由所有参与者共同创建。未来的元宇宙,它的内容将会全部来源于参与者。相比于传统互联网,在元宇宙中,内容的重要性要远远大于平台的重要性。依托开源的方式,让所有人都能够参与到内容创造中,享受共同创建元宇宙的乐趣。谁拥有了创意,谁拥有了优质内容,谁就能在元宇宙中建立新平台。元宇宙带来的机会也一定是内容创意的爆发，从最近十几年微博、微信和抖音短自媒体的发展路径来看，未来大部分人的工作主要就是生产有创意的内容，内容想产生流量就必须有一定创意。要给别人眼前一亮的感觉，而且要保持创意输出，不断地创新。特别是文化板块包括影视、游戏、音乐、体育等都将迎来新的赛道革命，再通过线上线下的各种内容创作衔接带来内容资产的重新评估。未来，数字资产作为元宇宙生态的一部分将会产生巨大的价值。

我们需要的不再是"分身"镜像式地给出的"推荐"，而是一种真正的个性化，即体现自我决定的意图与责任的个性化。"元宇宙"不应该只是现实世界的翻版，更不能是现实中让人不满意部分的翻版。

3. 内容创造更具沉浸感

内容的制作可以使元宇宙的世界变得更加丰富，用户在里面进行体验时得到的感受会更有层次感，从而可以提高用户的体验感受。而原创内容的开发对于元宇宙世界的多元化起着关键的作用，目前主要通过 VR 来对内容进行分发。因为用户可以通过 VR 设备进入各大厂商所构建的虚拟世界中，使用户可以对数字化的场景进行体验，还可以增强和用户的互动。因此内容制作与分发在构建元宇宙中所起的作用是，使元宇宙的数字化场景可以表达出来，增强用户的交互体验，元宇宙的流量数据将会越来越真实，未来极有可能会完全根据真实需求来分配流量，未来流量就是数据，就等于需求。

从游戏的内容创作来看，元宇宙主要可以分为三个方面：一是美国游戏上市公司 Roblox，世界最大的多人在线创作游戏。*Roblox* 是一款兼容虚拟世界、休闲和自建内容的游戏，游戏中的大多数作品都是用户自行建立的，这是偏向于平台型的产品。二是基于内容，代表产品是引发中青宝股价暴涨的《酿酒大师》，其设定是在线上进行游戏操作后，线下可以拿到自己酿的酒，配方和外部设计都是独家的，而且这种"虚拟财产"还可以通过 NFT 的方式线上交易。此外世纪华通自研元宇宙产品 *LiveTopia* 也备受关注，这是一款小镇类模拟游戏，在 Roblox 平台上线后做到了 4000 万的月活。三是基于技术，大型多人在线是元宇宙游戏发展可知的方向，却难解决人员和技术等难题。受限于渲染技术的性能范围、拟真度对服务器的压力和网络数据量，实际能承载的用户数量有限。但发展趋势都是带来更好、更真实的游戏体验。

4. 内容创造需要生产机制

元宇宙是需要内容的,需要激发更多用户以 UGC 的方式生产内容。确定内容标准,形成一套低门槛标准化的生产机制,协调各种运营策略、运营手段、产品功能等关系以更好地促进 UGC 内容生产,是当下面向元宇宙的产品在试图解决的问题。此外,激励机制和荣誉机制其实是在成长体系上附加的,这两个机制明显地是用奖励和用户行为相结合,例如,当用户有 50 个优质原创内容,可收获永久原创达人的称号、荣获一枚勋章、得到一定的积分奖励。当然也可以更轻量级,短期的一个激励,如以周为单位授予一个称号或勋章奖励,每周评论榜前 10 名可获得最佳评论称号,如果想持续获得就持续地达到每周称号的要求,直到达到永久称号或勋章的标准为止。所以在这里,其实就是用户在社区的成长道路上,通过成长值、成长激励、勋章荣誉、积分等奖励手段,去促进用户从无到有,从有到更多的内容产出。

9.2 内容分发

再好的内容也要配上合适的分发渠道和方式才能被大众所看到,正所谓酒香也怕巷子深,内容运营中的内容分发(Content Delivery)环节是非常重要的。

9.2.1 内容分发概述

内容分发通过实现用户对网站的就近访问及网络流量的智能分析,将本节点流媒体资源库中的指定内容,根据业务运营商定义的内容分发策略向下层节点推送(Push)。下层节点控制系统通知下层内容管理系统登记接收,该节点以内容注入的方式接收分发的内容。简而言之,内容分发就是把内容推出去给目标群体消费,这个消费不一定是真的付费购买,而是包括阅读、转发、收藏、关注等行为。

内容分发和内容生产一样重要,很多公司招一两个人来做内容运营,内容本身或许也不错,但没有任何分发,阅读量也只停留在较低的水平,这样的投入产出比肯定是很低的。因此,有了好的选题和好的内容,还应该多花时间去做分发。

9.2.2 从千篇一律到千人千面

随着算法技术的成熟,互联网产品的内容分发技术也发生了很大的变化,已经从原先的编辑人员手动筛选、推荐,发展成为依靠算法推荐就能实现千人千面、个性化内容定制的水平。

1. 编辑分发

从纸质报纸杂志到广播电视,再到门户网站,尽管信息传播的载体发生了变化,但是内容传播始终保持着中心化分发,展示位有限、千人一面的状态,信息传播的决策权始终掌握在编辑手中。

编辑分发的优势在于,借由专业背景知识完成了从海量内容到有限展示位置的过滤和筛选,经过筛选的内容,平均质量是相对较高的。然而,基于专家的判断难免会出现偏差,为了降低"叫好不叫座"或单个编辑偏差的情况,内容分发方也上线了相应的策略。比如传统纸媒会有编委会投票机制,通过多人判断选题;又如门户网站分时段上首页,点击率一定时间不达标会自动下架等。

即使是算法分发已经越来越成熟的现在,编辑仍然能够帮助推荐系统更好地理解内容,也能帮助受众更好地理解站在内容背后的创作者群体。在内容层面,编辑和审核团队是能够决定什么样的内容是低质的,不应被系统收录和推荐。例如,2016年12月16日,Facebook上线了Fact-Checking(事实审核)机制,将用户举报过多的信息交付机构记者来判断。如果记者判断这则内容是假新闻,就会将内容标记为存在争议,一方面会在前端页面提示给用户此内容可能失实,另一方面会从分发量的角度进行控制。

2. 社交分发

社交分发依托的是关系链机制,你关注的对象决定你能看到什么。在很多UGC内容平台内,用户会在平台内与其他内容发布者、参与者产生关系连接,而平台会利用用户之间建立的关系进行内容分发。哔哩哔哩在视频推荐列表页面展示用户关注的人点过赞的内容,内容会显示标签"关注的人赞过",通过平台内用户之间的关注关系为节点进行视频内容资源的推荐和分发。因此,带一定社交属性的内容产品可以通过平台用户之间的关系将更多内容信息推送给平台用户。社交分发有以下三点好处。

- 通过朋友认识到世界的多样性，而不是永远陷在自己单一的喜好中。
- 内容产品的基础是一批可以聚合用户的内容，用户的关系链基于内容建立，同时也反作用于关系链，物以类聚、人以群分，基于朋友感兴趣的内容，用户之间更容易产生互动，从而加强了关系链。
- 单个内容的影响力更容易被放大，当很多个朋友都在转发评论同一个内容时，你查看这个内容的可能性更大。社交分发的主战场还是社交产品，如陌陌、微信、Soul，其次是作为内容产品的补充，强化社交关系链。

3. 算法分发

算法分发则是让机器分析不同用户的年龄、地理位置、兴趣和爱好等，然后给用户推送不同的内容，这样每一个用户在同一个 App 中看到的推送内容都不相同，实现了从千篇一律到千人千面的转变，比如今日头条。

算法分发的优点体现在用户更容易获得有价值的信息。因为基于兴趣推荐，使用户感兴趣的可能性更高，内容匹配的效率进一步提升。社交分发还是有一定延后性，而算法分发实时性更强，比如对新闻资讯来说，只有你关注的用户发布了这个内容你才知道，对于算法来说你关注了这个方向的新闻其就会推送给你。

算法分发的缺点是，导致信息茧房效应，让用户容易陷入狭隘的世界观，用户喜欢什么，它就会推送什么。算法推荐适合内容生产量大、内容制作相对简单、内容消费短平快的高周转产品，比如新闻资讯产品、短视频产品，以用户兴趣出发的算法推荐决定了这样的产品更适合让用户多次消费来消磨时间。当然，通过地理位置来分发和推荐内容也已较为普遍，很多产品都提供基于地理信息的内容筛选，比如直播平台会根据地理信息推送同城的主播，大众点评也可以通过用户定位来筛选距离较近的餐厅和服务。

9.3 内容运营

9.3.1 虚拟数字人

根据《2020年虚拟数字人发展白皮书》，虚拟数字人指存在于非物理世界中,由计算机图形学、图形渲染、动作捕捉、深度学习、语音合成等计算机手段创造及使用,并具有多重人类特征(外貌特征、人类表演能力、人类交互能力等)的综合产物。虚拟数字人也称为虚拟形象、虚拟人、数字人等,代表性的细分应用包括虚拟助手、虚拟客服、虚拟偶像/主播等。

与机器人不同的是,虚拟数字人拥有人的外观(具有特定的性别、性格等人物特征)、人的行为(具有用语言、面部表情和肢体动作表达的能力)和人的思想(具有识别外界环境,并能与人交流互动的能力)。"人"是其中的核心因素。高度拟人化为用户带来的亲切感、关怀感与沉浸感是多数消费者的核心使用动力。能否提供足够自然逼真的相处体验,将成为虚拟数字人在各个场景中取代真人,完成语音交互方式升级的重要标准。如今,虚拟数字人产业已迈入成长阶段,技术或不再是行业重要壁垒,应用场景逐渐拓宽,厂商蜂拥而至,黄金时代或即将来临。

1. 一个会捉妖的虚拟美妆达人

2021年,"一个会捉妖的虚拟美妆达人"柳夜熙虚拟偶像爆红网络,仅发布3条视频便涨粉近800万,被赞为元宇宙视频创作的"当家花旦""天花板"。

首发视频中的"柳夜熙"身着古装在镜前梳妆,身后围观的路人纷纷拿着手机拍照录像。"柳夜熙"回过头和大家打招呼,众人吓得后退,只有一个小男孩大胆上前与之交流,故事由此展开。"柳夜熙"用化妆笔为男孩化上眼妆,再次睁眼的男孩看到的世界有百鬼众魅,这也是"柳夜熙"眼中的世界。就如同视频配文,"现在,我看到的世界,你也能看到了。"捉妖、虚拟、美妆……该视频引发网友热议,勾起用户无限遐想。一时间,"元宇宙+虚拟人"这一概念被带入更多人的视野当中。2021年12月12日,"柳夜熙"的第二条视频发布,这一次,视频围绕的重点是"脑机接口",4分钟的视频里,有悬疑剧情、科技元素,有镜头语言、场景调度,也有赛博朋克的画风和恰到好处的背景音效……"柳夜熙"的一颦一笑、与真人互动时的顺畅感觉,在一堆真人群演中几乎可以做到以假乱真。电影特效与质感也被称为"来自影视界的降维打击"。

2. 虚拟数字人苏小妹以舞贺岁

2022年2月1日,在北京电视台春节联欢晚会节目中,青年歌手刘宇与蓝色光标旗下首个数字虚拟人苏小妹共同演绎歌舞《星河入梦》。一实一虚,两人在舞台上表现出的默契和流畅，让观众陶醉于新科技与古典美交织的场景中。舞蹈之美、武术之魂，被舞者们演绎得淋漓尽致。

苏小妹手持佩剑，伴花雨而来，舞姿曼妙蹁跹；刘宇手持折扇，白衣翩翩，温润如玉少年。二人深情演绎"揽星河万里，伴月色入曲"，展开一幅仙气四溢的梦幻画卷。虚拟人舞台的筹备经过专业的舞蹈老师及舞者的指导，才得以最终呈现出精巧流畅、帧帧唯美的沉浸式体验效果。苏小妹的剑舞融合了中国古典舞身韵和武术的一些身段，剑法中轻快敏捷的身法特点与古典舞身韵徒手中的拧、倾、圆、曲的外形特征和满、赶、闪、抻的节奏处理，以及平圆、立圆、八字圆的运动轨迹等都有相通互渗互动的共性特点。虚拟人作为入口级资源，将成为创意演绎、品牌叙事、用户感知的重要抓手。将技术与艺术融合，将对人的洞见赋予新的演绎形式，自会造就充满无限可能的新故事。如图 9-1 所示为数字虚拟人苏小妹演绎歌舞《星河入梦》。

图 9-1　数字虚拟人苏小妹演绎歌舞《星河入梦》

9.3.2　社区运营

拥有了数字身份后，用户就可以在元宇宙中展开虚拟社交，开展各种活动，创作各种产品，发视频分享日常生活，创作小剧场分享脑洞世界等，在元宇宙中可以构建一种新的共同体验，从二维到三维，融合了主题、空间、场景，甚至是剧情，是一种自上而下的集体创作，让每个人的表达更立体和丰富。在多人社交元宇宙中，可以根据不同特质，比如地理空间、兴趣爱好、职业特征等通过技术设计支持用户自发组成社区。每个社区有负责人，需要申请加入。加入社区有一定的要求，大部分会是做共创任务、PK 获得专属奖励等。这些运营和管理的方法可以让一群有相同爱好的人聚集在一起，在更高频的互动中，有更明确、精准的情感投射和荣誉感。元宇宙中还可以设计"合照"以及"社区合拍"的功能，当你有了一个自己的 3D 虚拟偶像之后，可以选择和其他喜欢的 3D 虚拟偶像合照，同一个社区里的朋友可以进行"全家福"大合照。共创 3D 虚拟形象可适用于 AR/VR 平台，未来也可以实现打通元宇宙内各个不同类型平台间的标准。

9.3.3 平台运营

在元宇宙 2.0 中,元宇宙平台会形成一套运营机制,来指导和约束虚拟数字人的行为,鼓励虚拟数字人劳动,进而维持整个元宇宙的正常运行。比如张先生在现实世界中只是一个普通上班族,平时乘坐地铁上班,但是在元宇宙中却通过内容创造拥有好几辆"数字法拉利"等豪车;李先生在现实世界里住在十几平方米的出租屋内,但是在元宇宙中却通过内容创造拥有了好几栋"数字别墅"。当然豪车或者别墅都是当事人利用数字身份通过在数字社会中的智慧、技术或者劳动创造出来的,这或许就是元宇宙给普通人带来的实现平行人生的机会。实现这一切,元宇宙必然会创造属于自己的运营和管理体系,打通数字世界与数字世界之间、数字世界与物理世界之间的经济联系。

除此以外,官方在元宇宙中还可以定期或不定期推出各类比赛和各种主题活动。通过这些途径,进一步激发用户创作更多更好的内容,还可以获得更大的曝光,如果有人购买了该创作内容,比如套装或者配饰,创作者也可以获得一定数额的奖励。元宇宙中的用户共创体系为创作者打通激励闭环,创作者可以通过创作内容获得更高的收益。

9.4 数字市场

9.4.1 从数据技术到数字资产

随着互联网、大数据等信息技术的广泛使用,以及由此带来的整个经济环境和经济活动的根本变化,数字经济正扑面而来。数字经济是一个信息和商务活动都数字化的全新的社会政治和经济系统。企业、个人消费者和政府之间通过网络进行的交易迅速增长。截至 2021 年年底,全球有超过 49 亿人使用互联网,而社交媒体用户已超过 45 亿大关。随着数据量不断增长,数据的重要价值正在从"技术"向"资产"转变。

美国白宫行政管理和预算办公室(OMB)发布的《联邦数据战略和 2020 年行动计划》中,以 2020 年为起始,联邦数据战略描述了美国联邦政府未来十年的数据愿景,并初步确定了各政府机构在 2020 年需要采取的关键行动。该战略的突出特点在于,美国对数据的关注由技术转向资产,"将数据作为战略资源开发(Leveraging Data as a Strategic Asset)"成为此战略的核心目标。

联邦数据战略确立了一致的数据基础设施和标准实践,该战略的出台意味着美国对数据的重视程度继续提升,并出现了聚焦点从"技术"到"资产"的转变。借此,美国政府将逐步建立强大的数据治理能力,充分利用数据为美国人民、企业和其他组织提供相应的服务,这将对整个国家经济和安全产生深远影响。该数据战略具有动态性,将充分适应国家立法政策、利益相关者利益和用户需求以及新技术发展变化的需求。该战略指出,所有机构应审查联邦数据和模型,为人工智能培训和测试开发共享的公共数据集和环境。这意味着在数字化新世界,联邦政府将数据要素作为最重要的核心战略并为未来智能社会打下坚实基础。

"十三五"时期,我国大数据产业快速发展,据工信部测算,产业规模年均复合增长率超过30%。大数据应用从互联网、金融、电信等领域逐步向智能制造、数字社会、数字政府等领域拓展。当前,我国通过建设数字新基建来推动数字化、网络化和智能化发展,正在让人人互联、万物互联,让每个人都可以生产和消费更多数据,推进信息普惠和数据开放,每个人都会获得更多数据。"业务数据化—数据资产化—数据业务化"正在扑面而来。基于此,工信部在《"十四五"大数据产业发展规划》中提出,加快培育数据要素市场,建立数据要素价值体系,并明确发挥大数据特性优势,强化大数据在政府治理、社会管理等方面的应用。

9.4.2 从数字资产到数字市场

市场就是商品交易的场所,"市"在古代也称作"市井",这是因为最初的交易都是在井边进行的。《史记正义》写道:"古者相聚汲水,有物便卖,因成市,故曰'市井'。"这是传统的有形市场,而在数字经济中会出现用于数字资产交易的市场,即数字市场,可以看作是元宇宙能够持续发展的基础保障。

1. 元宇宙技术市场

新冠肺炎疫情对中国经济乃至全球经济产生巨大影响,中国50万亿元投向"新基建",数据技术软件硬件都迎来重要机会。5G基站建设、新能源汽车充电桩、大数据中心、人工智能、物联网、工业互联网等元宇宙基础设施,推动中国经济向元宇宙转型。其中,5G产业链推动人工智能与物联网结合发展到智联网软件硬件市场预计至少产生 5 万亿元产值。我国人工智能企业数量超过 4000 家，在智能制造和车联网等应用领域优势明显，预计 2025 年软件硬件至少达 4000 亿元市场规模。大数据行业软件硬件预计到 2022 年至少达 3.5 万亿元市场规模，工业互联网软件硬件大约达 1 万亿元市场规模。物联网软件硬件市场上涨空间可观，IDC 预计 2026 年中国物联网市场规模将接近 2 万亿元。

2. 数据产业化市场

我国大数据产业蓬勃发展，产业发展日益壮大，融合应用不断深化，对经济社会的创新驱动、融合带动作用显著增强。对于拥有数据的企业尤其是互联网巨头，数据产品、数据交易是最直接的赚钱方法。企业直接将自己的数据交易卖给需要的人或其他企业。根据现有法律和政策规定，涉及用户隐私的数据必须经过加密处理，将数据封装成数据产品依法合规提供给所需的企业或人员查询。创作者创作的内容具有真实的商业价值。无论是一双简单的袜子，还是一套搭配以及完整的小剧场，用户都可以标上价格上架出售。就像被称作"元宇宙第一股"的 Roblox，用户自制的游戏可以在平台内交易，进而让自身获取现实收益。仅 2020 年，Roblox 上就有 300 个开发者收入高达 10 万美元。这意味着，用户在平台内创作的内容，可以成为自己的数字资产，平台提供了一套完善的商业体系，保证这个资产能够在生态内流通，并且最终产生经济效益。

3. 产业元宇宙市场

伴随着数字化进程，元宇宙的发展路径将从消费元宇宙向产业元宇宙方向发展。产业元宇宙是指以传统产业和元宇宙科技产业共建融合为基础，推动传统产业供给侧和需求侧运营流程的数据在线、连接客户、结构可视、智慧决策，对产业链上下游的全要素进行元宇宙数字化改造，从而实现传统产业降本提效、提高用户体验、增加产业收入和升级产业模式。产业元宇宙是元宇宙深化发展的高级阶段，也是传统产业转型升级的必然要求。在拥抱产业元宇宙的过程中，垂直行业，如零售、医疗、教育、出行、制造、智慧城市等元宇宙应用领域，都需要完整、系统的解决方案。数据显示，2018 年我国智慧城市市场规模达 7.9 万亿元，随着元宇宙技术的迅猛发展，预计到 2022 年产业元宇宙市场规模将达 25 万亿元。截至 2021 年，总计约 753 多个城市已提出智慧城市发展计划或在建智慧城市，整个元宇宙城市产业链都将成为投资热点。

4. 全要素元宇宙化市场

每一轮的数据增长浪潮都将为欧盟在数据领域跻身世界领先地位提供重要机会。一个世纪前，有一种新的利润丰厚、增长迅猛的大宗商品——石油。而现在，引发企业巨头们争相抢夺的变成了数据，也就是数字时代的"石油"。人类社会已经步入数据驱动的元宇宙时代，数据要素空前提升了全要素生产率，成为元宇宙时代的关键要素，未来，或将大概率出现土地、劳动力、资本、技术等全要素、全域、全过程的元宇宙化。其中基于区块链的数字房产证、数字证券、数字身份证、数字学历证书等一系列数字化变革的背后是新一轮的财富变革，谁掌握数据谁就掌握了财富。如何抓住数字经济时代的新钥匙，打开新时代的财富密码，是每一个人都应该关注的新问题。

9.4.3 从数字市场到数字经济

随着数字技术、数据资产和数字市场的不断丰富与完善，数字经济时代来临。

"数字经济"（Digital Economy）是美国学者泰普斯科特1996年在《数字经济时代》中正式提出的。数字经济是继农业经济、工业经济之后的主要经济形态，是以数据资源为关键要素，以现代信息网络为主要载体，以信息通信技术融合应用、全要素数字化转型为重要推动力，促进公平与效率更加统一的新经济形态。

数字经济通过数字产业化和产业数字化两个主要途径，用极易复制和扩散的数据生产要素连接各个经济活动，显著降低了交易成本，提高了全要素生产率。数字技术降低了数据采集、存储、搜索、传输、复制和分析等全过程的成本。更低搜索成本使得搜索的潜在范围和质量提升，同时对于搜索到的数字产品可以以接近零成本的方式复制并传输，这个过程改变了消费者的行为方式、工业活动的生产方式以及政府的运作方式。与工业经济时代物质资源的稀缺性导致的规模报酬递减不同，数字经济具有可无限复制性进而形成规模收益递增的趋势，并且可以在很大程度上有效杜绝传统工业生产对有形资源、能源的过度消耗，造成环境污染、生态恶化等危害，实现了社会经济的可持续发展。例如，数字商品的在线零售商不受时空限制可以销售更多产品，而不必担心库存不足。即使一首歌只卖出了几次，在互联网上出售仍然是有利可图的。同时，零边际分销成本意味着最畅销商品永远不会缺货，因此可以实现更高的销售额。数字经济需要新的经济模型，因为关于信息的许多传统假设不再存在于数字化世界中，而且通过大数据或全数据实现精准分析。

在元宇宙发展过程中，也必然产生元宇宙经济学。资源的"稀缺性"是经济学大厦的理论基石。但是在元宇宙的虚拟世界中，一切物品都是0和1的排列组合，生产这些物品不消耗电能之外的任何资源。而且任何一件物品，理论上都可以被无限复制，但并不会增加成本。"元宇宙"里的资源是无限的。由于数据和算力都不再是问题，元宇宙完全可以计算出一个最佳的资源供应量和供应价格；由于交易成本趋近于零、信息不对称大大降低，这就能在很大程度上消除"市场失灵"，把经济学上的"完全市场假设"变成现实。在元宇宙中，计划越科学，市场就会越有效；市场越有效，计划就会越科学。

9.5 数字金融

金融，是货币资金融通的总称，是现代经济的血脉。随着数字经济的快速发展，金融的数字化进程明显加快，数字金融新时代到来。

9.5.1 金融数字化进程

1. 货币数字化发展

货币是一种特殊的商品，是一般的等价物。主要反映商品生产者之间的生产关系，货币具有价值尺度、流通手段、贮藏手段、支付手段和世界货币五大职能。在上古时代，人们以部落形式居住，生产生活自给自足，如果需要交换也仅是以物易物，比如以一头牛换两只羊，因为那时还没有货币。但随着生产力的不断提高，各部落积累越来越多，同时交换也越来越频繁，这时充当一般等价物的货币就出现了。货币的最初表现形态为贝壳和工具（如斧头），随着冶炼技术的发展，货币进入到了金属货币时期，包括黄金、白银、铜等，但携带不方便；随着经济社会交流的增加，特别是印刷技术的发展，纸币应运而生；随着互联网技术应用越来越成熟，电子货币开始普及。而随着区块链等技术的进一步发展，数字货币开始走上金融历史的舞台。

2. 互联网支付的爆发

2013年以来，随着互联网的发展，电子商务发展迅猛，买卖双方不能面对面交易，线上支付成为必然，第三方支付市场兴起。在中国第三方支付受到中国人民银行监管。中国人民银行所颁布的《非银行支付机构网络支付业务管理办法》中对第三方支付运营机构的定义为：办理互联网支付、移动电话支付、固定电话支付、数字电视支付等网络支付业务的非银行机构。之所以称"第三方"，是因为这些平台并不涉及资金的所有权，而只是起到中转或信用中介作用。它原本是用来解决不同银行卡的网上银行对接以及异常交易带来的信用缺失问题，通过提供线上和线下支付渠道，完成从消费者到商户以及金融机构间的货币支付、资金清算、查询统计等系列过程。第三方支付平台不仅具有资金传递功能而且可以对交易双方进行约束和监督。例如，支付宝不仅可以将买家的钱划入卖家账户，而且如果出现交易纠纷，如卖家收到买家订单后不发货或者买家收到货物后找理由拒绝付款的情况，支付宝会对交易进行调查，并且对违规方进行处理，基本能监督和约束交易双方。同时支付宝还相当于一个独立的金融机构，当买家购买商品的时候，钱不是直接打到卖家的银行账户上，而是先打到支付宝的银行账户上，当买家确认收到货并且没问题时，才会通知支付宝把钱打入卖家的账户里面，支付宝在交易过程中保障了交易的顺利进行。

世界第一家支付公司是 PayPal，现在也是世界上使用范围最广的第三方支付平台。PayPal 支持200多个国家和地区，全球活跃用户接近2亿人，通用货币涵盖加元、欧元、英镑、美元、日元、澳元等24种。2002年10月，全球最大拍卖网站 eBay 以15亿美元收购 PayPal，PayPal 便成为了 eBay 的主要付款途径之一。中国最早的第三方支付企业是成立于1999年的北京首信股份公司和上海环迅电子商务有限公司。它们主要为 B2C 网站服务，在电子商务交易中，银行若逐一给数十万家中小商户开设网关接口，成本过高，得不偿失。第三方支付企业的作用就是通过搭建一个公用平台，将成千上万的小商家和银行连接起来，为商家、银行、消费者提供服务，从中收取手续费。典型的企业有：支付宝、财富通、联动优势、上海环讯、北京首信、云网支付、网银在线等。如图9-2所示为第三方支付公司业务流程。

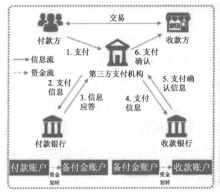 

图 9-2　第三方支付公司业务流程

2021 年第三季度，非银行支付机构处理网络支付业务 132681.86 亿笔，金额 90.71 万亿元，同比分别增长 14.37% 和 14.88%。如图 9-3 所示为中国第三方支付综合支付交易规模。

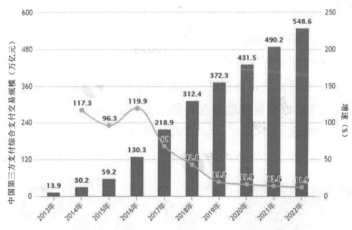

图 9-3　中国第三方支付综合支付交易规模

3. 金融机构的数字化转型

近年来，随着互联网、大数据、人工智能、云计算、区块链等技术的不断发展，金融科技企业迅速崛起，进而对传统金融机构特别是银行业带来了挑战和压力，给客户、渠道、产品、场景、运营、管理等方面带来了较大影响。传统金融机构面临数字化转型的压力与机遇。

金融机构特别是商业银行开始建立自己的大数据分析平台，利用移动互联网、人工智能、区块链、量子科技等金融科技技术（也属于元宇宙技术堆栈）

在产品创新、渠道优化、生态体系建设等方面不断拥抱数字化。在网点智能化、生态化建设方面通过业务流程优化，减少高柜，增加低柜，增加大堂服务人员，将柜员转化为客户经理的方法对银行业务流程进行改造，提高网点运行效率，增加网点收益。通过提升网点信息化科技化的程度，将现有业务流程进行改造，加快业务处理效率，降低操作风险，辅之以丰富的产品线，提升客户服务质量。近年来各银行都在尝试铺设的智能设备便是一种有效的手段，例如超级柜台等，通过前后台人机协同作业，在人脸识别软件的帮助下，加强对客户身份真实性核查，由客户自助发起业务，将风险点控制在流程之中，减少行内员工的干预，有效控制了风险，提高了业务处理效率，提升了客户的体验，一台智能设备替代一个柜员，释放出的劳动力，将有效加强网点客户服务能力。

2018 年 5 月 Cora（苏格兰皇家银行第一位数字银行家）问世。如果你去找它办理金融业务，它会识别出你的脸，叫得出你的名字，知道你的个性和喜好，能记住你上次和它说的话，比一个真人客户代表还让你感到亲切而熟悉，成为让你全心信赖的银行顾问。这些数字员工不再是一个聊天机器，而是有血有肉、有着灵敏的情感反应的虚拟"员工"，它们能与人类交流，也可辅助人类决策。数字银行家包含的技术有自适应机器人技术、机器学习系统、自然语言处理技术、情绪识别、预测性分析和增强智能等。所以，它们有海量精准记忆，能够高效率、低失误率地处理海量数据和复杂的问题。在与人的沟通中，一名优秀的人类客服员工会有 20% 左右的语义内容丢失，但数字员工的语义捕捉率高达 95%。如图 9-4 所示是苏格兰皇家银行第一位数字银行家 Cora。

图 9-4　苏格兰皇家银行第一位数字银行家 Cora

2022 年 2 月 10 日，宁波银行上海分行迎来 001 号数字人员工"小宁"，以栩栩如生的客服形象为银行客户提供各类业务咨询和办理服务。提供从前端客户接待到后端运营管理的全链条服务。在银行网点，小宁是一位形象清新、极具亲和力的大堂客服经理，可以主动问候和接待前来办理业务的顾客，并通过专业、自然的交流和互动，针对客户需求实现自动化引导和智能分流；

而在后端，数字人小宁则连接了银行运营管理平台，可以实现知识库的持续更新和业务数据分析，打通服务闭环，促进银行体系的智能化管理和运营。得益于智能化的交互体验，AI 数字人如今已成为银行业提升服务效率、提高服务质量的重要载体。如图 9-5 所示是宁波银行上海分行 001 号数字人员工"小宁"。

图 9-5　宁波银行上海分行 001 号数字人员工"小宁"

9.5.2　数字货币跌宕十年

随着区块链技术的发展，货币形态也发生了根本的变化，数字货币应运而生。

1. 比特币

区块链起源于比特币（BTC），日裔美国人中本聪于 2008 年 11 月 1 日发表了《比特币：一种点对点的电子现金系统》一文，阐述了基于 P2P（Peer to Peer，点对点传输）网络技术、加密技术、时间戳技术、区块链技术等的电子现金系统的构架理念，这标志着比特币的诞生。两个月后理论步入实践，2009 年 1 月 3 日，第一个序号为"0"的创世区块诞生。与法定货币相比，比特币没有一个集中的发行方，而是由网络节点计算生成，谁都有可能参与制造比特币，而且可以全世界流通，可以在任意一台接入互联网的电脑上买卖，不管身处何方，任何人都可以挖掘、购买、出售或收取比特币，并且在交易过程中外人无法辨认用户身份信息。比特币是一种数字货币，是由计算机生成的一串串复杂代码组成，通过预设的程序制造。比特币网络通过"挖矿"来生成新的比特币。所谓"挖矿"实质上是用计算机解决一项复杂的数学问题，来保证比特币网络分布式记账系统的一致性。比特币网络会自动调整数学问题的难度，让整个网络约每 10 分钟得到一个合格答案。随后，比特币网络会新生成一定量的比特币作为区块奖励，奖励获得答案的人。通过利用点对点网络和分布式时间戳服务器，区块链数据库能够进行自主管理。基于区块链技术支撑的比特币，成为第一个解决重复消费问题的数字货币。如图9-6所示为截至2022年4月5日比特币价格趋势。

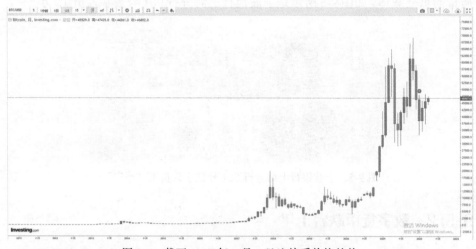

图9-6　截至2022年4月5日比特币价格趋势

2. 以太币

如果区块链1.0时代是以比特币为代表的虚拟货币为载体，解决的是货币和支付手段的去中心化，那么区块链2.0时代就是以驱动智能合约成功搭载"以太坊"平台为标志，构筑的是以转换不同种类资产交易或支付的宏观金融新生态，从而触及对整个资产市场的去中心化。智能合约这一概念最早出自1995年密码学家尼克·萨博提出的类似计算机程序"if…then…"的语句表达，其实质就是在计算机中以代码形式呈现协议或定义承诺，并基于内置算法具备了自动化、强制性、无干预的特征属性，从而高效执行分布存储在区块链上的合约。简言之，智能合约就是指基于区块设置前提下进行大数据输入以加密算法自动生成交易合约，在现有的数据基础上不可更改、自动执行。

2013年年末，以太坊创始人Vitalik Buterin发布了以太坊初版白皮书并启动该项目。自此之后，以太坊就开始了其活跃成长的发展期，并在数字货币及金融科技创新领域取得良好成绩。基于以太坊发行的以太币（ETH）成为数字货币中的主流货币之一。

当前，比特币和以太币虽然仍是数字货币的主流，百花争妍的数字货币状态业已逐渐呈现，常见的有bitcoin、litecoin、dogecoin、dashcoin，除了货币的应用之外，还有各种衍生应用，如 Ethereum、Asch 等底层应用开发平台，以及 NXT、SIA、比特股、MaidSafe、Ripple 等行业应用。各种数字货币价格波动同样也比较大。如图 9-7 所示为截至 2022 年 4 月 5 日以太坊行情走势图。

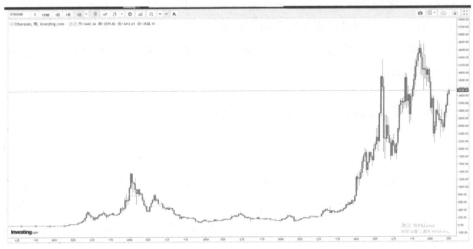

图 9-7 截至 2022 年 4 月 5 日以太坊行情走势图

在实务应用中，自 2015 年以来，智能合约就逐步在股票、债券、信托、保险等金融领域广泛应用。可以预见，随着区块链 2.0 时代的发展，智能合约应用的范围将不再局限于金融领域，凡是涉及诸如地产、能源、运输或其他资产类行业，都将是智能合约大展拳脚的广阔领域。

3. 非同质化代币 NFT

NFT 作为数字世界中"独一无二"的资产，可以买卖，比如博物馆里的《蒙娜丽莎》原画，或者一块土地的所有权。虽然比特币（BTC）、以太币（ETH）等主流加密资产也记录在区块链中，但 NFT 和它们不同的地方在于：任何一枚 NFT 代币都是不可替代且不可分割的。当你购买了一枚 NFT 代币，这就代表你获得了它不可抹除的所有权记录和实际资产的使用权，例如你购买了一件艺术品，它可以被展示、被复制，但只有你是它的实际拥有者。目前，它们大多数是数字艺术作品或集换式卡片，有些是虚拟商品，有些则以 JPEG、PDF 等常见的格式包装，只有少数的 NFT 代币是一个实物所有权的数字记录。

2021 年被视为"元宇宙元年"。作为国内 NFT 项目先行者，百度上线首个数字藏品平台，百度超级链数字藏品小程序于 2021 年 1 月 22 日至 1 月 31 日发放多款虎年春节典藏版数字藏品，包括博物馆系列千手观音、珍藏版天坛瑞兽、百度好运虎系列数字藏品。这既是百度首个数字藏品系列，同时也是国内首个春节主题数字藏品。

支付宝也紧随元宇宙潮流，将 NFT 概念融入集五福活动中，20 多家博物馆（院）首次使用数字技术参与集五福，借助"鲸探"小程序发布源自"虎文物"、"十二生肖文物"及"镇馆之宝"的 3D 数字藏品。集齐五福不仅可以分红包，多余五福还可在"福气店"兑换数字藏品，如故宫博物院、国家博物馆的两件虎文物数字藏品。

9.5.3 数字人民币是元宇宙的基石

1. 数字人民币

数字人民币（Digital Current/Electronic Payment，DC/EP）又称央行数字货币，是由中国人民银行发行的法定货币，通过指定运营机构参与运营并向公众兑换，以广义账户体系为基础的法定数字货币，其价值等价于纸钞、硬币等实体货币，并支持银行账户松耦合功能，实现可控匿名，将与实体人民币长期并存，用于满足公众对数字形态现金的需求，提升社会普惠金融水平。数字人民币和电子支付账户不属于同一维度，二者在概念上不存在竞争和取代关系。电子支付账户作为货币的载体，类似于钱包，是一种金融基础设施；而数字人民币为钱包中的钱，是一种支付工具。数字人民币采用双层运营体系，由央行发行并进行全生命周期管理，指定运营机构负责提供数字人民币的兑换流通服务。如图 9-8 所示为央行数字货币发行体系。

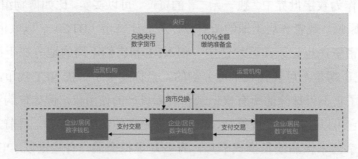

图 9-8　央行数字货币发行体系

2. 数字人民币前景广阔

数字人民币有助提升普惠金融，在满足公众对法定货币电子支付需求的同时，将进一步降低移动支付门槛，将信息化金融时代触角延伸至基层群众，提升整个社会的普惠金融水平；技术力的提升也将进一步完善货币政策执行效率，打击腐败、洗钱等违法犯罪行为，为专项扶贫基金保驾护航。数字人民币试点工作稳步推进，得益于接入头部平台交易流量，打通平台间支付壁垒，拓展多元融合支付场景。截至 2021 年 12 月 31 日，数字人民币试点场景已超过 808.51 万个，累计开立个人钱包 2.61 亿个，交易金额 875.65 亿元。已有 50 余款第三方平台支持可选数字人民币进行消费交易，初步形成了一批可复制、可推广的应用场景。数据显示，数字人民币 App（试点版）2021 年度安装量同比增长 3021.2%，月活用户数持续提升，截至 2021 年 12 月，App（试点版）月活用户达 546.7 万，截至 2022 年 2 月 11 日，App（试点版）安装量达 1694.9 万。

数字人民币已被纳入"十四五"规划部署，与"碳中和""数字经济"形成联动效应，在融合领域产生新的蓝海效应，同时将在现有的消费支付、商品消费、低碳社会、数字金融产品交易等领域的相关企业中诞生新机遇。通过区块链技术将为支付交易提供支持。而数字人民币将让数字世界中的数字资产的实现更加便利，各种数字世界的服装、汽车、建筑、装备等都可以成为"真金白银"，用户能够创造、销售、转手数字资产。

3. 数字人民币是元宇宙的支付基石

支付是元宇宙的核心需求之一，而区块链是其技术基础。对于一个运转良好的元宇宙，繁荣的经济系统是重中之重，单一的网络游戏会让元宇宙停滞不前。元宇宙中应该有一种更先进的支付手段，因为元宇宙中的经济活动不只存在于虚拟环境的商品中，这些商品通过纯粹的数字交易购买。同样元宇宙也会和物理世界打通并实现虚实共生，人类劳动形成的各种资产数字化后应该有数字货币实现交易和支付，但并不意味着数字货币一定是比特币、以太币或者某些 NFT。元宇宙不是法外之地，不是少数机构借机圈钱的新场景，同样需要法定数字货币实现支付与结算。而在国内版的元宇宙中，数字人民币一定是最重要的支付货币，即使在国际科技巨头开发的不同的元宇宙中，数字人民币也同样可以实现"跨境"支付与结算。数字人民币可以匿名获取和使用，既安全、便捷又充分保护个人隐私。数字人民币不收取任何手续费，等额兑换，比用 Visa 卡支付更便宜，因为 Visa 国际支付需要手续费。

北京冬奥会期间，数字人民币应用覆盖冬奥会张家口赛区场馆、酒店、餐饮、商户、邮政、交通、医疗等5万余个场景，开立对公、对私钱包共700余万个。未来，数字人民币会让元宇宙的生态变得更加丰富多彩。

9.5.4 数字货币机遇与监管

1. 数字货币新机遇

（1）对企业而言，数字人民币具有远程支付功能，而且没有手续费。很多企业通过元宇宙改造后可以使用数字人民币直接支付，既提高了支付结算效率还降低了财务成本。另外，企业财务钱包可将主要的钱包设为母钱包，并在母钱包下开设若干子钱包，企业和机构可以利用子钱包实现资金归集和分发、会计处理、财务管理等。数字人民币还可以加载更多优惠活动协助企业获取更多客户流量，这一点与电子货币完全不同。

（2）对个人而言，数字人民币新的消费场景已经开始延伸到以物联网为基础的消费领域，比如新能源汽车充电缴费，预付费智能电表，学生卡、老年卡充值，学生手表等，这其中创新创业机会非常多。目前，数字人民币主要落地的场景集中在大中城市，未来会逐渐延伸到全国各级乡镇、农村等地。这其中蕴含了大量的发展机遇，尤其是对庞大的小微商户以及个体自然人而言。

2. 数字货币监管政策

自2009年，一种全新的虚拟货币——比特币诞生以来，各类虚拟货币层出不穷，包括百川币、摩根币、贝塔币、马克币、暗黑币、克拉币、华强币等不一而足。据不完全统计，全球各类虚拟币高峰期曾达到3000多种。这些打着创新名义的"虚拟货币"，一诞生就带着不可告人的目的，存在着不可预料的巨大风险。越来越多的所谓"虚拟货币"，成为洗劫用户钱包的"挖矿机"。国内各类"虚拟货币"有上千种，这些所谓的"虚拟货币"都有一个显著特征，即打着创新的幌子，许以用户高额的回报，实则就是传销骗局。近几年，市场上出现了大量的虚拟货币，它们将"去中心化""开放源代码""运用区块链技术"等作为吸引消费者投资的"噱头"，吸引投资者加入，不断向投资者"吸血"。

我国央行对虚拟货币监管一直保持高压态势，2017年9月4日中国人民银行、中央网信办、工业和信息化部、工商总局、银监会、证监会、保监会联合发布了《关于防范代币发行融资风险的公告》，代币发行融资是指融资主体通过代币的违规发售、流通，向投资者筹集比特币、以太币等所谓"虚拟货币"，本质上是一种未经批准非法公开融资的行为，涉嫌非法发售代币票券、非法发行证券以及非法集资、金融诈骗、传销等违法犯罪活动。

2021年5月21日，国务院金融稳定发展委员会（以下简称金融委）召开第五十一次会议，会议要求，坚持底线思维，加强金融风险全方位扫描预警，推动中小金融机构改革化险，着力降低信用风险，强化平台企业金融活动监管，打击比特币挖矿和交易行为，坚决防范个体风险向社会领域传递。要维护股、债、汇市场平稳运行，严厉打击证券违法行为，严惩金融违法犯罪活动。2021年9月，央行发布《关于进一步防范和处置虚拟货币交易炒作风险的通知》进一步明确，虚拟货币相关业务活动属于非法金融活动。对于开展相关非法金融活动构成犯罪的，将依法追究刑事责任。

3. 防范以元宇宙名义非法集资风险

2022年2月，银保监会发布《关于防范以"元宇宙"名义进行非法集资的风险提示》，该《提示》表示，近期一些不法分子"蹭"热点，以"元宇宙投资项目""元宇宙链游"等名目吸收资金，涉嫌非法集资、诈骗等违法犯罪活动，打着"元宇宙"旗号，具有较大诱惑力、较强欺骗性，参与者易遭受财产损失。请社会公众增强风险防范意识和识别能力，谨防上当受骗，如发现涉嫌违法犯罪线索，请积极向当地有关部门举报。

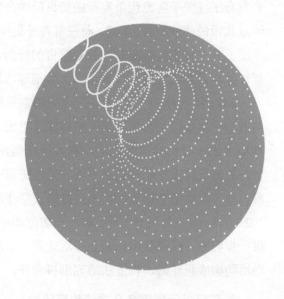

第10章
元宇宙早期应用场景

10.1 游戏元宇宙

游戏尽管只是元宇宙的最初形式，但同时也是元宇宙的先导产业。通过游戏这一场景，能够有效拉动元宇宙上游产业的发展，比如技术、艺术和文化等。未来文旅、会展、影视、设计和工业制造等，都将成为元宇宙的应用场景，带动整个元宇宙概念走向现实，游戏制作平台让数百万创作者参与创作元宇宙游戏成为可能。游戏产业构成包含八大要素：游戏开发者、创作工具、创作工具来源、游戏平台、云服务、终端设备、操作系统供应商、网络运营商。特别是内容创作 UGC 游戏是元宇宙的一个重要特点。

10.1.1 游戏市场发展潜力巨大

游戏是一种基于物质需求满足之上的，在一些特定时间、空间范围内遵循某种特定规则的，追求精神世界需求满足的社会行为方式。合理适度地玩游戏可以使人类在模拟环境下挑战和克服障碍，帮助人类开发智力，锻炼思维和反应能力，训练技能，培养规则意识等。

世界第一款家用游戏机 Magnavox Odyssey 诞生于 1972 年，这标志着数字游戏发展进入了街机和主机游戏的新时代。由于计算机硬件的发展，自 1997 年起主机游戏进入衰退期，在电脑上进行的端游开始逐渐兴起。到 2005 年，浏览器相关技术已相对成熟，网页游戏由此诞生。随着 3G/4G 移动通信技术升级和智能手机等硬件普及，手机游戏开发技术不断创新，使其渐渐接管了游戏市场，截至 2021 年，全球游戏市场规模达 1758 亿美元，其中手游贡献 807 亿美元，全球 30 亿玩家中有 28 亿通过移动设备玩游戏。自手机版的 *PUBG* 和 *Fortnite* 全球发行以来，下载量达到了 1.5 亿，其中包括中国服的《绝地求生：刺激战场》。手机版的 *PUBG* 在 iOS 游戏第三季度中总下载量排名第 7，手机版 *Fortnite* 在 iOS 游戏第三季度中总下载量排名第 5。

10.1.2 VR/AR沉浸式的网络游戏

VR/AR 给游戏带来新机遇，作为元宇宙连接现实和虚拟空间的入口，VR 设备的主要应用场景大都是基于游戏环境搭建的，甚至可以说，现阶段 VR 技术发展的动力，主要来自游戏相关需求的刺激。2021 年 AR/VR 头显总出货量达到 1167 万台，较 2020 年增长 64.4%。同时，随着硬件的不断普及与玩家规模的提升，相关游戏内容同样在持续丰富，部分优质 VR 游戏内容上线后表现亮眼。

沉浸感是许多消费者喜欢与媒介互动的主要原因，VR／AR 则以前所未有的方式使其更具吸引力和互动性。像《荒野大镖客2》(*Red Dead Redemption 2*) 和《上古卷轴5：天际》(*Skyrim*) 这样的游戏大作已经使游戏玩家沉浸在不同的世界中，而 VR 头显则能够使玩家更进一步体验游戏世界。如现在应用于微软 HoloLens 混合现实头显中的传感器技术首先出现在 Xbox 360 和 Xbox One 游戏主机的体感装置 Kinect 中。再有，早期阶段的元宇宙产品、平台，很多都会以虚拟增强式的网络游戏形式呈现。Facebook 更名 Meta 时所发布的宣传片，算得上是对现阶段元宇宙场景描述最详细的展现。从中不难看出，卡通化的人物形象、天马行空的虚拟建模、模拟现实的社交互动等，都带有明显的网络游戏痕迹。

AR 在移动领域具有无限潜力。AR 现象级产品 *Pokémon GO* 吸引了全世界数百万玩家，虽然 AR 并不只是 *Pokémon GO* 游戏吸引数百万消费者的主要因素，但它已将 AR 技术引入了主流。同时，苹果和谷歌也分别通过 ARKit 和 ARCore 平台大量投资 AR 产业，"AR 革命"必将到来。

10.1.3 算力跃迁，游戏即平台

1. 云计算突破了本地硬件性能的限制

云计算边缘节点机房的部署解决了延迟问题，实现了算力的高效分配。云游戏可以在提供高性能云服务基础上，基于各类网络环境的深耕，做大量网络优化，极大提升弱网用户体验。强网环境下，延迟可小于 0.5ms；弱网环境下，

延迟依旧保持 10ms 以下。作为产业未来的方向，云游戏是目前最接近元宇宙概念的游戏形态，也是向元宇宙跃迁的重要基石。云游戏推动边缘算力基础设施的完善，将进一步打破元宇宙壁垒。同时，云游戏与元宇宙的技术具有很强的重叠性，元宇宙对低延迟及强算力的需求都能在云游戏上得到很好的验证。算力基础设施建设是关键，云计算为元宇宙提供算力基础；通过云游戏技术降低用户设备门槛，提升元宇宙的可进入性。

2. 云游戏平台搅局传统游戏模式

近年来，游戏视觉效果和音频质量的不断提升正在极大地提升游戏本身的容量，例如 2015 年发布的游戏《巫师 3》容量约为 50 GB。而 2017 年发布的游戏《极限竞速 7》容量已经达到了 100 GB。这必然导致游戏加载时间过长，运行出现卡顿等现象。本地计算机还会磨损，并降低性能。随着技术的发展，云游戏服务器不断升级，而消费者无须支付任何额外费用。2019 年 3 月 20 日，Google 在游戏开发者大会上公布了名为 Stadia 的全新游戏平台，意味着这个靠做搜索、软件服务起家的科技公司，正式参与到和其他游戏平台的竞争当中。Stadia 是一个完全基于云端的游戏平台，它在模式上和此前大部分"云游戏平台"类似，Google 也是将大部分的处理、渲染工作都交给了遍布各地的服务器，然后再通过高速网络，把可供玩家交互的游戏流画面传回本地，用户的操作也会实时和云端产生回传。这和索尼 PS4、微软 Xbox One 以及任天堂 Switch 主机不同，没有任何物理形态的主机设备。用户只要确保足够的本地带宽和网络连接，就可以在电视、PC、平板乃至手机屏幕上畅玩各种游戏，实现跨平台无缝连接，而不用再下载容量庞大的安装包到本地，也不用再被本地硬件算力所束缚。"单一游戏内容创作＋分发渠道"的传统格局被 Google 的云游戏平台打破。

但目前来看云游戏也有诸多不足。一是与本地游戏相比，云游戏延迟更高，游戏体验不稳定。例如使用的显示器、与服务器的距离，甚至控制器 / 输入设备都会影响体验。指令在控制器上输入、发送到服务器、呈现、发送回和显示给用户一套流程所花费的时间总计很长。研究表明，对于节奏快的射击游戏，有 100ms 的延迟就会完全破坏体验，并使玩家处于劣势。即使是最好的电视，其输入延迟也接近 15 ～ 50ms。二是与传统本地游戏对比，云游戏的画质较差，差距很明显。三是收费贵。四是品类少。未来随着 5G 的普及会带来较好的改善。

云游戏既需要快速且稳定的 Internet 连接，又需要与游戏服务器非常接近。当前一代的云服务需要的传输速率为 10Mb/s～35Mb/s。云计算公司 Akamai 称："在美国，只有五分之一的家庭可以获得 25 Mb/s 的下载速度。美国互联网的平均速度为 18.7 Mb/s。"由于带宽在整个家庭之间分配，因此在互联网基础设施得到改善之前，美国许多人可能无法访问云游戏。

2021年以来，以 Roblox 为起点，游戏成为元宇宙关键入口，而云游戏则被认为是实现元宇宙的关键路径之一。在此背景下，云游戏产业热度进一步升温，云游戏体验有了关键性提升。

10.1.4　元宇宙中，游戏一马当先

元宇宙不等于游戏，但游戏却是元宇宙更好的表现方式。现实世界中不容易实现的事情，在虚拟世界可能会实现，元宇宙以其多元宇宙的特性，将现实世界再来多遍也完全可能，游戏以其高体验性、高接入性的亲民特点，将持续给元宇宙打通各种流量入口，更好地开拓市场。元宇宙中的创造才是第一生产力，是对创作者最有保障的生产力。

元宇宙游戏与云游戏不同，从亚马逊云科技公司（Amazon Web Service，AWS）技术需求上看，需要以下综合技术支持。

（1）全球骨干网。全球云基础设施是最安全、扩展性和可靠性最高的云平台，可提供来自全球数据中心的 200 多种功能全面的服务。现已在全球 25 个地理区域内运营着 81 个可用区，以此可提供元宇宙游戏的基础物理设施。

（2）智能数据湖仓。在元宇宙中，每个玩家都可以在海量虚拟世界中不断穿梭。要能综合这些不同世界的数据，通过大数据分析获得见解，并避免数据孤岛。亚马逊云科技公司提供最全面、可靠的系列服务，让用户可以在云平台建设数据湖仓，通过机器学习和深度学习对各种数据进行分析，不仅包含物联网产生的数据，也包括其他可能获取的相关数据，进一步推动物理世界与数字映射世界的融合发展。快速、灵活的 NoSQL 数据库服务，可在任何规模下实现个位数毫秒级的性能。

智能湖仓方法不是简单地将数据湖和数据仓库糅合在一起，而是将数据湖、数据仓库和专用数据存储集成，从而支持统一的监管和轻松的数据移动。借助 AWS 上的智能湖仓架构，客户可以将数据存储在数据湖中，并使用有关数据湖的多种专用数据服务，从而快速、敏捷地做出决策，并获得市场中无

可比拟的规模和性价比。Aurora 与 MySQL 和 PostgreSQL 兼容的关系数据库，专为云打造。性能和可用性与商用数据库相当，成本只有其 1/10。

（3）互动与内容审核。在元宇宙中，为非玩家角色（non-player character，NPC）与玩家的互动引入 AI 的能力会极大提升玩家的沉浸感。除此之外，基于 AI 的内容审核对于海量 UGC 内容来说也尤为重要，有些公司会安排上千人的安全审核团队，审核平台上的所有内容。AWS 通过最全面的人工智能（AI）和机器学习（ML）服务、基础设施和实施资源，在机器学习的每个阶段为客户提供帮助，包括从数据中获得更深入的见解，降低运营开销并改善客户体验。

（4）沉浸式体验。为了使元宇宙玩家获得尽可能真实的体验，使用 AR/VR 等技术实时渲染虚拟世界是必不可少的。通过使用 Amazon Sumerian，用户可以基于浏览器在几分钟之内快速构建 AR/VR 场景，Sumerian 编辑器提供了现成的场景模板和直观的拖放工具，使内容创建者、设计师和开发人员都可以构建交互式场景。具备 HTML、CSS 和 JavaScript 知识的专业开发人员还可以编写自定义脚本来支持更复杂的交互。

（5）渲染/云游戏。AWS 提供云渲染服务和内容制作云平台，让用户能够减少用于渲染的时间，增加通过在采用 NVIDIA RTX 技术的 Amazon Elastic Compute Cloud（EC2）G4dn 实例上运行的虚拟工作站进行的创建和协作的时间。

（6）微服务。最完整的微服务平台 AWS 集成了支持任何应用程序架构的构建块，无论规模、负载或复杂程度如何。

（7）CICD 服务。AWS 提供完全托管的（Continuous Integration/Continuous Delivery，持续集成/持续交付）服务，使用户能够针对发布软件所需的步骤实施建模、可视化和自动化。持续集成的重点是将各个开发人员的工作集合到一个代码仓库中。通常，每天都要进行几次，主要目的是尽早发现集成错误，使团队更加紧密结合，更好地协作。持续交付的目的是最小化部署或释放过程中固有的摩擦。它的实现通常能够将构建部署的每个步骤自动化，以便任何时刻能够安全地完成代码发布。

▶ **案例：《白昼之死》是如何通过 AWS 经受住时间的考验的**

游戏行业的投资正越来越多地集中于人们玩得时间更长、参与度更高的

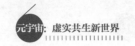

游戏。为了实现这一目标,游戏在市场上的投放速度要快很多,而且会不断推出新的产品,让玩家在数月到数年内收回成本并取得收益。

总部位于蒙特利尔的 Behavior Interactive 是最大的独立游戏工作室之一,在全球拥有近 600 名员工,在每个平台上售出超过 7000 万款游戏。2019 年,它最成功的 IP——《白昼之死》赢得了 1200 万玩家。

《白昼之死》最初于 2016 年推出,是一款非对称的多人恐怖游戏,其中一名疯狂的杀手通过可怕的噩梦追捕四名朋友。在这场致命的"猫捉老鼠"游戏中,玩家扮演杀手和幸存者的角色。

在该款游戏上市一直到现在,《白昼之死》继续娱乐和恐吓玩家,推出了新的功能供玩家享受。在 2020 年 12 月 3 日的更新中,《白昼之死》揭开了《诅咒的遗产》这部游戏的崭新篇章。该插件解锁了杀手山冈·卡山、幸存者木村优(Kimura Yui)。

通过与 Behavior Interactive 的技术负责人法迪·贝鲁蒂(Fadi Beyrouti)进行交流,了解了《白昼之死》多年来的发展,以及他们如何跟上如此激进的发布周期。法迪表示:"我们原本想在白天尽快让玩家死去,所以我们在 2016 年通过 Steam 在 PC 上推出了一个最小的功能集。"在这一点上,这款游戏可以在单一平台上使用,并且有更轻薄的技术需求。法迪解释说:"白天死亡的心脏本质上是多人游戏。我们所有的技术需求都来自于此。一开始,我们选择了虚幻引擎,因为它支持多人游戏,并使用 Steam 平台服务进行配对。"他接着说,"我们实际上是在白天完全没有后端的情况下启动的。使用这些服务,游戏有一个'监听服务器'网络模型,其中'杀手'是主持游戏会话的服务器,而'幸存者'是客户端,我们不需要任何其他东西。"

但是 Behavior Interactive 很快意识到这不是玩家的最佳体验。"会话质量完全取决于他们的服务器连接有多好。如果杀手(服务器)连接不好,幸存者(客户端)将受到严重惩罚。这对那些有很长延迟的玩家来说是令人沮丧的,因为这给了杀手巨大的优势。"法迪分享道。

随着 Dead by Daylight 继续增长,对云服务和强大后端的需求也在增长。法迪说:"开发过程是循序渐进和反复的。随着游戏变得越来越大,我们的需求也越来越大。我们尝试了新的平台,如 Console,我们希望对服务器和配对有更多的控制和支持,有更多的安全性,稳定的数据管道,保存玩家档案,添加游戏内存储,等等。因此,我们需要开发和扩展自己的后端服务,以实现

所有这一切。要做到这一点，我们知道只能求助于云，而最明显、最有效的选择就是使用 AWS。"

法迪和 Behavior Interactive 团队决定在白天将 Dead 从 listen 服务器转移到 Amazon GameLift 上的专用服务器。"专用服务器大大提高了游戏的 ping 时间。使用 Game Lift，一切都快很多，让玩家的等待时间更加平等。与之前的 listen 服务器的 120ms 相比，现在的平均 ping 时间不到 60ms。这最终给了玩家更有趣、更公平的体验……"

AWS 提供的大量服务补充了 Behavior Interactive 的敏捷开发风格。法迪说："我们现在使用 AWS 进行玩家档案、配对、应用内购买，以及验证反作弊等。我们还引入了最先进的数据管道。我们通过 Amazon Kinesis Firehose 将数据事件从后端发送到 Amazon Simple Storage System（S3）。这些数据使用 AWS Glue、AWS Lambda 和 Amazon Athena 的组合进行转换，然后最终存储在我们使用 Amazon Redshift 的数据仓库中。"

对于法迪来说，AWS 有一些明显的优势，"我们可以引入所有这些元素，而不必自己完全开发它们。如果我们有自己的基础设施，还必须维护它，这在成本和开发时间上都是极为低效的。而现在，我们只为使用的东西付费，我们只需根据用户需求来扩大和缩小容量。"

法迪总结道："我们一开始没有后端服务，几乎没有云使用，现在 AWS 在我们的技术中无处不在。我们现在有一个后端团队，他们不仅是游戏开发方面的专家，而且是云技术方面的专家。"

10.1.5 区块链与NFT 助力元宇宙游戏经济系统

仅仅体验感高不代表游戏世界就是元宇宙，区块链、虚拟货币（包括数字人民币）将是构成元宇宙游戏经济系统的核心。区块链是一种无可争议的表达个人所有权的中立、去中心化方式……是实现最终长期开放框架的最合理路径，在这个框架中，每个人都能控制自己的存在，不受垄断者限制。区块链中目前最广泛的应用当属以太坊，通过独立编程语言（Solidity）来扩展编程理念，语言开发者能够在现有的区块链及网络的基础上建立应用程序，并发行自己的加密货币代币或者 NFT。

区块链的去中心化属性可以赋予 NFT 价值，又可以让 NFT 的持有者拥有自主权。NFT 提供了一种标记原生数字资产所有权的方式，它独一无二，绝无仅有。唯一性，也正是它的价值所在。此前拍出6930万美元的NFT数字拼贴仍历历在目，一个小小拼贴能够拍出天价，除了80%的炒作水分外，其唯一性便是缘由。这些特性天然就与元宇宙相契合，例如虚拟房产、虚拟服饰、虚拟汽车都基于NFT，用户拥有这些NFT，就拥有了将它们用于交易或转赠的所有权。正是NFT所拥有的属性，赋予了元宇宙最贴近现实的真实感。没有NFT的元宇宙，用户始终清楚自己在这个元宇宙中获得的一切都是掌握在管理者手中，因此他们会更倾向地认为这就是个游戏而已。

例如Gala Games和Mythical Games等开发商在区块链上构建他们基于Unity的游戏，以便游戏中的物品可以作为NFT拥有，玩家可以操作节点或购买代币，让他们在经济上参与（和部分治理）游戏。

10.2 社交元宇宙

马克思说：人的本质是一切社会关系的总和。也就是说社会属性是区别人与动物的唯一标准——人虽有其自然属性，但人与动物最根本的区别在于其社会性，社交的目的是满足人内心深层次上的存在感和归属感。因此，社会交往是人的本能需求，不论国别、肤色、性别与年龄，不同年龄段的不同人群，呈现出不同的社交特征。少年儿童爱玩游戏，青年人爱旅游，中老龄女性爱跳广场舞、中老龄男性爱钓鱼。但总体来看，人们社交圈层并不广泛，英国人类学家罗宾·邓巴的研究表明：在任何时候，人们最多能与大约150人维持稳定的社交关系。但随着通信技术的发展，人与人交流沟通的方式不断丰富，特别是互联网出现后，社交便利程度大大增加。在元宇宙进入大众视野之前，互联网的社交方式已经借由科技、技术的推动持续发生着迭代。而随着社交软件的发展，人们社交的好友数量和用于社交的时间都在大幅增加。

社交元宇宙（Social -Metaverse），也称为元宇宙社交，是通过元宇宙技术集群应用，人与人之间及相关各方以虚拟数字人身份，在虚实共生的元宇宙空间中进行社会交流、沟通、交往等的社会活动。社交元宇宙本质上是对社会交往物理空间的虚拟化、数字化过程，基于扩展现实技术，为人与人之间交流沟通提供沉浸式体验，是对社交物理世界的沉浸式延伸，也是社交代际的跃迁。

10.2.1 社交4.0时代来临

从1971年人类第一封电子邮件诞生,到1991年万维网形式,再到大家耳熟能详的QQ、微博和微信,网络社交媒体的发展已有50多年的历史。而随着元宇宙技术的集群应用,社交也迎来了4.0时代。

1. 社交1.0

在2G(第二代无线蜂窝电话通信协议)之前,互联网社交以文字为介质,为陌生用户提供了跨区域社交的桥梁。1998年张朝阳回国创建了中国第一家门户网站——搜狐。那时阿里巴巴还没诞生,马化腾的QQ也未问世,李彦宏还在美国硅谷。在搜狐成立后不到10个月,王志东的新浪网于年底成立,当时的口号是在互联网上建立全球最大的华人网站。1998年丁磊带领网易挥师北上,落户北京,公司战略也从"系统集成商"正式转向"互联网服务提供商"。自此,网易与搜狐、新浪成为中国三大门户网站。这个阶段的社交主要是以互联网各大门户网站的论坛、博客、贴吧为主的爱好社交。用户可以在网上浏览一些文本内容,可以在指定的区域发布相关的帖子分享自己的观点,主要以文字为主,打开图片会延迟,不够流畅。社交比重较少,主要用于分享和获取信息、整合资源。

1999年2月10日马化腾发布了OICQ第一个版本,后期出现了以QQ空间、SNS、人人网、微博为主的分享社交。在QQ空间和人人网上,可以向自己的好友、网友展示自己的生活和情感;微博则满足了陌生人即时分享信息和传播互动的需求。QQ目前仍是很多年轻人的社交工具,仍有近6亿用户。2004年2月4日,时年20岁的哈佛大学学生马克·扎克伯格(Mark Zuckerberg)创建了全新社交平台Facebook,并成为全球最大的社交平台,目前用户总量达到28亿。

整个2G时代总体上看属于PC端互联网,2G的社交主要是打电话、发短信,上网比较困难。

2. 社交2.0

3G(第三代无线蜂窝电话通信协议)通信标准将信息传输率提高了一个数量级,这是一个飞跃,3G时代是真正意义上的移动互联网的开端,从此手机打电话的功能降到了次要的位置,而数据通信,也就是上网,成为了主要功能。在3G时代，从上网速度看，2G的GPRS上网速率最高30Kb/s左右，而3G上网速率最高可以达到700Kb/s左右。3G时代，用户可以非常流畅地浏览网络图片，各类网页新闻等。图片作为一种更为直观的方式为大众所接受，逐渐成为主流社交介质之一。乔布斯2007年开发出全球第一款智能手机iPhone1，开始主宰移动互联网时代。2009年1月，工信部为中国移动、中国联通、中国电信颁发3G牌照，中国从此进入3G时代。2011年1月，微信横空出世，可以发送文字、语音、图片、视频等，迅速推广，后续发展成为国民软件，至今微信拥有12亿活跃用户。

3. 社交3.0

剧烈变动的社交环境起始于4G（第四代无线蜂窝电话通信协议）时代的到来，4G是集3G与WLAN于一体并能够传输高质量视频图像以及图像传输质量与高清晰度与电视不相上下的技术产品。4G系统能够以100Mb/s的速率下载，上传的速率也能达到20Mb/s，并能够满足几乎所有用户对于无线服务的要求。随着互联网、移动互联网和物联网的迅猛发展，数字经济时代来临，在大数据和云计算推动下，最终进入了社交3.0的短视频时代，这个时代，加深了人们对移动社交软件的依赖。2018年至2021年，我国移动社交平台用户规模从7.7亿增至12亿，其中。熟人社交需求占比超6成，以文字和图片为主的微博、微信和QQ，以短视频为主的抖音、快手等平台迅速崛起，这也导致产生超级App赢者通吃的现象。当某个社交软件用户规模越来越大，人们就越离不开它。这些年，微信也不乏挑战者，但时至今日，其地位依然无可撼动，不仅用户在增长，用户黏性和使用时长也居高不下。

4. 社交4.0

技术的发展是推动社交变革的重要一环。当前，社交环境正在经历着一场新的变动。5G普及以及区块链技术的加速应用，社交迈入4.0时代，即沉浸式虚拟社交时代。以虚拟世界技术为基础，使人们能够通过"真实"活动感受进行社交，而不仅仅是像社交2.0和社交3.0时代仅仅通过分享文字、照片和新闻链接进行社交。当用户置身于社交元宇宙中，他们可以凭借虚拟化身和个人兴趣图谱体验多样的沉浸式社交场景，在接近真实的场景体验中找到志同道合的伙伴，从而建立一定的社交连接。社交网络体系呈现出立体化、沉浸式的特点，每个人都有自己的虚拟形象，可以享受比现实社会更加丰富的娱乐、休闲、办公、游戏场景,将在一个平行于现实世界的虚拟世界中拥有全新的形象和社交关系。如图 10-1 所示为元宇宙沉浸式虚拟社交。

图 10-1　元宇宙沉浸式虚拟社交

10.2.2　社交元宇宙的新特征

1. 社交从二维到三维

在一个平面上的内容就是二维。二维即左右、前后两个方向,不存在上下。在一张纸上的内容就可以看作是二维。即只有面积,没有体积。三维是指在平面二维系中又加入了一个方向向量构成的空间系。三维即是坐标轴的三个轴,即 x 轴、y 轴、z 轴,其中 x 轴表示左右空间,y 轴表示前后空间,z 轴表示上下空间(不可用平面直角坐标系去理解空间方向)。随着元宇宙技术的发展,社交将从文字、图片和视频的二维社交向数字人的三维社交转变。元宇宙社交或将是未来社交的主要方式之一。

相比文字、语音、表情包、直播,元宇宙社交承载和传递着更丰富的信息和情感,拓展了社会交往的想象边界。通过虚拟数字人身份,在虚实共生的元宇宙空间中进行沉浸式交流、沟通。这将是社交代际的跃迁。比如我们常用的聊天软件中,聊天信息都是以文字或图片的二维形式按照时间先后排列的,如果想查看过往的内容,只能通过上翻到之前的时间点查看二维的内容。元宇宙中的 AR 技术是基于数字场景的三维呈现,也就是说可以将全部内容以三维的形式存储到真实的数字空间,不再受时间和空间的约束。

理论上,真实的数字空间可能会无限大,内容可以基于摄像头立体、平铺、垂直、层次等各种三维的"真实"效果,进而可以将时间和空间属性融合到一起,让元宇宙社交内容展示及呈现变得多元化。比如我们现在要外出就餐,需要到大众点评等美食软件查看餐厅的相关二维信息和用户文字评价,甚至需要不停翻页查看各种二维内容。而在元宇宙中应用 AR 技术，只要到达附近位置，所有的关于商家的 AR 信息就以三维的形式呈现在我们面前，可以按照时间或者点赞数进行排序呈现，还有 AR 留言等产品形式，让我们通过用户评价更好地了解这家餐厅的实际情况。也可以直接"走进"这家餐厅去后厨看一下厨师的手艺如何，或者体验其服务水平，最终帮助我们更好地做决策。

2. 社交场景虚实叠加

在元宇宙社交中，比如陌生人交友，可以结合基于位置 LBS 的 AR 信息呈现。打开摄像头，即可查看周围陌生人留下的信息，比如"头像+简介"，如果对方允许还可以看到对方最近的行程安排等。借助 AR 特效，Snapchat World Lenses 滤镜可以让现实场景变得更有趣，吸引更多用户体验及分享，促进社交增长。另外，未来元宇宙社交中，拍摄内容也是十分常见的 AR 元素，包括特效贴纸、3D 模型等。还有一些更有趣的，比如在元宇宙聊天时，实时添加 AR 特效。你可以对朋友说，"想吃汉堡包吗？"，对方说"想"，然后一只 3D "汉堡包"就出现在对方虚拟数字人的嘴边，对方甚至可以"闻"到"汉堡包"的香味；如果你的朋友对你说，"你想去看篝火晚会吗？"，而你只要答应"想啊"，你的电脑或手机屏幕上会立即出现 3D 的篝火晚会，借助 AR 内容的丰富性，可以让虚拟场景变得更生动。另外，AR 技术具有虚实融合实时交互的特点，有时间属性；结合场景识别跟踪或 LBS 技术的空间应用，引申空间属性。

3. 内嵌式一体化社交

目前市面上的各类社交软件，无论是文字、图片、音频、视频，还是 QQ、微博、微信、抖音，用户都需要在电脑或移动互联网终端下载并安装社交软件才能达到社交的目的。但元宇宙系统中，社交本身就是元宇宙的一项基本功能，只要在元宇宙中，就可以通过数字身份实现与朋友、家人、同事或者陌生人之间的沉浸式社交，不需要再单独下载社交软件。

在元宇宙中，用户通过内嵌式一体化社交软件可以实现无线远程通信、人机交互界面、数据采集、语音、文字、视频和虚拟现实等多种功能。嵌入式一体化社交提供人机界面会更友好、简洁，方便操作，可通过触摸屏手动控制，也可以通过语音甚至眼神读取或设置参数，能够与朋友进行实时数据交流，展现更直观。同时还可搭载元宇宙中自带的嵌入式组态软件，实现强大的三维图像显示和数据处理功能，丰富的接口配置大大降低了各种元宇宙软件和硬件设备的复杂度，甚至还可以应用于智慧农业、智慧工业和交通物流等领域。

4. 元宇宙社交：想见即遇见

越来越多的"90后"和"00后"们更加愿意追求精神层面的认知，其社交需求也不同于传统社交认知，他们最需要的是解决精神层面的需求。元宇宙社交打开了一条社交应用的新路径，通过沉浸式、便捷的特点有效降低人们的孤独感，提升人与人之间沟通交流带来的社会存在感和获得感。

元宇宙社交将建立包括人工智能、数据分析、信息识别、标签等在内的物理世界和虚拟世界的基础设施。某个用户在物理世界购买一杯有故事的咖啡后，就可能会在数字世界中通过灵魂测试，然后利用领先的人工智能算法实现用户与用户之间、用户与信息之间的精准匹配，还可以分析出该用户多元的工作、生活、兴趣场景，不断提升推荐的精准度。即使你们远隔千里，但只要与你条件相似、兴趣相仿的用户，都可以用对方的数字人身份匹配那个真正"懂你"的人。用户可通过虚拟人物形象灵魂交友、语音聊天、视频聊天、群聊派对等，与心灵契合的好友沉浸式互动。在元宇宙社交中，你想遇见的或许真的会在此遇见。

5. 社交网络生态体系

基于实时交互的元宇宙聊天室可以实现用户交流，围绕社交主题，在多向互动间延展话题。参与社交的用户能够同步输出多方观点，形成强互动、强关联的关系，让元宇宙的社交属性更强。多人沉浸式社交容易让用户产生强烈的陪伴感，也被越来越多年轻用户用于其他线下场景线上化。比如，小组学习，元宇宙学习室场景下，同学们在各自家里组队进入元宇宙学习，模拟线下场景，相互督促共同进步。从轻松娱乐到深层交流，越来越多线下场景不得不寻求线上实现方式，驱动元宇宙社交场景越来越丰富。

同时，对于一对一的社交，元宇宙社交平台可以进一步覆盖约玩、约聊、相亲等陌生人社交场景，及咨询、培训等工作社交场景，对元宇宙社交的复合型价值进行赋能，实现元宇宙生态内更高的黏性与转化。

6. 元宇宙社交的终极形态

无论文字、语音还是视频，社交都是对社交关系的沉淀。社交的核心之

一在于"连接",连接人与人,连接人与事,只有这样,才能实现用户量的积累。语音社交、视频社交,都是以不同的内容形式作为媒介来建立用户之间的联系。这让语聊、直播成为经营私域流量的好办法,但最终还是需要为转化和留存打基础,元宇宙社交也一样。有限的用户,无限的产品,让用户擅长在元宇宙社交中有更好的体验,如何让用户"身临其境"并"流连忘返"之后实现留存是元宇宙社交创新后的关键所在。从变现能力看,未来一对一的元宇宙聊天场景用户的付费意愿更高,可以在主流服务基础上增加元宇宙直播、语聊房等模块,这样可以用更轻量级的社交调动用户活跃度,进而向重度社交,乃至付费变现导流。通过多种社交场景的叠加,可以增强用户黏性和变现能力。从技术发展角度看,未来元宇宙或将实现实时沉浸式体验社区,这可能成为社交的终极形态。

10.2.3 社交元宇宙重构社会关系

从互联网、移动互联网到现在,人类的社交一直在物理世界与数字世界割裂中存在,要么在线下面对面相见,要么"你"在这里,"我"在那里隔空对话,要么实,要么虚,只能二选其一。而社交元宇宙的到来,正在彻底改变这一格局,随着技术集群的不断应用,社交元宇宙正在重构自我、重构社会、重构世界乃至重构人类文明,未来让我们充满憧憬。

1. 社交元宇宙重构自我

(1)人生的灵魂三问。

人生终极的意义究竟是什么?无数人都经常在心底发问,而上升到哲学层面,就是大家耳熟能详的哲学三问"我是谁?我从何处来?我将向何处去?"。一个人从呱呱坠地到懵懂少年、从热血青年到稳健中年、从垂垂暮年到离开这个世界,一生中经历了很多,获得了很多。每个人都不想离开这个世界,每个人都在尝试各种方式试图不断延长自己的生命,甚至还由此引发了秦始皇当年派徐福带领大部队远渡重洋寻求长生不老药的故事。但无论如何,我们终将离去,这就迫使每个人都试图探究"我是谁?我从何处来?我要向何处去?我活着是为什么?我能为这个社会留下什么?"这样的灵魂发问。

(2)物理的"我"&数字的"我"。

古代人离去后有文字记录下来,近代人离去有照片记录下来,现代人离去有影像记录下来,但都只是回忆罢了。人死如灯灭,不能再见,更不能交互。

未来，人离开世界后是否有更好的方式呈现给世界呢？社交元宇宙给我们展现了一套"物理自我"与"数字自我"统一的终极路径。也就是除了物理世界的"我"终将消亡，数字世界的"我"会永久保存，基于数字孪生和人工智能等技术即使物理世界的"我"不存在了，数字世界的"我"仍然可以与物理世界的人实现隔空交流。这甚至会给后人留下更多想象。就像前文讲述的现实中的歌手周深与通过虚拟技术"复活"的一代歌后邓丽君同台表演。也许还可以现在就把那个数字世界的"我"呈现在物理世界的"我"面前。在现实中"我"与"我"相逢。

（3）元宇宙重构自我。

社交元宇宙中，社交的物理世界和数字世界将达到高度的统一，并福泽这个世界的人、事、物。元宇宙的世界不必然是人类纪元的终点，但可能是通向重构自我定义的阶梯。试想一下，一对相爱的恋人，即使远隔重洋，仍然能够一起起居、娱乐。在社交元宇宙平行世界的构建中，还将加入聚会多样化场景、数字经济系统等，真正实现社交元宇宙世界的构筑。

2. 社交元宇宙重构社会

人的本质是一切社会关系的总和，而人与人之间的社交是整个社会正常运转和发展的基础。在现代社会，分工越来越细，每个人都从事着不同的工作角色，每个人要生存，都需要与其他人共同合作才能实现。比如，企业中老板和员工共同合作才能生产产品，学校中学生和教师合作才能实现教学活动，买卖双方共同合作实现商品交换，政府与企业合作才能促进社会发展，金融机构与客户合作才能发展。从这里可以看出，人与人都是通过合作关系才能在社会中生存，这种合作关系就是指人与人之间的社会关系，这一切都需要从社交开始。

从古代到现代，人类一直在努力追求更广泛、更便捷、更直接的社交关系，从文字、图片、音频到视频，社交效果不断在提升。但与现实世界面对面的社交相比还是有很大距离，再加上新冠肺炎疫情的影响人们被迫选择远程社交，效果不尽如人意。而在社交元宇宙中，除了超强的沉浸感以外，用数字孪生技术将人类的物理世界镜像到数字世界，再通过大数据、人工智能等技术借用数字世界的数据和信息优化，这样的社交元宇宙可以满足人们对元宇宙一切的美好想象。还有一点更加重要，在重构复杂技术场景的过程中，以现实为基础，展开想象力，发挥个体的创造力，继而实现人类更大的愿望成为可能。未来，

随着社交元宇宙的不断开拓与发展,人类的社交主体、社交方式、社交内容、社交媒介都将产生颠覆性变革,最终将会重构人与人的社会关系。

3. 社交元宇宙重构世界

2021年上映的电影《芬奇》中描述了这样的场景:世界末日后的地球上,在一场灾难性的太阳风暴中,发明家芬奇成为最后少数存活的人类之一,这场太阳风暴使地球变成了一片荒原。芬奇已身患绝症,命不久矣,于是他制造了一个机器人,来照看、保护他唯一真正热爱的存在——狗狗古德伊尔。这奇怪的三"人"组在荒无人烟、危机四伏的美国西部踏上了旅程,芬奇需要教会机器人懂得爱、友谊和人性,还要说服自己的狗接受和适应机器人的看护,学会适应新主人。

通过这部电影,我们可以看到,人类想要实现物理层面的突破可能需要外在的力量,以强于自身数倍的能力辅助人类自身实现更高层面的提升,归根到底,人脑面对越来越复杂的系统可能无法与智能相媲美,而人工智能能够实现大脑无法实现的复杂的、更高精度的计算,以及高频迭代升级的能力。人类改造自然非常依赖生产工具,计算机的出现某种程度上大幅度提升了人类社会整体的生产效率,而其中最为显著的是人类社会不再像过去那样是独立的、封闭的,知识的共享与生产协同程度前所未有,新知识从诞生到传播几乎是瞬间的事情,知识的快速传播,让较大规模的人群能够及时消化与吸收知识,然后应用到自己的研究与思考之中,速度保证了知识传播过程中的低损耗与低失误,这种传播方式与速度的实现,也是受益于计算机构建的协同网络。

社交元宇宙,以人类自身为基础,通过复杂且有序的网络,联结起大多数人,在虚拟的数字空间中,让每个人基于自身的想象力,进行最大自由度的创造,这样的场景无疑是宏大的,甚至是令人惊叹的,而在数字空间中所发生的一切成果,又必然对现实世界产生巨大的影响与触动。处在Web3.0时代的我们,通过社交元宇宙来重新构建一个数字化的世界,在这个世界里人类可以实现Anyone can fly himself and embrace the whole world through the metaverse in any way, anywhere(任何人在任何地方以任何方式都可以通过元宇宙,放飞自我,拥抱整个世界)。

4. 社交元宇宙重构文明

人类文明是历史积累下来的有利于认识和适应客观世界、符合人类精神

追求、能被绝大多数人认可和接受的人文精神、发明创造的总和。包括人类有史以来所建立的所有物质文明和精神文明。从人类发展历史上来看包括华夏文明、古印度文明、古希腊文明和古埃及文明等。从经济社会发展角度看,又可以分为古代文明时期、农业文明时期和工业文明时期。农业文明是以农业为中心的一系列生产生活的组织方式,其中包括基础的技术框架、制度安排、生产关系结构。工业文明是以工业替换了农业文明中农业这个中心,以数学、物理、化学、生物等学科为主要基础的技术框架,辅之以合理的制度安排,形成新的生产关系结构。那么,未来人类将向什么新文明演进呢?

社交元宇宙或将在工业文明的基础上重构人类文明——虚实共生的数字文明。

数字文明是数字技术推动下有别于工业文明的人类发展新进程,是全球参与、全民共享、技术向善的总和。互联网、移动互联网、物联网、大数据、人工智能等数字技术的发展推动数字经济新时代的来临,随着数字经济时代的进一步繁荣数字社会应运而生,数字社会的发展让人类从工业文明跨越到数字文明。而数字文明的形成和发展也将受益于数字技术的发展,最终实现"智能文明"。物理世界的"我"很容易理解,数字世界中的"我"以及"我"的认知、"我"的行为,甚至于"我"的价值观都源于物理世界的"我"但又与之独立,随着科技的进步、社交元宇宙的发展,智能文明时代终将来临。

元宇宙的兴起,是人类技术、思想乃至文明发展到一定阶段的必然产物,而社交元宇宙又反过来进一步推动人类文明的发展,让智能文明大踏步地走向现实和未来。

10.3 泛娱乐元宇宙

2014 年"泛娱乐"一词被文化部、新闻出版广电总局等中央部委的行业报告收录并重点提及。泛娱乐产业的本质是内容产品在多元文化娱乐业态之间的迭代开发,通过内容产品连接、受众关联和市场共振,有效地降低了文化娱乐产业的前期开发风险,同时扩大受众范围,挖掘产品的长尾价值,实现规模效应,切实提高产业回报率。近年来,泛娱乐产业与科技的融合越来越紧密。特别是 2020 年以来受新冠肺炎疫情影响,线下娱乐活动纷纷转向线上,推动泛娱乐线上规模增长,短视频、移动游戏、在线音乐等泛娱乐行业主要细分领域的用户渗透率都比较高,面对庞大的用户基础,泛娱乐行业为挖掘更大的用户价值在产品中注入社交属性,通过增强社交互动来提高用户黏性。

10.3.1 泛娱乐市场的主要特征

(1)泛娱乐市场增长速度较快。中国泛娱乐主要领域市场增长速度较快,其中数字音乐市场规模在2018年至2021年间年均复合增长率接近30.0%,而短视频增长更快,达65.6%,移动游戏的市场规模增长缓慢,已趋向稳定。受新冠肺炎疫情影响,大众娱乐行为更多转移到线上。虽然目前新冠肺炎疫情在国内基本得到控制,但泛娱乐各领域用户已开始习惯线上娱乐,各细分市场快速增长。

(2)疫情推动泛娱乐线上规模增长。受新冠肺炎疫情影响,大众娱乐行为转移线上,逐渐养成线上娱乐习惯,泛娱乐各细分领域增长迅速。2020年移动游戏、数字音乐、数字阅读市场规模增速均超10%。各平台注重挖掘庞大用户基数的价值,加强社交元素布局,其中体验共享是主要方向。

(3)科技赋能催生娱乐新业态。传统文娱内容(如影视、音乐、文学、动漫等)向线上发展,与新兴娱乐消费业态(如短视频、直播、电竞等)形成跨界连接、融合协作。特别在互联网、人工智能、大数据等智能交互技术和云社交等虚拟场景的发展下,泛娱乐领域催生出新的业态和模式。

(4)泛娱乐体验共享功能将更具全面性。体验共享在泛娱乐领域的应用涉及用户间的高频互动,对同步性要求高,且涉及不同载体。另外泛娱乐行业覆盖用户规模大,保障用户数据和应用安全成为关键。技术水平对于泛娱乐体验共享服务的影响日益增大。在泛娱乐场景中,交流共享逐渐被用户所渴望。传统的线上泛娱乐因受到技术、设备以及传统商业模式下的产品路线等限制,无法做到体验共享。随着泛娱乐场景的发展,以及物联网、云计算、RTC实时互动技术等的迭代,基于云社交的共享体验模式开始兴起,并成为新趋势。

10.3.2 中国K歌市场

1. 在线K歌用户规模达5.7亿

随着互联网与生活的深度融合,在线娱乐成为了群众生活中的重要娱形式。艾媒咨询分析师认为，与音视频类项目相比，在线K歌具有更强的沉浸感体验，多元的玩法也迎合了不同用户群体的个性化需求，目前已经成为在线泛娱乐领域的主要项目之一。预计2022年，中国在线K歌市场规模将达到175.8亿元，用户规模将达到5.7亿人。如图10-2所示为2017—2022年中国在线K歌用户规模及渗透率。在网络技术革新的基础上，在线K歌App不断推出多元化的歌唱模式，迎合了不同用户群体的个性化需求。音乐内容服务的突破创新催生了在线K歌App的转变，是在线K歌平台吸引用户的重要因素。在新音乐产出模式和内容发展的带动下，在线K歌平台将打破行业壁垒，挖掘新的商机。

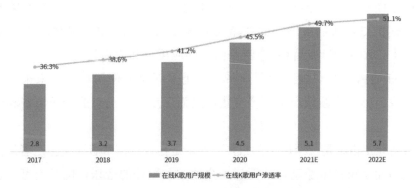

图10-2　2017—2022年中国在线K歌用户规模及渗透率

2. 在线K歌共享更具吸引力

目前K歌体验共享可通过线下、线上两个渠道，但在时效性上有所差别。线下迷你K歌房优势在于设备较为完善专业，但用户仍需前往线下，时间花费较多；家庭KTV与K歌房较为相似，但采购设备花费较多；目前最为流行的方式为在手机K歌软件上进行体验共享，实时合唱功能让用户随时随地和朋友一起K歌。在线K歌用户群体正向全年龄段渗透，行业向全民化发展。用户在选择K歌平台时对录唱及相关功能要求较高，而多元化的互动玩法对用户也有较强的吸引力，功能的丰富度将成为平台增加用户留存、提高用户黏性的关键。

3. "音乐元宇宙"端倪初现

音乐产业的发展经历了三个阶段：以实体唱片业为主流的音乐产业发展

期，以数字存储传播手段为主的产业发展新时期，基于万物互联的音乐产业发展新时期。当下，处于第三阶段的音乐产业正在经历着 5G、区块链、人工智能等元宇宙技术集群应用带来的深刻变革。

视听体验的改善最为直观。以国家大剧院为例，2020 年 8 月，"华彩秋韵"系列线上演出首场音乐会实现了全球音乐会首次"8K+5G"直播，在 8K 超高清画面中，艺术家的每一缕发丝、每一滴汗珠都能被看得清清楚楚；在听觉方面，国家大剧院采用了全景声录音、杜比全景声、双耳立体声及虚拟环绕声等领先技术，不断提升沉浸感。

随着 5G 网络的逐步完善与 5G 终端的加速普及，全场景生态下多终端设备的不断更新必将推动更多新场景体验的实现，全场景也将为音频的打开方式提供更多新的可能。而在全民 K 歌 App，无论是产品体验上还是创新玩法上，AI 技术均已得到广泛且深入的应用，其先后推出的 AI 练唱、AI 修音、AI 曲风等黑科技，为用户带来了更多新奇的使用体验。未来，音乐将与游戏、影视等领域产生更多交集，进而深度重塑已有的音乐消费和生活方式。

音乐元宇宙将是一个庞大的市场，无论是在音乐消费者还是生产者层面，都需要用元宇宙技术驱动，从而让用户欣赏到更好的音乐，同时也可以让音乐创作更方便、更快捷。未来，随着元宇宙科技在数字音乐领域的应用深化，数字音乐产业将迎来新的发展动力，持续拓宽在线音乐场景，为用户提供更极致的视听盛宴。

10.3.3 中国电影市场

1. 电影票房连续两年居全球首位

截至 2023 年 8 月 18 日，2023 年度中国电影票房突破 400 亿元，其中，国产电影票房占比超 85%。2023 年中国电影市场也创造了多项佳绩：累计观影人次 9.4 亿，超 2022 年全年，大盘单日票房连续 58 天破亿元，暑期档票房超 178 亿元，刷新中国影史同档期票房纪录。如图 10-3 所示为 2016—2021 年中国电影票房及全球电影票房。

图 10-3　2016—2021 年中国电影票房及全球电影票房

2. 动画电影基本恢复疫情前水平

自新冠肺炎疫情暴发以来，动画电影制作进程总体影响不大，特别是相比真人电影受到的影响相对较小。光线传媒公司在 2020 年推出动画电影《姜子牙》率先获得 16 亿元票房。2021 年动画电影仍能以每周 1～2 部的数量稳定上映，已经基本恢复疫情前水平。据《2021 暑期档动画电影数据洞察报告》分析，2021 年暑期档动画电影共产生 15.3 亿元票房，扣除超级爆款《哪吒之魔童降世》，与前三届暑期档动画电影票房总量基本持平；其中占据大头的亲子动画电影，票房上限稳定在单日 2000 万元左右，与 2017 年至 2019 年同期持平。

后疫情时代动画电影表现非常稳健。基于元宇宙新技术的应用发展，动画电影创作者们已经开始寻求新的突破。

3. 电影业发展需要元宇宙赋能

疫情的反复大幅减少大众出行频率，直接影响了影院这类人群聚集的大众场所。当线下观众受到影响，电影产业如何通过线上转型升级并转化成更多的营业收入，成了一个重要课题。同时在国外好莱坞电影的冲击下，如何提升国产电影的技术能力和制作水平，拓宽、丰富电影内容，也对行业提出了挑战。

（1）电影元宇宙提升观影体验。"沉浸""他人就在我身边"这样的效果正是电影业一直所追求的。如今疫情反复，线下影院被影响，数字院线成了很多用户的被迫选择。但数字院线也有自己的不足，线下影院音响、大屏幕塑造的沉浸感和现场观众看到"大片"中感人场景或者类似《长津湖》激发爱国热情的共情感是数字院线难以提供的。更不要说通过数字院线看 3D 电影还可

能会遇到缓存导致的卡顿，或者是由于缺乏影院的专业设备导致观影沉浸感有所欠缺等问题。

元宇宙影院可以实现在算力网络、AR、VR 等多个领域都有所布局，其所带来的观影体验在沉浸感上势必大大优于目前的数字院线。比如基于中国移动魔百盒 1.7 亿用户基础打造的点播付费精选电影平台"中国移动 5G FUN 映厅"，通过线上独家发行、线上线下互补发行、多平台联合发行三种模式，提供了多部精彩纷呈的电影，并融合了"5G+XR"、全景大像素等技术，打造了一个理想中的家庭数字院线。这不仅减少了不必要的人群聚集，还通过元宇宙技术，令用户居家就可以享受到超影院级的观影体验。

（2）电影元宇宙重塑电影内容。电影元宇宙在电影内容重塑方面有着独特的优势，特别是在老电影修复上，现在的观影者，尤其是一部分年轻观众对部分电影开始产生了一种"倦怠感"，反而对以前的一部分经典电影产生了兴趣。虽然这些经典电影、动画内容上无可指摘，但不得不承认其在画质、色彩和分辨率等方面确实不如新时代的电影。想要实现既不丢失原有的电影颗粒感，还能有效去除画面噪点、锐化边缘、提升色彩饱和度，在提升画面清晰度的同时，最大限度地保留原片的电影质感，这就需要电影修复技术上的能力了，比如《永不消逝的电波》4K 全彩重制版登陆全国院线，成为国内第一部黑白转彩色 4K 修复故事片。

（3）电影元宇宙创新电影宣发模式。电影元宇宙依托技术集群应用，不仅能够在观众体验和电影内容上令电影业得以"蜕变"，同时也将进一步创新电影业的宣发模式。以 2021 年中国金鸡百花电影节为例，中国移动咪咕视频以"5G+AR"技术为基础整合各项优势资源，结合超高清视频、视频彩铃、云 VR、云 AR 等业务形态，倾力打造"直播星球""科技星球""好物星球""潮玩星球""国风星球"五大星球。其中既有直播观影和视频彩铃等技术的展现，也有年轻人喜欢的潮玩与国风好物，既贴心又全面，还更立体、更有趣。

电影元宇宙正构筑一个"连接＋算力＋能力"新型服务体系，最终实现"网络无所不达、算力无所不在、智能无所不及"的数字电影的美好未来，让观众真正享受到数智化转型带来的更大魅力。

10.3.4 中国剧本杀市场

1. 剧本杀成为娱乐方式之一

"剧本杀",起源于西方宴会实况角色扮演"谋杀之谜",是玩家到实景场馆,体验推理性质的项目。剧本杀趣味性强,是一个集知识属性、心理博弈属性、强社交属性于一体的娱乐项目,且通过解谜推理的游戏方式捕获了很多年轻人的好奇心,解谜推理的过程也锻炼了玩家的逻辑思维能力,成为主流的线下娱乐方式之一,选择用户占比36.1%。

2019年中国剧本杀市场规模超过百亿元,同比增长68.0%,2020年受新冠肺炎疫情影响,市场规模以7%的增幅增至117.4亿元,同比增长7%。2021年市场规模引来爆发式增长,同比增幅达到45%,预计2022年市场规模将接近240亿元。如图10-4所示为2018—2022年中国剧本杀行业市场规模及预测。

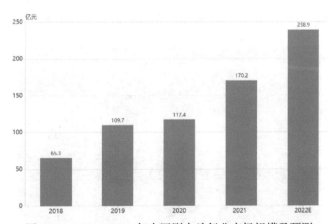

图10-4　2018—2022年中国剧本杀行业市场规模及预测

2. 线上剧本杀占据了一席之地

"剧本杀"有线上和线下"打本"两种方式。线上App提供的剧本大部分免费,少数精品剧本需要付费,玩家在同一个网络"房间"中以声音展开角色扮演游戏;线下实体店通常根据剧本设定布置场景,玩家同处一室,通过语言、表情、谈吐、肢体动作等表演故事。

随着新冠肺炎疫情的不断影响,一批线上剧本杀App如雨后春笋般涌现。相比线下剧本杀,线上剧本杀App尽管不如线下体验更好,但由于移动互联网的方便、高效、不受地域限制、不受疫情影响等优点，逐渐占据了一席之地。从用户体验来看，百变大侦探 App 确实是目前市面上所有剧本杀类 App 中相对更加完善的一款。我是谜、谁是凶手、戏精大侦探等 App 虽然在产品定位、UI 设计等方面存在的不足较多，但也拥有各自的特色。

3. 剧本杀元宇宙提升用户体验

当然，也并不是所有的线下密室逃脱馆和剧本杀馆都受到以上痛点的制约，部分商家已经走在了潮流前列，而解决方式就是元宇宙。现在行业还存活的剧本杀门店可谓是竞争激烈，各类商家出手可谓是招招放大，对比之前一个剧本一桌人的简单模式，现在的剧本杀已经开始融入科技元素了，类似全息餐厅式场景，利用全息投影改造房间、氛围给玩家带来全新的沉浸式体验。

全息投影剧本杀房间，可以根据剧本变换不同的场景，部分场景还有裸眼 3D 的效果，有些门店房间的墙体和地面，甚至说钢化玻璃的桌面，都是定制的，墙体和地板都带有感应系统，在相应的全息投影下，触摸墙体或地板，就会出现不同的效果。如图 10-5 所示为全息投影剧本杀房间。

图 10-5　全息投影剧本杀房间

相比传统的场景主题房，VR 剧本杀、VR 密室、全息投影逼真的氛围，让玩家一进入就不自觉沉浸在其中，音乐和光影的交织把房间变化成一个小型的沉浸式光影空间，让玩家真真正正地体验何为沉浸式剧本杀，依托 VR 体验技术，玩家能瞬间接入剧本杀 / 密室逃脱的虚拟元宇宙，进行深度沉浸的游玩。在咫尺之内就可以饱览宽广无垠的 VR 元宇宙，无须转移位置，即可切换场景，通关体验感高度提升，商家还可节省场地成本。有了元宇宙的支持，剧本杀娱乐产业必将焕发出新的发展活力。